경인교육대학교 특성화사업단
C-멘토링 총서 3

우화를 통한 도덕적 사고 연습

도덕적 사고 능력 함양을 위한 교사용 우화 지도 참조서

조관성 · 정은해 공저

MENTORING

학지사

머리말

여러 가지 판본 속에 담겨 있는 이솝 우화는 우리 인간들에게 능동적이며 자율적인 도덕적 사고를 장려하기보다 오히려 정형화된 도덕 가치나 덕목, 즉 도덕적 교훈을 전해 주고 심어주려는 이야기들이다. 이 책은 이솝 우화의 이러한 고전적 특징을 뛰어넘는 작업을 시도하고자 한다. 이 책은 이솝 우화가 전하여 가르치려 하는 도덕 가치나 덕목을 수동적으로 수용하거나 복종적으로 따르는 것이 교육이나 도덕 교육의 의도와 목적에 합치하지 않는다는 사태에 착안하여, 우화를 매개로 삼아 학생들의 적극적이며 자율적인 도덕적 사고를 자극하고 장려하기 위한 의도에서 마련되었다. 따라서 이 책은 우리에게 잘 알려져 있는 이솝 우화를 매개로 한 도덕적 사고를 다룬다.

하지만 이 책은 복잡한 논리학에 관계하지 않는다. 지은이는 도덕적 사고를 단순한 도덕적 사고와 복잡한 도덕적 사고로 구별하고자 한다. 전자는 일상 언어를 따르며 비형식적 논증을 품고 있는 단순한 도덕적 사고를 의미하며, 후자는 형식 논리학의 논리 규칙을 따르며 형식적 논증을 품고 있는 복잡한 도덕적 사고를 지칭한다. 두말할 나위 없이 우리 인간의 삶 속에서 전자가 후자의 기초와 바탕을 이룬다. 지은이가 이 책에서 의미하는 도덕적 사고는 단순한 도덕적 사고로서 실천적 삶과 행위의 주체인 인간이 심사숙고하여 선택하고 결정한 그의 삶의 양식과 행위 방식을 일상생활의 문맥 안에서 일상 언어를 사용하여 도덕적으로 가치 평가하는 일에 정향되어 있다. 따라서 이 책은 이솝 우화를 주제로 다룰 때 우화 내용을 바탕으로 삼아 표준적 삼단 논법을 구성하거나 숨은 전제를 찾아내거나 실천적 삼단 논법을 표준 형식으로 구성하거나 도덕 판단의 진리성이나 도덕 논증의 타당성을 검토하는 일 등을 요구하는 복잡한 도덕적 사고를 수행하지 않는다. 지은이는 전자의 도덕적 사고를 토대로 삼아 후자의 도덕적 사고를 성공적으로 잘 수행할 수 있다고 믿는다. 그러므로 이 책은 우화를 매개로 한 단순한 도덕적 사고를 수행하는 것을 보여 주고자 하며, 우화를 매개로 한 복잡한 도덕적 사고를 수행하는 것을 보여 주는 일은 다음 기회에 다른 책에서 시도될 수 있다.

이 책은 일반 독자들과 현직 교사와 예비 교사가 자녀들이나 학생들의 도덕적 사고 능력을 자극하고 장려하며 이 능력을 함양하고자 노력할 때 도움을 줄 수 있는 참조서다. 이 책은 사고하는 기술을 담고 있는 논리학을 가르치기 위한 논리학 교재가 아니라, 우화를 매개로 일어나는 도덕적 사고가 무엇인가를 보여 주는 참조용 책이다. 따라서 일반 독자들이나 교사들은 이 책이 담고 있는 도덕적 사고의 틀로서의 도덕적 사고 모형 속으로 자녀들이나 학생들을 지나치게 인위적인 방법으로 이끌어가거나 몰아넣으려는 시도를 할 것이 아니라, 자녀들이나 학생들이 이 책에 이미 제시되어 있는 내용들 곧 도덕적 사고의 결과들을 뛰어넘어 스스로, 그리고 타자들과 함께 그들의 도덕적 사고를 다양한 방식으로 펼치면서 동시에 창조적으로 수행할 수 있도록 소극적 교육 방식으로 도와야 한다.

이 책의 내용은 초등학생의 입장과 눈높이를 취하고 있는 윤리교육학과 4학년 학생들과 교사의 입장을 취하고 있는 지은이와의 상호 대화와 쌍방적인 도덕적 사고의 수행을 통해서 마련되었다. 이러한 도덕적 사고의 수행 모습을 충실히 보여 준 경인교육대학교 윤리교육학과 4학년 학생들에게 고마움을 표시한다. 그들의 이름은 다음과 같다. 김다예, 김두영, 김예슬, 김찬우, 김창규, 노중일, 이관희, 전영호, 정우원, 정주은, 천홍주, 홍철민, 이아람, 양아름. 지은이는 이 책의 모든 공적을 사랑하는 제자인 이 학생들에게 돌리고자 한다.

이 책은 2008년 수도권 대학 특성화 지원 사업의 재원을 받아 출판되었다. 이 책이 세상에 나올 수 있도록 많은 면에서 도움을 아끼지 않은 경인교육대학교 특성화사업단에게 감사를 표시한다. 또한 이 책이 지금과 같은 아름다운 모습으로 출판될 수 있도록 편집하는 일에 정성을 기울여 주신 학지사 관계자 여러분들께 진심으로 감사를 드린다.

2009년 2월

저자 일동

차례

제 1 장

서문: 교재의 의의

1. 교재의 필요성
2. 교재의 내용
3. 교재의 방법

1 교재의 필요성

도덕적 사고 능력 함양을 위한 우화 지도 연구는, 행복한 삶보다도 슬픈 삶 속에서 우울한 아동기를 보낼 수 있는 취약 계층의 자녀, 외국인 근로자의 자녀, 해외 교포의 자녀들이 우화 읽기를 통해 긍정적이고 낙관적인 가치 사유 능력과 가치관을 갖추도록 돕기 위하여 초등학생들의 도덕적 사고 능력을 함양하는 데 사용될 수 있는 참조서를 제시하고자 한다. 이 같은 연구는 특히 현재의 한국 사회 속에 살고 있는 아이들의 처지에 대한 숙고로부터 불가피하게 요구되는 과제다.

현재 한국 사회에서는 맞벌이 부부가 증가하고 있으며, 많은 외국인 근로자들의 유입과 다문화 가정의 형성이 이루어지고 있으며, 한국인의 해외 이주가 크게 증가하고 있다. 이런 사회 상황 속에서 아이들은 부모나 가족과의 대화 속에서 조언을 들으면서 자연스럽게 삶의 가치들을 학습하기보다는 부모와 떨어진 채로 자신의 문제들을 혼자 고민하고 홀로 해결해야 하는 처지에 놓여 있으며, 또한 새로운 문화와 삶의 양식을 자연스럽게 학습하거나 긍정적으로 관찰하고 경험하기보다는 새로이 들어온 문화와 삶의 양식을 나의 것과 다른 이질적인 것으로 경험하면서 이것들을 부정적으로 판단하기 쉬운 처지에 놓여 있다.

부모로부터 고립되거나 이질 문화 속에 방치된 채 지낼 수 있는 아이들의 처지를 고려한다면, 그들이 배타적이거나 부정적인 사고방식과 삶의 방식을 갖지 않도록 예방하면서, 바람직한 도덕적 사고를 통하여 긍정적이고 낙관적인 가치 사유 능력과 가치관을 갖도록 지도하는 데 도움을 줄 수 있는 교사용 참조서가 필요하다. 이것은 아이들을 가르치는 교사들이 아이들의 눈높이에 맞추어 긍정적인 가치관과 도덕적 사고 능력을 함양하는 수업을 수행하도록 안내해 줄 학습 지도서나 수업 참조서가 필요하다는 것을 의미한다. 이 책은 교사와 학생의 이러한 필요에 부응하고자 한다.

2 교재의 내용

이 책의 목적은, 취약 가정의 아이들과 다문화 가정의 아이들을 대상으로 우화 읽기를 통해 그들의 도덕적 사고 능력을 함양하며 긍정적 가치관을 형성하는 데 도움을 줄 수 있는 교사용 참조서를 제시하는 데 있다. 이러한 목적을 위해 이 책은 모든 사람들에게 일상생활의 문맥 안에서 잘 알려져 있는 이솝 우화를 주제 대상으로 삼아 그리고 일반 독자들과 교사들에게 한편 일상생활의 문맥 안에서 다른 한편 지식과 이론의 범위 안에서 알려져 있는 도덕적 사고 모형들을 고려하여 이솝 우화들을 체계적으로 검토하는 것을 주요 내용으로 한다. 하지만 현존하는 이솝 우화들 전체를 주제로 삼지는 않고, 아이들의 일상생활에 밀접하게 관련되어 있으며 아이들에게 호소력이 있는 10여 개의 주요 도덕적 주제에 맞추어 선별된 일부 우화들만을 도덕적 사고의 주제로 삼는다.

3 교재의 방법

우화를 통한 도덕적 사고 수행을 담고 있는 이 책은 다음과 같은 방식으로 마련되었다. 이 책은 2009년 1학기에 지은이가 개설한 도덕적 사고 연습이라는 (윤리 교육학과 4학년 학생들이 참여하는) 강좌 시간에 완성되었다. 지은이는 오랜 기간 도덕적 사고의 관점에서 이솝 우화를 연구해 왔으며, 이러한 연구 관심과 연구 경험에 기초하여 이미 충실히 마련한 연구 계획과 연구 방법에 따라서 초등학생들이 도덕적 문제로 경험하고 의식하며 제기할 수 있는(도덕적 사고의 재료로서의) 12편의 우화들을 주제에 따라 선정하여 1년 후에 교사로 활동할 윤리 교육학과 4학년 학생들에게 도덕적 사고 연습의 자료로 제시하였다. 강좌를 맡은 지은이와 강좌에 참여하는 학생들은 전자 교탁이 갖추어져 있는 강의실에서 전자 칠판에 나타나는 도덕적 사고의 자료인 우화를 함께 보면서 상호 대화하며 함께 도덕적 사고를 수행하면서 이 도덕적 사고의 과정과 결과에 관계하는 내용들을 프로토콜 형식으로 기록하였다. 이 기록 내용들은 교사의 관점을 취하는 지은이와 초등학생의 눈높이를 유지하는 대학생들 사이에서 협동적으로 일어난 도덕적 사고에서 결과한 것으로서 이 책의 실질적 내용을 이룬다. 여기로부터 밝혀지듯이, 이 책은 도덕적 감화와 훈화를 지향할 수도 있는 지은이의 일방적인 도덕적 사고를 거쳐서 또는 곧 예비 교사가 될 학생들의 일방적인 도덕적 사고를 거쳐서 완성된 것이 아니라, 가르치는 자와 배우는 자 사이에서 일어나는 쌍방적인 상호 대화를 매개로 한 협동적인 도덕적 사고를 통하여 완성되었다. 이 협동적인 도덕적 사고 과정에서 가르치는 자의 역할을 수행한 지은이는 배우는 자의 능동적이고 자발적인 도덕적 사고 수행을 보장하기 위하여 의도적으로 소극적 교육 방식으로 도덕적 사고 수행에 참여하였다.

따라서 이 책은 다음과 같은 특징을 가지고 있다. 이 책은 동일한 주제에 관하여 다수의 다양한 방식으로 도덕적 사고를 수행할 수 있음을 특히 동일한 주제에 관한 어느 하나의 도덕적 사고 모형을 따르는 도덕적 사고일 경우에도 쌍방적인 상호 대화에 참여하는 자들이 매우 다양한 방식으로 도덕적 사고를 수행할 수 있음을 뚜렷하게 보여 준다. 이

것은 가르치는 자의 일방적인 도덕적 사고에 기초하여 일어날 수 있는 훈화식 도덕 교육이나 주입식 도덕 교육을 넘어서 있는 영역에 또 다른 도덕 교육의 영역이 있음을 확인시켜 준다. 이 책은 가르치는 자가 일방적으로 초등학생들의 마음속에 이솝 우화가 품고 있는 도덕적 가치나 도덕적 교훈을 심어주는 데 기여할 수 있는 (형식적 도덕 규범을 담고 있는) 도덕 교육용 교재가 아니라, 초등학생들이 그들의 삶의 문제에 연결된 도덕적 주제에 관하여 스스로 그리고 타자(로서의 친구나 교사나 부모)와 함께 의사소통하면서 도덕적 사고를 수행하는 일을 자극하고 촉진하고 장려하는 데 관심과 열정을 갖고 있는 교사들을 위하여 만들어진 참조형 안내서다. 달리 표현하면 이 책은 도덕적 사고를 통하여 얻은 규범적 내용들을 초등학생들에게 도덕 교육의 자료로 사용하고자 만든 책이 아니라, 초등학생들의 도덕적 사고를 촉진하고 장려하고자 열정적으로 노력하고 있는 교사들에게 도덕적 사고의 수행이 무엇인가를 보여 주기 위해서 만든 참조용 책이다. 이 책을 참조하여 초등학생들의 도덕적 사고를 촉신하고 장려하고 지도히고자 하는 교사들은, 이 책의 내용이 담고 있는 어떤 전형을 곧이곧대로 따르지 말고, 그리고 초등학생들에게 도덕적 사고 모형에 관계하는 개념이나 이론이나 지식을 명시적으로 그리고 적극적 방식으로 가르침이 없이, 학생들의 일상생활에서 일어나는(개념과 이론과 지식의 매개에 얽매이지 않는) 근원적인 도덕적 사고를 불러일으키며 그들의 도덕적 사고에 귀를 기울이며 그들과 함께 대화하며 사고하면서 학생들의 도덕적 사고의 방향을 잡아주는 데 소극적 교육 방식을 따르는 조력자로서의 역할을 수행하길 기대한다.

이 책에 예시한 도덕적 사고 모형에 관한 한 우리는 두 가지 수준에서 도덕적 사고를 수행할 수 있다. 한편으로 우리는 도덕적 사고 모형을 도덕적 사고 수행의 명시적 전경 또는 묵시적 배경으로 설정한 수준에서 도덕적 사고를 수행할 수도 있으며, 다른 한편으로 도덕적 사고 모형의 암묵적 도입이나 명시적 적용 이전 수준에서 도덕적 사고를 수행할 수도 있다. 전자의 경우 가르치는 자와 배우는 자는 함께 제시한 도덕적 사고 모형에 따라서 상호 대화를 통하여 도덕적 사고를 수행할 수 있으며, 후자의 경우 가르치는 자와 배우는 자는 특히 배우는 자는 도덕적 사고 모형에 관한 인식과 지식 이전의 수준에서 타자와의 상호 대화를 통하여 도덕적 사고를 수행할 수 있다. 전자의 길을 갈 경우 우리는 도덕적 사고 모형의 이름을 명시적으로 또는 묵시적으로 설정하고 도덕적 사고를 수행하는 것이며, 후자의 길을 갈 경우 우리는 도덕적 사고 모형에 대하여 무지한 채 곧 도덕에 관한 지식과 이론이나 학설에 얽매이지 않고 매우 자유로운 방식으로 도덕적 사고를 수행하고 나서 이러한 도덕적 사고 수행의 결과를 특징짓는 도덕적 사고 모형을 찾을 수 있다. 지은이는 교사들이 후자의 방법으로 어린아이들의 도덕적 사고를 자극하고 촉진하여 인간의 실천적 삶과 행위에 대한 어린아이들의 창조적인 도덕적 사고를 도와주는 것이 전자의 방법을 따르는 것보다 더 바람직하다고 생각한다.

어느 수준에서 일어나는 도덕적 사고이든 이 책에서 주제 삼고 있는 바 이솝 우화들에 대한 도덕적 사고는, 지은이가 의미하는 단순한 도덕적 사고로서 우화에 대한 전반적 검토의 시각에서 일어나며 일상 언어를 사용하는 다음과 같은 문제 제기를 의미한다. 이 책에서 단순한 도덕적 사고란 10여 개의 주제에 맞추어 선별된 우화들 속에서 ① 문제가 무엇이고, ② 주인공들이 취한 행위들은 무엇이며, ③ 이 행위들이 구현하고 있는 도덕적 가치나 가치관 또는 도덕적 사고 모형은 어떤 것이며, ④ 주인공들이 달리 취할 수 있는 행위들은 무엇이며, ⑤ 이렇게 달리 취할 수 있는 행위들이 기초하고 있는 가치관이나 도덕적 사고 모형은 어떤 것인지 등을 순차적으로 사유해보는 일을 뜻한다. 이것은 위에 구분한 두 가지 수준의 도덕적 사고의 길 가운데 이 책이 우선 일차적으로 후자의 길을 중시함을 함축한다.

도덕적 사고 모형들이란 우리가 개념과 이론과 지식과 과학 이전의 수준에서 그리고 구체적 삶 속에서 만나고 경험하는 삶과 행위의 문제와 도덕적 주제에 대하여 도덕적 사고를 수행하는 데 이미 묵시적으로 도입하여 사용하고 있거나 또는 명시적으로 도입하여 사용할 수 있는(가치관이 배어 있는) 도덕적 사고의 관점을 의미한다. 이 책은, 한편으로 대학 교육을 받을 능력을 갖춘 이들이나 대학 교육을 받은 이들이 일상생활의 수준과 지식과 이론의 수준에서 묵시적으로 또는 명시적으로 이해할 수 있는 주요 윤리학 이론들을 고려하여, 그리고 다른 한편으로 한국인의 국민으로서의 삶의 조건과 세계 시민으로서의 삶의 조건을 감안하여 다음과 같은 아홉 가지 유형의 도덕적 사고 모형을 이솝 우화를 이해하고 사유하는 데 도입한다. ① 칸트 윤리학의 사고 모형, ② 공리주의의 사고 모형, ③ 가치 윤리학의 사고 모형, ④ 자연법 윤리학의 사고 모형, ⑤ 기독교 윤리의 사고 모형, ⑥ 유교 윤리의 사고 모형, ⑦ 불교 윤리의 사고 모형, ⑧ 도가 윤리의 사고 모형, ⑨ 분석 윤리학의 사고 모형이 그것이다.

이상의 내용을 표로 정리하면 다음과 같다.

연구 내용	(가치관이 배어 있는) 도덕적 사고 모형들에 따라서 '이솝 우화'들을 도덕적 사고를 통하여 체계적으로 검토함으로써 도덕적 사고의 수행이 무엇인가를 보여 준다.
연구 범위	12개의 주제에 대한 도덕적 사고를 수행한다.
연구를 위한 주요 물음	1) 우화에서 다루는 문제는 무엇인가? 2) 우화 속 주인공들이 취한 행위들은 무엇인가? 3) 주인공들의 행위들에서 읽어낼 수 있는 또는 이 행위들에 적용할 수 있는 도덕적 사고 모형은 어떤 것인가? 4) 주인공들이 달리 취할 수 있는 행위들은 무엇인가? 5) 주인공들이 달리 취할 수 있는 행위들에서 읽어낼 수 있는 또는 이 행위들에 적용할 수 있는 도덕적 사고 모형은 어떤 것인가?

우화 지도 시 도덕적 관점으로 도입할 수 있는 도덕적 사고 모형의 예	1) 칸트 윤리학의 사고 모형 2) 공리주의의 사고 모형 3) 가치 윤리학의 사고 모형 4) 자연법 윤리학의 사고 모형 5) 기독교 윤리의 사고 모형 6) 유교 윤리의 사고 모형 7) 불교 윤리의 사고 모형 8) 도가 윤리의 사고 모형 9) 분석 윤리학의 사고 모형

제2장

도덕적 사고 모형에 관하여

글쓴이는 이 책의 내용을 대학 교육을 받을 수 있는 일반 독자들뿐만 아니라 대학에서 윤리학이나 도덕 교육학을 이수한 적이 있는 예비 교사나 현직 교사를 염두에 두고 기술하였다. 글쓴이는 이 책의 주요 독자로 기대되는 일반인들과 예비 교사들이나 현직 교사들이 윤리학이나 도덕 교수법에서 다루고 있는 다수의 다양한 윤리 이론이나 도덕적 사고 모형에 관한 선이해와 선지식을 갖추고 있음을 이 책에서 전제하고 있다. 한 걸음 더 나아가 글쓴이는 이러한 선이해나 선지식을 갖추고 있는 예비 교사들이나 현직 교사들이 이 책을 참조함으로써 도덕에 관한 수업 활동에서 도덕에 관한 지식이나 이론에 구속된 채 학생들을 정형화된 어느 하나의 도덕적 사고 모형으로 몰아넣기보다 도덕에 관한 지식이나 이론에 아직 얽매여 있지 않은 어린 학생들의 근원적인 도덕적 사고에 귀를 기울이고 그들의 자율적이고 창조적인 도덕적 사고의 흐름을 도와주기를 기대한다. 따라서 글쓴이는 이 책에서 도덕적 사고 모형들에 관한 상세한 실질적 내용을 윤리학 지식과 윤리 이론의 틀 속에 담아서 상세하게 그리고 논증적으로 기술하고자 시도하지 않는다. 오히려 글쓴이는 이 책에서 예로서 제시한 다수의 도덕적 사고 모형들의 형식적 윤곽만을 아래에서 기술하고자 하며, 예시한 도덕적 사고 모형들에 관한 상세한 실질적 내용을 더 깊이 있게 알고자 하는 독자들을 위하여 도덕적 사고 모형들에 관계하는 주요 참고 도서들을 소개하고자 한다. 아래에 소개한 참고 도서들은, 독자들의 편의성을 존중한다는 원칙 아래 해당 주제에 관한 이차 서적들을 주로 검토하여 그 내용의 충실성과 이해의 용이성에 따라서 선정되었다.

글쓴이는 이 책에서 아홉 가지의 도덕적 사고 모형들을 도입하고 있다.

첫째는 칸트 윤리학의 사고 모형이다. 이 사고 모형은 도덕과 도덕적 사고 모형의 본질을 전형적으로 보여 준다. 이런 점에서 칸트 윤리학의 사고 모형은 서양 윤리학 속의 공리주의의 사고 모형이나 동양 윤리학 속의 관자식 사고 모형과 뚜렷이 다르다. 칸트 윤리학의 사고 모형이 도덕의 전형으로 여겨진다면 공리주의의 사고 모형이나 관자식 사고 모형은 도덕의 전형으로 평가되기에는 미흡한 점들을 많이 지니고 있다.

둘째는 공리주의의 사고 모형이다. 윤리 이론 또는 도덕적 사고 모형으로서의 공리주의는, 모든 인간이 공유하고 있는 개인의 본능적 이기심과 개인의 타산적 이기심에 착안하여 이 두 가지 유형의 개인의 이기심을 사회 공동체의 전체 이익과 전체 행복과 전체 복지를 위한 이기심으로 확대한 데에 기초하고 있다. 우리는 서양 윤리학 속의 공리주의의 사고 모형과 본질적으로 유사한 사고 모형을 동양 윤리학 속의 관자식 사고 모형에서 찾을 수 있다. 글쓴이는 공리주의의 사고 모형이 지니고 있는 가장 큰 특징을 그것이 도덕의 근원적 본질에 합치하는 데 미흡하다는 점에서 그리고 그것이 도덕적 당위를 함축하는 도덕적 가치의 본질을 지향하기보다 오히려 수단적 가치를 중시한다는 점에서 찾는다.

셋째는 가치 윤리학의 사고 모형이다. 이 사고 모형은 인간이 실천적 삶과 행위 속에서 지향하고 추구하며 실행하며 실현하고자 하는 삶의 목적으로서의 가치에서 실천적 삶과 행위의 동기를 구하고 있다. 곧 이 사고 모형은 인간의 실천적 삶과 행위를 동기 짓는 동인을 또는 인간의 실천적 삶과 행위를 이끌어가는 힘을 지니고 있는 삶과 행위의 목적을 인간이 지향하고 추구하며 실현하고자 하는 가치에서 또는 정확히 말하여 인간의 가치 지향과 가치 경험과 가치 평가에서 찾고 있다.

넷째는 자연법 윤리학의 사고 모형이다. 이 사고 모형은 서양 고대의 아리스토텔레스 윤리학과 키케로 윤리학 그리고 서양 중세의 아퀴나스 윤리학에서 유래하며 현대의 가톨릭교회 안에서도 수용되고 있다. 자연법 윤리학은 실천적 삶과 행위의 주체인 인간이 투명한 지성의 주체라기보다 지성이 스며있는 감정과 의지의 주체라는 점을 중시한다. 자연법 윤리학은 인간이 지니고 있는 자연스러운 본성을 기르고 존중하는 것을 도덕에 합치하는 것으로 또는 도덕적으로 허용할 수 있는 것으로 또는 도덕적 선으로 여기며, 인간의 자연스러운 본성에 거스르는 것을 도덕에 합치하지 않는 것으로 또는 도덕적으로 허용할 수 없는 것으로 또는 도덕적 악으로 여긴다. 자연법 윤리학의 사고 모형은 칸트 윤리학의 사고 모형과 함께 인간 존중의 윤리학을 구현하고 있다는 점에서, 이 두 가지 사고 모형은 본질적으로 동일한 특징을 지니고 있다.

다섯째는 기독교 윤리의 사고 모형이다. 이 사고 모형은 한편으로는 자연법 윤리학의 사고 모형과 다른 한편으로는 칸트 윤리학의 사고 모형과 유사한 점을 많이 지니고 있으며, 무엇보다도 사랑의 윤리학으로 특징지어질 수 있다. 물론 기독교 윤리뿐만 아니라 종교 전통을 가지고 있는 유교 윤리나 불교 윤리, 유대교 윤리나 이슬람교 윤리도 사랑의 윤리학으로 특징지어질 수 있다. 모든 종교 전통들에서 우러나오는 윤리 이론들이 사랑의 윤리학으로 이해될 수 있다는 점에서 모든 종교 전통들은 본질적으로 동일한 특징을 갖고 있는 셈이다.

여섯째는 유교 윤리의 사고 모형이다. 유교 윤리와 (사랑의 윤리를 표방하는) 모든 종교 전통의 윤리는, 인간 존중의 윤리학이라 특징지을 수 있는 칸트 윤리학 그리고 자연법 윤리학과 함께 도덕의 본질을 뚜렷하게 보여 주는 도덕적 사고 모형을 가지고 있다. 유교 윤리의 사고 모형은 특히 사회적 삶 속의 다양한 인간관계들의 위계질서에 정향된 도덕 규범을 매우 중시한다.

일곱째는 불교 윤리의 사고 모형이다. 이 사고 모형은 기독교의 사랑의 윤리학이나 유교의 인의 윤리학과 이념적으로 동일시 될 수 있는 자비의 윤리학으로 이해될 수 있을 뿐만 아니라 동시에 모든 생명을 배려하는 무욕과 무소유의 윤리학으로도 특징지어질 수 있다.

여덟째는 도교 윤리의 사고 모형이다. 이 사고 모형은 무엇보다도 자연과 자연의 흐름을 그리고 그 흐름 속에 존재하는 인간과 생명을 존중한다. 도교 윤리의 사고 모형은 살아 있는 자연 세계 속의 생명을 존중한다는 점에서 불교 윤리의 사고 모형과 매우 유사하다.

아홉째는 분석 윤리학의 사고 모형이다. 이 사고 모형은 이 책에 도입한 여덟 가지의 도덕적 사고 모형들과 다음과 같은 점에서 근본적으로 다르다. 분석 윤리학의 사고 모형은, 인간의 실천적 삶과 행위를 이끌어 갈 수 있는 규제의 힘을 지니고 있는 도덕 규범이나 도덕 법칙을 정식화하여 제시하는 데 주요 관심을 갖지 않으며, 언어 분석과 논리 분석의 방법을 사용하여 도덕 언어의 정확한 의미를 밝혀내며 도덕 판단의 진리성과 도덕적 논증의 타당성을 주제삼아 탐구하는 데 주요 노력을 기울인다. 이와 대조적으로 규범 윤리학으로 총칭될 수 있는 위에 예시한 여덟 가지의 도덕적 사고 모형들은 도덕의 이차 질서에 속하는 도덕 언어를 주제 삼는 일보다 도덕의 일차 질서에 속하는 도덕적 가치와 도덕적 의무에 정향되어 있으며 도덕 규범과 도덕 법칙을 제시하는 일을 중시한다.

글쓴이는 이 책에서 도입하고 있는 아홉 가지의 도덕적 사고 모형들 가운데 분석 윤리학의 사고 모형을 제외한 여덟 가지의 사고 모형들을 규범 윤리학 또는 규범 윤리학의 사고 모형으로 총칭한다. 규범 윤리학으로 총칭할 수 있는 여덟 가지의 도덕적 사고 모형들을 글쓴이는 다시 아래와 같이 세 가지 유형으로 분류하고자 한다.

첫째 유형은 이성의 윤리학이다. 이 첫째 유형에는 칸트 윤리학의 사고 모형과 자연법 윤리학의 사고 모형이 속한다. 이 두 가지 사고 모형에 따르면 도덕 규범이나 도덕 법칙은 실천적 삶과 행위의 주체인 인간의 자유로운 실천 이성에서 우러나오는 것이다. 이 두 가지 도덕적 사고 모형이 이러한 공통점을 지니고 있음에도 불구하고 다음과 같은 차이점을 갖고 있기도 하다. 칸트 윤리학의 사고 모형에서 실천 이성은 인간의 경험적 조건이나 생물학적 조건을 배제하는 투명한 의지로서의 실천 이성을 지칭하며, 자연법 윤리학의 사고 모형에서 실천 이성은 인간의 경험적 조건이나 생물학적 조건을 포용하는 또는 인간의 본능과 욕구와 정서와 의지를 다함께 긍정적으로 포용하는 포괄적 실천 이성을 지칭한다. 칸트 윤리학의 사고 모형에 따르면 도덕 규범 또는 도덕 명령은 인간의 본능과 욕구와 정서가 배제된 인간의 투명한 의지로서의 실천 이성 또는 자유로운 실천 이성에서 우러나온다. 자연법 윤리학의 사고 모형에 따르면 도덕 규범 또는 도덕 명령은 인간의 본능과 욕구와 정서와 의지를 다함께 포용하고 있는 자유 의지로서의 실천 이성에서 우러나온다.

둘째 유형은 다수의 종교 전통들로부터 우러나오는 종교적 규범 윤리학이다. 글쓴이는 이 두 번째 유형에 속하는 종교 전통들의 도덕적 사고 모형들의 예들을 위에서 언급하였다. 종교 전통들에 기초한 규범 윤리학들이 지니고 있는 공통 특징은, 그것들이 최고 도덕 가치로서 타자에 대한 사랑과 사랑의 실천을 추구한다는 점에서 모두 사랑의 윤리학으로 귀착한다는 데 있다.

셋째 유형은 가치 윤리학으로 특징지어질 수 있다. 가치 윤리학의 사고 모형은, 위에서 암시하였듯이 인간이 실천적 삶과 행위에서 지향하고 추구하는 가치가 인간의 실천적 삶과 행위를 이끌어 갈수 있는 힘을 지니고 있다는 점을 그리고 우리 인간이 감정과 의지와 지성의 주체로서 가치를 보고 경험하고 평가할 수 있다는 점을 그리고 이러한 가치 직관과 가치 경험과 가치 평가에 따라서 모든 유형의 실천적 삶과 행위를 펼칠 수 있다는 점을 중시한다. 가치 윤리학의 사고 모형은, 칸트 윤리학의 사고 모형처럼 투명한 이성의 윤리학이 아니라, 오히려 자연법 윤리학의 사고 모형에서처럼 인간의 본능과 욕구와 감정과 의지를 포용하는 포괄적 의미의 실천 이성에 기초하는 포괄적 이성의 윤리학의 특징을 지닌 가치 감정의 윤리학이라 할 수 있다.

글쓴이는 이 책에 도입하여 소개한 아홉 가지 도덕적 사고 모형들 가운데 분석 윤리학의 사고 모형을 제외한 여덟 가지 사고 모형들을 규범 윤리학에 속하는 도덕적 사고 모형으로 총칭했다. 한 걸음 더 나아가 글쓴이는 이 여덟 가지 도덕적 사고 모형들을 또한 다음과 같은 두 가지 갈래로 나누고자 한다. 첫째 갈래는 인간의 실천적 삶과 행위의 외적 결과를 중시하는 도덕적 사고 모형이며, 결과주의로 특징지어지는 공리주의가 이러한 사고 모형을 뚜렷하게 대표한다. 둘째 갈래에는 이 책에 도입되고 소개된 바 도덕의 일차 질서에 관계하는 여덟 가지 도덕적 사고 모형들 가운데 공리주의의 사고 모형을 제외한 그 외 일곱 가지의 규범 윤리학적 사고 모형들이 속한다. 이 둘째 갈래의 도덕적 사고 모형은, 인간이 실천적 삶과 행위를 수행함에서 자기 반성과 자기 인식 속에서 지향하는 곧 인간의 내적 마음이 지향하는 도덕 가치나 규범 그리고 도덕적 의무와 책무를 도덕적 삶과 행위의 결정적 동기로 중시한다. 따라서 글쓴이는 이 둘 째 갈래에 속하는 규범 윤리학적인 도덕적 사고 모형들을 동기주의를 따르는 내적 마음의 윤리학의 전통에 속하는 것으로 간주한다.

자연법 윤리학의 사고 모형을 이해하기 위한 안내서

- 『키케로의 의무론』, 허승일 옮김, 서광사, 2009.
- 『도덕 이론을 현실 문제에 적용시켜 보면』, C. E. 해리스 지음/김학택, 박우현 옮김, 서광사, 1994.
- 『자연법 사회 윤리』—도덕 교육의 기초—, 강두호 지음, 인간사랑, 2003.
- 『도덕과 인간의 선』—자연법 윤리학 개론—, 알폰소 고메스-로보 지음/강두호 옮김, 인간사랑, 2008.
- 『*Right and Reason*』—*Ethics in Theory and Practice*—, Austin

Fagothey, Saint Louis, 1967. 서양 철학자 등의 원전들에 기초한 매우 충실한 안내서다.

종교 전통들에 기초한 규범 윤리학으로서의 다양한 종교 윤리들을 이해하기 위한 안내서

- 『경전으로 본 세계 종교』, 길희성 외 전통문화연구회 간행, 한국 컴퓨터 인쇄 주식회사, 2001.
- 『불교와 생명 윤리학』, 데미언 카온 지음/허남결 옮김, 불교시대사, 2000.
- 『코란의 지혜』, 원월드 편집부 엮음/이명원 옮김, 가람기획, 2000
- 『노자 도덕경 해설』, 임헌규 지음, 철학과 현실사, 2005.
- 『도는 말이 없다』, 레이먼드 M. 스멀리안 지음/박만엽 옮김, 철학과 현실사, 2000.
- 『Lexikon der christlichen Ethik』, Hrsg. V. Gerfried W. Hunold, Freiburg, 2003.
- 『Ethics in the Confucian Tradition』－The Thought of Mencius and Wang Yang－Ming, Philip J. Ivanhoe, Scholars Press, 1990.
- 『Buddhist Ethics』－Essence of Buddhism－, H. Saddhatissa, George Allen and Unwin, 1970.
- 『Die Lehren des Judentums』, Verband der Deutschen Juden, Leipzig, 1925.

칸트 윤리학의 사고 모형을 이해하는 데 도움을 줄 수 있는 안내서

- 『윤리 형이상학 정초』, 임마누엘 칸트 지음/백종현 옮김, 아카넷, 2005.

- 『칸트의 교육학 강의』, 임마누엘 칸트 지음/조관성 역주, 철학과 현실사, 2007.
- 『도덕은 무엇으로부터 오는가』, 강영안 지음, 소나무, 2000.
- 『정언 명령』, 랄프 루드비히 지음/이충진 옮김, 이학사, 1999.
- 『칸트 평전』, 만프레트 가이어 지음/김광명 옮김, 미다스북스, 2003.

공리주의의 사고 모형을 소개하는 안내서

- 『Utilitarianism』, John Stuart Mill, edited by Oskar Piest, 1979, Indiana.
- 『The Principles of Morals and Legislation』, Jeremy Bentham, 1961, New York.
- 『관자』, 관자 지음/김필수, 고대혁, 장승구, 신창호 공역, 소나무, 2006.

가치 윤리학의 사고 모형을 이해하는 데 도움을 줄 수 있는 안내서

- 『현상학과 윤리학』, 조관성 지음, 교육과학사, 2003.

분석 윤리학의 사고 모형을 이해하는 데 도움을 줄 수 있는 안내서

- 『Language, Truth and Logic』, A. J. Ayer, 1975, England.
- 『철학적 분석 입문』, 존 호스퍼스 지음/곽광제 옮김, 담론사, 1997.
- 『도덕적 행위론』, 존 호스퍼스 지음/최용철 옮김, 지성의 샘, 1994.
- 『Philosophical Thinking: An Introduction』, Beardsley and Beardsley, New York, 1965.

제3장

도덕적 사고 모형에 따른 도덕적 사고의 수행과 수업 지도법

일러두기

수업의 진행 방식

1 우화 읽기

학생 두세 명을 지정하여 제1 주인공, 제2 주인공, 해설자의 역할을 맡아 읽어 보게 한다.

2 10문 10답하기

교사는 이솝 우화를 통한 도덕적 사고 능력의 계발을 위해 다음과 같은 10문 10답을 진행한다. 한 학생이 질문을 하고 이에 대해 여러 학생들이 답변을 할 기회를 준다. 10문 10답의 진행은, 1) 내용의 요지 파악, 2) 주인공의 행위에 대한 도덕 판단, 3) 바람직한 행위의 제안 등의 순서로 한다.

우화 관련 10문 10답
내용의 요지 파악
• 제1주인공이 원하는 것은 무엇이고, 그것을 얻기 위해 어떻게 행위했는가? • 제2주인공은 어떻게 반응했고, 그 이유는 무엇인가?
주인공의 행위에 대한 도덕 판단
• 제1주인공의 어떤 행위가 잘한 행위이고, 어떤 행위가 잘못한 행위인가? • 하나의 도덕적 사고 모형을 근거로 삼아 볼 때, 왜 제1주인공의 행위에 잘못이 있는가? • 제2주인공의 어떤 행위가 잘한 행위이고, 어떤 행위가 잘못한 행위인가? • 하나의 도덕적 사고 모형을 근거로 삼아 볼 때, 왜 제2주인공의 행위에 잘못이 있는가?

바람직한 행위의 제안
• 제1주인공이 할 수 있었던 바람직한 다른 행위는 무엇인가? • 하나의 도덕적 사고 모형을 근거로 삼아 볼 때, 왜 제1주인공의 그런 행위가 바람직한 행위인가? • 제2주인공이 할 수 있었던 바람직한 다른 행위는 무엇인가? • 하나의 도덕적 사고 모형을 근거로 삼아 볼 때, 왜 제2주인공의 그런 행위가 바람직한 행위인가?

3 우화 내용 바꿔 쓰기

제1주인공과 제2주인공 가운데 한 주인공이 우화 속의 행위와 다르게 바람직한 행위를 할 경우에, 우화 내용이 어떻게 달라질지를 상상하여 우화 내용을 바꿔 써보도록 한다. 이솝 우화 내용의 바꿔 쓰기에서는 학생이 스스로 자기의 도덕적 사고를 수행함으로써 자기의 도덕적 관점이 분명히 드러나도록 한다.

우화의 제목: 주제에 접근하기 위한 도덕적 관점: 도덕적 사고 모형의 예

제1교시 남의 것이 탐나거나 갖고 싶을 때는 어떻게 할까?

이솝 우화	까마귀와 여우
	여우가 어슬렁어슬렁 들판을 거닐고 있었다. 문득 나뭇가지에 앉아 있는 까마귀 한 마리가 눈에 띄었다. 까마귀는 먹음직스러운 고기를 한 덩이 물고 있었다. '흐음, 잘됐다! 저 고기를 빼앗아 먹어야지.' 여우는 속으로 기뻐하면서 나무 밑으로 다가갔다. "안녕하세요, 까마귀님. 날씨가 참 좋지요?" 여우가 다정하게 말을 건넸지만 까마귀는 멀뚱멀뚱 밑을 내려다보고 있었다. 여우는 계속해서 말했다. "가까이에서 보니, 까마귀님은 정말 훌륭한 깃털을 가지셨군요. 푸른 하늘을 배경으로 보니, 윤기 흐르는 그 까만 깃털이 아주 멋져 보입니다그려." 뜻밖에 여우의 칭찬을 들은 까마귀는 몹시 기분이 좋았다. 그때 여우가 다시 말했다. "게다가 까마귀님께서는 노랫소리 또한 일품이라는 말이 있던데, 그것이 사실입니까? 그 훌륭한 깃털에 아름다운 노랫소리를 갖추셨다면 '새의 임금'이라고 해도 지나친 말이 아니겠지요." 우쭐해진 까마귀는 자기의 노랫소리를 들려주기 위해 입을 크게 벌리고 큰 소리로 노래했다. "까옥, 까옥, 까옥!" 까마귀가 물고 있던 고깃덩이는 말할 것도 없이 밑으로 떨어졌고, 까마귀가 목청껏 노래하고 있던 사이, 여우는 고깃덩이를 맛있게 먹어치웠다.

다 함께

행위의 잘잘못 따져보기				
1. 행위	여우가 한 행위	고기를 빼앗으려고 거짓말을 하며 노래를 청했다.	까마귀가 한 행위	거짓 칭찬에 속아 노래하면서 입에 물고 있던 고기를 놓쳤다.
2. 잘함	여우가 잘한 점		까마귀가 잘한 점	
3. 잘못함	여우가 잘못한 점	자기 이익을 위해 거짓말을 했다.	까마귀가 잘못한 점	거짓 칭찬에 속았다.
4. 물음	여우에게 바람직한 다른 행위는?	여우에게 그 행위가 바람직한 이유는?	까마귀에게 바람직한 다른 행위는?	까마귀에게 그 행위가 바람직한 이유는?
5. 답변				
관점 1 칸트 윤리학	함께 나누어 먹기를 청한다.	거짓말을 하는 대신 상대에게 선의를 기대하는 것이기 때문이다.	여우로부터 앞으로 거짓말을 하지 않겠다는 다짐을 받고 고기를 나누어 준다.	까마귀가 정직의 의무를 지향하기 때문이다.
관점 2 공리주의	자신도 나중에 나누어 먹겠다고 약속하면서 까마귀에게 나누어 먹을 것을 요청한다.	공평하게 주고받는 일이 성립하기 때문이다.	나중에 여우가 고기를 소유할 때 까마귀와 나누어 먹겠다는 다짐을 받고 까마귀는 여우에게 고기를 나누어준다.	시간차를 두고 서로 주고받으면, 누구의 손해도 생기지 않고, 어려울 때를 예상하여 먹을 것을 저축하는 셈이기 때문이다.
관점 3 기독교 윤리	자기와 함께 고기를 나누어 먹으면, 자기도 나중에 남들과 함께 먹을 것을 나누어 먹겠다고 말한다.	배고픈 이웃과 함께 먹을 것을 나누는 것은 사랑의 실천이기 때문이다.	고기를 나누어 먹으면서, 다른 이웃들과 함께 먹을 것을 나누라고 말한다.	배고픈 이웃을 돕는 것은 사랑의 실천이기 때문이다.
관점 4 유교 윤리	까마귀가 입에 물고 있는 고기가 먹고 싶어도 자기절제를 하며 자기의 할 일에 충실한다.	자기 노력 없이 얻어먹는 것은 자기의 본분과 체면을 훼손하기 때문이다.	거짓 칭찬에 따라 노래를 하지 않고 자기 할일을 한다.	거짓 칭찬과 아첨에 솔깃하여 행위하는 것은 군자가 아닌 소인배의 행위이기 때문이다.

이솝 우화 바꿔 쓰기	칸트 윤리학의 관점
	여우가 어슬렁어슬렁 들판을 거닐고 있었다. 문득 나뭇가지에 앉아 있는 까마귀 한 마리가 눈에 띄었다. 까마귀는 먹음직스러운 고기를 한 덩이 물고 있었다. '흐음, 잘됐다! 저 고기를 내게 나누어 줄지도 몰라.' 여우는 속으로 기뻐하면서 나무 밑으로 다가갔다. "안녕하세요, 까마귀님. 날씨가 참 좋지요?" 여우가 다정하게 말을 건넸지만 까마귀는 멀뚱멀뚱 밑을 내려다보고 있었다. 여우는 계속해서 말했다. "맛있는 것을 물고 있는 까마귀님이 솔직히 부러워요. 오늘 따라 배가 많이 고픈데, 혹시 나에게 고기를 나누어 주실 수 있나요? 많이 고생하여 고기를 얻었을 텐데 이런 부탁을 드려 미안해요." 뜻밖에 여우의 솔직한 말을 들은 까마귀는 몹시 기분이 좋았다. 그 때 여우가 다시 말했다. "지금까지 종종 거짓말로 까마귀님을 속인 것도 사과할게요. 앞으로는 그런 일도 없을 거예요." 솔직한 사과를 들은 까마귀는 고기를 나뭇가지 위에 내려 놓고 친절한 목소리로 말했다. "거짓말을 하지 않겠다는 다짐은 참 좋은 것이지요. 그 다짐을 믿고 고기를 나누어 드릴게요." 까마귀는 부리로 물고 있던 고깃덩이를 싹둑 잘라 그 한 조각을 밑으로 떨어뜨렸다. 여우는 편안하고 즐거운 마음으로 고깃덩이를 맛있게 먹으면서 거짓보다 정직함이 그 자체로 더 바람직하다는 확신을 갖게 되었다.

바꾼 우화 간략 해설	칸트 윤리학의 관점
	우리는 자기 쾌락이나 자기 이익 또는 자기 행복을 보장하는 결과를 위해서가 아니라 정직 자체를 위해서 정직해야 한다. 정직은 인간의 도덕적 의무다. 그리고 거짓말, 거짓 약속, 거짓 계약 등은 인간의 자연스러운 본성인 사회성을 곧 인간들 사이의 사회적 삶 자체를 불가능하게 만들거나 훼손하거나 파괴하기 때문이다. 만일 여우가 까마귀가 나누어 준 고기를 먹으면서 거짓말보다 솔직한 말이 더 좋은 결과를 가져옴을 새삼 깨달았다면, 그리고 앞으로도 정직이 가져오

	는 자기에게 유리한 결과를 고려해서 행위 한다면, 이 사태는 칸트 윤리학의 모형에 합치하지 않는다. 왜냐하면 이 경우 여우는 합리적 자기 이익의 관점(enlightened self-interest)에 따라서 행위 하는 것이기 때문이다.

김다예

행위의 잘잘못 따져보기				
1. 행위	여우가 한 행위	고기를 빼앗으려고 거짓말을 하며 노래를 청했다.	까마귀가 한 행위	거짓 칭찬에 속아 노래하면서 입에 물고 있던 고기를 놓쳤다.
2. 잘함	여우가 잘한 점		까마귀가 잘한 점	
3. 잘못함	여우가 잘못한 점	자기 이익을 위해 거짓말을 했다.	까마귀가 잘못한 점	거짓 칭찬에 속았다.
4. 물음	여우에게 바람직한 다른 행위는?	여우에게 그 행위가 바람직한 이유는?	까마귀에게 바람직한 다른 행위는?	까마귀에게 그 행위가 바람직한 이유는?
5. 답변				
불교 윤리	여우가 매우 배가 고픔에도 불구하고 까마귀가 물고 있는 고기를 욕심내지 않는다.	무욕과 무소유를 지향하는 불교 윤리를 실천하고 있기 때문이다.	야윈 여우의 모습을 보고 자신의 고기를 나누어 준다.	사랑과 자비의 실천으로서 자기의 것을 타자와 함께 나누었기 때문이다.

	불교 윤리의 관점
이솝 우화 바꿔 쓰기	여우가 어슬렁어슬렁 들판을 거닐고 있었다. 며칠 동안 굶었기 때문에 매우 허기가 진 상태였다. 때마침 나뭇가지 위에 고기를 물고 앉아 있는 까마귀를 발견하였다. '흐음, 배가 고프지만 조금만 더 참자. 나보다 더 굶주린 가여운 생명들도 많을 텐데 남의 것을 탐내서는 안 되겠지.' 여우는 속으로 이렇게 생각하면서, 행여나 까마귀의 식사를 방해할까 봐 조용히 발걸음을 옮겼다.

막 고기를 먹으려던 까마귀는 때마침 여우를 발견하였다. 며칠 동안 굶어서인지 뼈만 앙상하게 남은 여우를 보고 까마귀는 너무 안타까운 생각이 들었다.

"안녕하세요, 여우님?"

까마귀가 여우를 불렀다.

"아, 안녕하세요, 까마귀님. 식사 중에 방해가 될까 봐 조용히 지나가려고 했는데…… 죄송해요."

배가 고팠을 텐데도 오히려 다른 사람을 배려하는 여우의 태도에 까마귀는 감동을 받았고 자신이 가진 고기를 주기로 결심하였다. 까마귀는 자신의 고기를 그냥 주면 여우가 부담스러워하며 받지 않을까 봐 여우에게 이렇게 말하였다.

"아니에요, 여우님. 사실 제가 이번에 사냥을 다녀왔는데, 운 좋게도 매우 많은 양의 고기를 얻게 되었어요. 지금 제가 들고 있는 이 고기는 배가 너무 불러서 먹지 못할 것 같은데, 여우님 괜찮으시다면 맛을 좀 보실래요?"

여우는 계속 거절하였지만 까마귀의 호의를 생각하여 받아들이기로 하였다.

"까마귀님, 너무 고맙습니다. 까마귀님의 큰 사랑을 본받아 다른 가여운 동물들을 위해 베풀면서 살겠습니다."

여우는 편안하고 즐거운 마음으로 고깃덩이를 맛있게 먹었고, 그 모습을 지켜보던 까마귀는 마치 자신이 고기를 먹은 것처럼 배가 불렀다. 그리고 베푸는 사랑의 기쁨을 새삼 깨닫게 되었다.

비꾼 우화 간략 해설	불교 윤리의 관점
	바꾼 우화에서 여우는 남의 것을 탐내지 않고 무욕과 무소유의 도덕 원칙을 실행에 옮기고 있으며, 까마귀는 자신의 것을 베풀 줄 아는 자비와 사랑의 윤리를 실천하고 있다. 사랑과 자비의 윤리학과 동일시될 수 있을 뿐만 아니라 동시에 모든 생명을 배려하는 무욕과 무소유의 도덕 원칙을 담고 있는 불교 윤리의 관점에서 이야기를 구성하였다.

김두영

행위의 잘잘못 따져보기				
1. 행위	여우가 한 행위	고기를 빼앗으려고 거짓말을 하며 노래를 청했다.	까마귀가 한 행위	거짓 칭찬에 속아 노래하면서 입에 물고 있던 고기를 놓쳤다.
2. 잘함	여우가 잘한 점		까마귀가 잘한 점	
3. 잘못함	여우가 잘못한 점	자기 이익을 위해 거짓말을 했다.	까마귀가 잘못한 점	거짓 칭찬에 속았다.
4. 물음	여우에게 바람직한 다른 행위는?	여우에게 그 행위가 바람직한 이유는?	까마귀에게 바람직한 다른 행위는?	까마귀에게 그 행위가 바람직한 이유는?
5. 답변				
관점 1 칸트 윤리학	함께 나누어 먹기를 청한다.	거짓말을 하는 대신 상대에게 선의를 기대하는 것이기 때문이다.	여우로부터 앞으로 거짓말을 하지 않겠다는 다짐을 받고 고기를 나누어 준다.	까마귀가 정직의 의무를 지향하기 때문이다.
관점 2 공리 주의	자신도 나중에 나누어 먹겠다고 약속하면서 까마귀에게 나누어 먹을 것을 요청한다.	공평하게 주고받는 일이 모두에게 이익이 되기 때문이다.	나중에 여우가 고기를 소유할 때 까마귀와 나누어 먹겠다는 다짐을 받고 까마귀는 여우에게 고기를 나누어 준다.	시간차를 두고 서로 주고받으면, 누구의 손해도 생기지 않고, 어려울 때를 예상하여 먹을 것을 저축하는 셈이기 때문이다.
관점 3 기독교 윤리	자기와 함께 고기를 나누어 먹으면, 자기도 나중에 남들과 함께 먹을 것을 나누어 먹겠다고 말한다.	배고픈 이웃과 함께 먹을 것을 나누는 것은 사랑의 실천이기 때문이다.	고기를 나누어 먹으면서, 다른 이웃들과 함께 먹을 것을 나누라고 말한다.	배고픈 이웃을 돕는 사랑의 실천이기 때문이다.

관점 4 유교 윤리	까마귀가 입에 물고 있는 고기가 먹고 싶어도 자기절제를 하며 자기의 할 일에 충실한다.	자기 노력 없이 남으로부터 얻어 먹는 것은 자기의 본분과 체면을 훼손하기 때문이다.	거짓 칭찬에 따라 노래를 하지 않고 자기 할일을 한다.	거짓 칭찬과 아첨에 솔깃하여 행위하는 것은 군자가 아닌 소인배의 행위이기 때문이다.

	공리주의의 관점
이솝 우화 바꿔 쓰기	나는 까마귀다. 깃털의 색도 까맣고 목소리도 '까악까악' 하는 소리 때문에 같은 새들 사이에서 따돌림을 받기 십상이었다. 여느 날처럼 나는 혼자서 고기를 먹기 위해 나무에 올라가서 '나는 왜 이럴까' 하는 생각에 잠겼다. 그때 여우가 눈에 띄었다. 그 여우는 갑자기 나에게 말을 건네왔다. "안녕하세요, 까마귀님. 날씨가 참 좋지요?" 나는 여우의 갑작스러운 다정한 말에 좀 황당했다. 그리고 여우가 나에게 왜 이럴까 생각을 했다. 아무래도 고기를 원하는 것 같다. 여우의 의도가 보이니 그냥 아무런 반응도 하지 않기로 생각했다. 그러자 여우는 계속해서 말을 걸었다. "가까이에서 보니, 까마귀님은 정말 훌륭한 깃털을 가지셨군요. 푸른 하늘을 배경으로 보니, 윤기 흐르는 그 까만 깃털이 아주 멋져 보입니다." 항상 다른 새들에게 놀림을 받던 까만 깃털을 멋지다고 하니 나는 살짝 기분이 좋아졌지만 내색은 하지 않았다. 그러던 차에 여우가 계속해서 말을 이었다. "게다가 까마귀님께서는 노랫소리 또한 일품이라는 말이 있던데, 그것이 사실입니까? 그 훌륭한 깃털에 아름다운 노랫소리를 갖추셨다면 '새의 임금'이라고 해도 지나친 말이 아니겠지요." 놀림의 대상이 되던 내 목소리까지 칭찬해 주니 기분이 너무 좋아져서 여우에게 고기를 줘도 아깝지 않다는 생각이 들었다. 노래를 부르기 위해 고기를 떨어뜨리고 노래를 불렀다. 여우가 맛있게 고기를 먹는 걸 보니 나도 기분이 좋아졌다.

	공리주의의 관점
바꾼 우화 간략 해설	새로 바꾼 우화에서는 항상 남들에게 따돌림을 받고 놀림 당하는 까마귀가 등장했다. 항상 친구가 필요한 까마귀에게는 혼자서 먹어야 하는 고기도 그다지 반갑지는 않다. 그러던 상황에 고기를 원하는 여우가 등장한다. 처음에는 여우의 태도를 보고 그다지 반기지 않았지만 자신의 놀림 받는 부분을 좋은 말로 기분 좋게 해 줌으로써 자신의 콤플렉스에 대한 일종의 보상 또는 치유를 받게 되었다. 그래서 여우에게 고기를 줘도 괜찮겠다는 생각이 들어 고기를 떨어뜨리게 된다. 까마귀는 여우의 칭찬에 기분이 좋아져서 좋고, 여우는 먹고 싶던 고기를 먹게 되어서 좋다는 공리주의의 관점에서 글을 썼다.

김예슬

	유교 윤리의 관점
이솝 우화 바꿔 쓰기	여우가 어슬렁어슬렁 들판을 거닐고 있었다. 문득 나뭇가지에 앉아 있는 까마귀 한 마리가 눈에 띄었다. 까마귀는 먹음직스러운 고기를 한 덩이 물고 있었다. 여우는 아주 배가 고팠지만 스스로 얻은 고기가 아니었기 때문에 까마귀에게 고기를 나누어 달라고 할지 고민하고 있었다. '까마귀도 고생해서 고기를 얻었을 텐데 염치없이 나누어 달라고 할 수는 없어. 아니야, 지금 배고픈 걸 우선 해결해야 해. 나중에 까마귀를 도와주면 되잖아.' 여우가 이런 고민을 하며 안절부절못하고 있는 사이에 까마귀가 여우의 곁으로 날아와 물었다. "안녕하세요, 여우님. 무슨 고민이라도 있으신가요?" "저기, 까마귀님. 한 가지만 물어보겠습니다. 만약에 지금 까마귀님에게 절실히 필요한 무언가가 다른 누군가에게 있는 것을 보았을 때 까마귀님이라면 그에게 가서 좀 나누어 달라고 하시겠습니까?" 여우의 이야기를 듣고 잠시 생각한 뒤 까마귀는 말했다. "글쎄요. 제 노력 없이 타인의 수고를 거저 얻는다면 제 마음도 분명 불편할 것이기 때문에 저라면 그렇게 하지 않을 겁니다." '그래, 스스로에게 부끄러운 여우가 되지는 말자. 아직 그렇게 급한 상황도 아니니 내 힘으로 먹이를 찾아보도록 하자.'

까마귀의 말을 들은 여우는 이렇게 생각하며 떠나려고 했다. 그때 까마귀가 여우를 불러 세우며 이렇게 말했다.

"여우님, 제가 이 고기를 드려도 될까요? 저보다 여우님에게 더 필요할 것 같네요. 후훗."

여우가 까마귀에게 고맙다는 이야기를 하려고 입을 열었을 때 이미 까마귀는 고기를 남겨두고 멀리 날아갔다.

	유교 윤리의 관점
바꾼 우화 간략 해설	여우는 자신이 배가 고픈 상황에서도 남의 것을 탐하지 않고 스스로 절제하는 덕을 갖추었다. 비록 결정을 내리기 전에 내적 갈등을 겪기는 했지만, 결국에는 사물에 대한 욕심을 버리고 떳떳한 마음을 가지고 떠나려 했다. 이때 까마귀는 여우를 측은하게 여겨 인(仁)을 베푸는 모습을 보인다. 비록 여우의 질문에 까마귀는 엄격한 도덕 기준을 가지고 대답했지만 자기의 도덕성을 지키는 여우의 행동을 보고 여우의 행색에 안타까움을 느껴 자기의 것을 베풀게 된다.

김찬우

	공리주의의 관점
이솝 우화 바꿔 쓰기	여우가 어슬렁어슬렁 들판을 거닐고 있었다. 문득 나뭇가지에 앉아 있는 까마귀 한 마리가 눈에 띄었다. 까마귀는 먹음직스러운 고기를 한 덩이 물고 있었다. '흐음, 잘 됐다! 저 고기는 까마귀 혼자 먹기에는 너무 많으니 잘만 말하면 남는 양만큼 나에게 나누어 줄지도 몰라.' 여우는 이렇게 은근한 기대를 가지고 까마귀가 앉아 있는 나무로 다가갔다. "안녕하세요, 까마귀님 날씨가 참 좋지요?" 여우가 다정하게 말을 건넸지만 까마귀는 멀뚱멀뚱 나무 밑을 내려다보고 있었다. 여우는 계속해서 말했다. "제가 오늘 하루 종일 굶어서 배가 너무 고프네요. 그러던 와중에 까마귀님이 물고 계신 고기를 보니 먹고 싶은 마음이 더욱 간절해지네

요. 까마귀님이 전부 다 드시기에는 그 고기 양이 좀 많아 보이네요. 까마귀님이 드실 수 있는 양을 제외한 나머지를 제게 주신다면 까마귀님과 저 모두 행복해질 수 있을 것 같네요."

공손한 어투로 부탁을 하는 여우의 말을 들은 까마귀는 기분이 좋아졌다. 그때 여우가 다시 말했다.

"물론 이번에 저에게 고기를 나누어 주신다면 다음에는 제가 까마귀님께 고기를 나누어 드릴게요."

까마귀는 고기를 가지 위에 내려놓고 말했다.

"좋아요. 제가 고기를 나누어 드리면 저는 남은 고기를 버리지 않고 여우님을 도울 수 있어서 좋고, 여우님은 배고픔을 해결해서 좋겠네요. 그리고 이를 통해서 우리가 서로 돕는 관계가 된다면 그것 역시 우리 모두에게 좋은 결과를 가져오겠네요."

까마귀는 부리로 물고 있던 고깃덩이를 싹둑 잘라 그 한 조각을 밑으로 떨어뜨렸다. 여우는 까마귀가 나누어 준 고기를 먹으면서 앞으로 자신도 자신만의 행복이 아닌 되도록 많은 사람들의 행복을 추구하는 삶을 살아야겠다고 다짐했다.

바뀐 우화 간략 해설

공리주의의 관점

공리주의에 따르면 인간은 쾌락이나 행복을 추구하고 고통이나 불행을 피하려 하는 심리적 본성을 지닌 존재다. 인간의 삶과 행위에 대한 도덕 판단의 기준도 이러한 공리주의적 인간관에 기초해 있다. 이에 따르면, 인간의 쾌락과 행복을 늘리는 데 기여하는 것은 선한 행위지만, 고통과 불행을 가져오는 것은 악한 행위다. 나아가 사회의 행복을 최대로 하려면 되도록 많은 사람들이 가능한 한 많은 행복을 받을 수 있도록 하는 것이 필요하다. 따라서 공리주의의 목표는 '최대 다수의 최대 행복(the greatest happiness of the greatest number)'을 실현하는 데 있다.

이러한 공리주의의 이념은 까마귀가 여우에게 고기를 나누어 주고 공동의 쾌락이나 공동의 행복을 실행했다는 점에서 잘 드러난다.

김창규

가치 윤리학의 관점

여우가 어슬렁어슬렁 들판을 거닐고 있었다. 배가 너무 고팠지만 황량한 들판에서 당장 먹을 것을 구할 수가 없었다. 그렇게 들판을 배회하던 여우의 눈에 까마귀 한 마리가 눈에 보였다. 나무 위에 앉아 있던 까마귀는 먹음직스러운 고기를 한 덩이 물고 있었다.

'와! 저 고기 좀 봐, 기름기도 흐르고 고기도 큼직하니 한 입 크게 먹어보고 싶다. 너무 배고프다. 저 까마귀가 나에게 고기를 줄지도 모르니 일단 까마귀에게 가봐야겠다.'

여우는 얼굴에 미소를 띠고 까마귀에게 다가갔다.

"안녕하십니까! 까마귀님. 멀리서도 까마귀님이라는 것을 한눈에 알아볼 수 있었습니다! 그 매력적이고 두툼한 부리와 그 윤기나는 깃털은 전방 100m 앞에서도 까마귀님의 대인다운 풍모를 보여 주는군요. 저야 뭐 쓸모없이 꼬리털만 수북해서…… 하하!"

여우는 고기를 먹고 싶다는 자신의 속내를 숨기고 까마귀의 기분을 띄우기 위해서 갖은 아부를 다 했다. 여우의 칭찬을 들은 까마귀는 기분이 매우 좋았다.

이솝 우화 바꿔 쓰기

"(후후, 이 여우가 까마귀 볼 줄 아는구먼. 그래도 조금 겸손해 보여야 나를 존경하겠지?)아, 그렇습니까! 그렇게 칭찬해 주시니 많이 부끄럽습니다. 그래도 여우님의 말을 들으니 기분이 좋아지는군요. 그래, 지금 어디 갔다가 오시는 길이신지요?"

까마귀는 여우를 바라보며 말했다.

이 말을 듣고 여우는 "(좋아! 이제 슬슬 본론으로 들어가 볼까?) 에구에구 말도 마십시오. 배가 너무 고파서 주변에 먹을 것이 없나 찾으러 다녔는데 헛수고만 했지 뭡니까. 이제 찾으러 다닐 힘도 없네요. 혹시 아량이 넓으신 까마귀님께서 가지고 계신 고기를 조금 나누어 주실 수 없을까요?"

여우의 말을 들은 까마귀는 고민에 빠졌다.

'아, 이 고기를 내가 어떻게 얻었던가! 어제 하루 종일 들판을 돌아다니면서 간신히 얻은 고기인데……. 여우에게 주기는 아깝구나. 그렇지만 지금 이 고기를 안 주면 여우가 고기 한 점 주지 않더라고 나를 헐뜯고 다니는 거 아닐까? 아아~ 그럼 안 되지. 남들에게 존경을 받는 것이 이 까마귀에게는 무엇보다 중요하니까.'

"좋습니다. 여우님이 매우 딱하게 되었으니 제가 가진 이 고기를 나누어 드리죠. 저에게도 별로 없지만 그래도 여우님을 돕는 것이 더 중요한 것이겠지요."

말을 끝내고 까마귀는 고기를 부리로 잘라서 여우에게 나누어 주었다.

여우는 고깃덩이를 맛있게 먹으면서 이렇게 맛있는 고기를 준 까마귀를 속으로 비웃었고, 까마귀는 고기를 먹고 여우가 자기의 도움을 소문내고 다닐 것이라고 생각하면서 기뻐하였다.

비꾼 우화 간략 해설	가치 윤리학의 관점
	가치 윤리학의 관점에 따르면 인간은 자신이 추구하는 가치에 의해서 행위를 한다. 이는 인간이 감정과 의지, 그리고 이성의 주체로서 가치를 보고 경험하고 이에 대해서 판단할 수 있다는 점에서 출발한다. 인간이 추구하는 가치는 다양하겠지만 이 우화에서는 여우를 물질이라는 가치를 좇는 존재로, 그리고 까마귀를 존경이라는 가치를 추구하는 존재로 가정해 보았다. 여우에게는 당장 자신의 욕구를 충족시킬 수 있는 물질을 얻을 수만 있다면 자신의 체면이나 자존심 따위는 중요하지 않다. 그래서 고기라는 물질을 얻기 위해서 자기 신체를 희화화하는 것도 서슴지 않는다. 반면 까마귀는 남들로부터 존경을 얻기 위하여 자신의 물질을 포기하였다. 이는 까마귀가 추구하는 가치가 물질이 아닌 존경이라는 것을 보여 준다. 이처럼 다양한 가치의 추구에서 인간 개인의 행위가 이루어진다는 것이 가치 윤리학의 관점이다.

노중일

이솝 우화 바꿔 쓰기	유교 윤리의 관점
	어느 날, 배고픈 여우가 먹이를 찾아 정처 없이 헤매고 있었다. 그러나 산속에는 토끼 한 마리도 찾기 힘들었다. 지친 여우는 커다란 밤나무 아래서 잠시 쉬기로 했다. 그렇게 여우가 굶은 배를 쥐어 잡고 쉬고 있을 때, 커다란 고깃덩어리를 입에 문 까마귀 한 마리가 날개를 퍼덕거리며 밤나무 가지 위에 앉았다. 고깃덩어리가 너무 컸는지 까마귀는 가지 위에 앉자마자 고기를 가지 위에 놓고는 뭐가 그리 좋은지 '까옥, 까옥' 노래를 불렀다.

이솝 우화 바꿔 쓰기

나무 밑에 있던 여우는 까마귀의 노래 소리가 너무 싫었지만, 까마귀 옆의 고기를 보니 조금이라도 받아먹고 싶어서 까마귀의 기분을 맞춰주려고 말을 걸었다.

"까마귀야, 까마귀야. 너의 아름다운 목소리가 배고픈 나의 몸에 힘을 주는 듯하구나. 너의 노래에 나도 너처럼 훨훨 날 것 같아!"

그러자 까마귀는 깍깍거리며 말했다.

"내 목소리가 아름답다고? 네 꼴을 보아하니 며칠 굶은 듯한데, 몸도 힘들고 정신까지 혼미해졌니? 여우야, 고기가 먹고 싶거든 차라리 먹고 싶다고 솔직하게 말하렴, 까옥~ 까옥."

속마음을 들키자 여우는 너무 부끄러웠다. 비록 까마귀가 비꼬며 말했지만 여우는 자기가 거짓말을 했다는 사실이 창피했기 때문이다. 여우는 다시 솔직하게 이야기했다.

"그래, 그래, 까마귀야. 나는 실은 배가 너무 고파서 너의 고기가 탐이 났단다. 그래서 거짓말을 했어. 미안해. 나에게 고기를 줄 수 있겠니?"

까마귀는 까르르 웃으며 부리로 고기를 조금 뜯어 던지며 말했다.

"여기 있다! 배고픈 여우야, 하하하."

하지만 까마귀가 던져 준 고기는 너무 적었다. 여우는 자존심이 상했지만 배가 너무 고파서 고기를 입에 물었다. 허겁지겁 고기를 씹는 여우를 보며 까마귀가 계속 말했다.

"이봐, 이봐, 여우야. 고기 한 점도 흘리지 말고 맛있게 먹어. 이 까마귀님이 아래 마을 정육점에서 힘들게 훔쳐온 것이니까. 까옥, 까옥~!"

허겁지겁 고기를 씹던 여우는 그 말을 듣자 언제 그랬냐는 듯이 고기를 뱉고 나서 까마귀를 향해 고개를 곧게 세우고 위를 보며 말했다.

"까마귀야, 까마귀야. 내가 잠시 배가 고파서 부끄러움을 잊고 거짓말까지 했었지만, 아무리 배가 고파도 훔친 고기는 먹지 않겠다. 잠시나마 너의 고기에 마음을 빼겼던 내 자신이 너무 부끄럽구나."

그렇게 말하고는 입속에 남은 고기 찌꺼기를 다시 한 번 뱉고 나서 아무 일 없었다는 듯이 그 자리를 떠났다.

까마귀는 여우가 떠나든 말든 쳐다보지도 않고 노래를 멈추고 고기를 맛있게 먹기 시작했다. 여우의 떠나는 모습 뒤로 까마귀의 고기 뜯는 소리만 들렸다.

	유교 윤리의 관점
바꾼 우화 간략 해설	우리는 여러 가지 상황에서 남의 물건을 탐낼 수 있다. 원작에는 없는, 여우가 배가 고프다는 설정은 유교 윤리를 추구하는 여우에게 어쩔 수 없이 자신의 신념과 대치되는 상황을 만들어 주기 위한 것이다. 애초에 여우가 유교적 가치를 지향하는 존재라면 까마귀의 고기 따위는 쳐다보지도 않았을 것이기 때문이다. 정말 배가 고픈 상황에서 선비정신을 지향하는 여우가 남의 물건을 탐내는 마음을 어떻게 다스릴 것인지를 보여 주려고 했다. 여기서의 여우는 까마귀가 비웃으며 자신의 허위를 꼬집을 때, 그 지적을 받아들이고 자신의 거짓말을 부끄러워한다. 그리고 고기를 조금만 준 까마귀의 심술에 자존심이 상했지만 체면을 차리지 않고 솔직하게 배고픈 자신을 긍정하면서 고기를 먹으려고 한다. 하지만 그 고기가 옳지 못한 방법으로 획득되었다는 것을 알고서는 배가 고파 기운이 없어도 불의와 타협하지 않겠다는 결연한 의지를 보이며 그 자리를 떠난다. 우리 역사 속에 유교 윤리의 실천자로 기록된 선비의 모습은 자신의 잘못을 솔직히 인정하고, 체면에 얽매이지 않으며 육체적 욕망 때문에 자신의 도덕 원칙을 버리지 않는 데에서 찾을 수 있다. 특히 마지막 장면에서 까마귀가 여우가 가든 말든 신경조차 쓰지 않았다는 것은, 이 세상이 비록 여우 같은 존재들을 무시하고 비웃더라도 결코 그러한 시선들의 그늘로 숨지 않고 자신의 길을 가겠다는 선비의 의지를 보여 준다고 볼 수 있다. 어린 아이들은 이 우화를 통해 자신의 잘못을 인정하며, 자신의 욕망과 남의 시선에 얽매이지 않고 자신이 옳다고 생각하는 길을 가려는 유교 윤리의 구현체인 선비에 대해 이해하는 계기를 갖게 될 것이다.

전영호

	공리주의의 관점
이솝 우화 바꿔 쓰기	여우가 어슬렁어슬렁 들판을 거닐고 있었다. 문득 나뭇가지에 앉아 있는 까마귀 한 마리가 눈에 띄었다. 까마귀는 먹음직스러운 고기를 한 덩이 물고 있었다. '흐음, 잘 됐다! 저 고기를 얻어먹을 수 있을지도 몰라.'

여우는 속으로 기뻐하면서 나무 밑으로 다가갔다.

"안녕하세요, 까마귀님. 날씨가 참 좋지요?"

여우가 다정하게 말을 건넸지만 까마귀는 멀뚱멀뚱 나무 밑을 내려다보고 있었다. 여우는 계속해서 말했다.

"오늘은 제가 사냥을 못해서 고기를 못 구했어요. 그래서 배가 너무 고픈데, 혹시 제게 까마귀님께서 갖고 계신 고기를 나누어 주실 수 없을까요? 다음에 제가 사냥을 해서 고기를 구하게 되면 꼭 까마귀님께 고기를 나누어 드릴게요."

여우의 제안에 까마귀는 어떻게 할지 잠시 망설였다. 그때 여우가 다시 말했다.

"그런 일은 없는 게 좋겠지만, 까마귀님이 사냥에 실패하는 날도 있을 수 있고 그럴 때 제가 사냥해서 얻은 고기를 같이 나누어 먹으면 서로에게 좋은 일이라고 생각해요."

여우의 이야기를 들은 까마귀는 고기를 나뭇가지 위에 내려놓고 이야기했다.

"어려울 때 서로 도우면서 먹을 걸 나누어 먹는 건 우리 둘 모두에게 좋은 일인 것 같네요. 그 말을 믿고 고기를 나누어 드릴게요."

까마귀는 부리로 물고 있던 고깃덩이를 싹둑 잘라 그 한 조각을 나무 밑으로 떨어뜨렸다. 여우는 고깃덩이를 맛있게 먹으면서 모두의 이익을 위해 행위하는 것이 보다 행복하게 살 수 있는 방법이라는 것을 확신하게 되었다.

바뀐 우화 간략 해설

공리주의의 관점

공이주의에 따르면 우리는 최대 다수의 최대 행복을 이루기 위해서 행위해야 한다. 여기서 까마귀가 여우에게 고기를 나누어 주는 행위는 나중에 있을 수 있는 굶주림(불행)을 예방하기 위한 행위로, 결국 이 행위는 여우의 이익을 위해 행동하는 것이 자신에게도 행복을 가져다줄 수 있다는 것을 깨달은 공리주의의 관점에서 나타나는 행위라고 할 수 있다.

정주은

	기독교 윤리의 관점
이솝 우화 바꿔 쓰기	어느 날 여우가 어슬렁어슬렁 들판을 거닐고 있었다. 문득 나뭇가지에 앉아 있는 까마귀 한 마리가 눈에 띄었다. 까마귀는 먹음직스러운 고기를 한 덩이 물고 있었다. '흐음, 잘 됐다! 저 고기를 함께 나누어 먹으면 좋을 거야.' 여우는 속으로 기뻐하면서 나무 밑으로 다가갔다. "안녕하세요, 까마귀님. 날씨가 참 좋지요?" 여우가 다정하게 말을 건넸지만 까마귀는 멀뚱멀뚱 나무 밑을 내려다보고 있었다. 여우는 계속해서 말했다. "맛있는 것을 물고 있는 까마귀님이 솔직히 부러워요. 저에게도 고기가 있었더라면 까마귀님과 나누어 먹었을 텐데 아쉬워요. 오늘따라 먹고 싶은 것도 많고 배도 많이 고픈데, 혹시 저와 함께 고기를 나누어 드실 수 있나요. 많이 고생하여 고기를 얻었을 텐데 이런 부탁을 드려 미안해요." 뜻밖으로 여우의 솔직한 말을 들은 까마귀는 기분이 매우 좋았다. 그때 여우가 다시 말했다. "그리고 앞으로 저도 먹을 것이 있을 때는 배고픈 이웃과 나누어 먹으며 사랑을 실천할게요." 까마귀는 고기를 나뭇가지 위에 내려놓고 친절한 목소리로 말했다. "많이 배고프셨나 봐요. 함께 나누어 먹어요. 배고픈 이웃과 먹을 것을 나누어 먹으면서 사랑을 실천하겠다는 여우님의 그 마음을 믿어요." 까마귀는 부리로 물고 있던 고깃덩이를 싹둑 잘라 그 한 조각을 나무 밑으로 떨어뜨렸다. 여우는 편안하고 즐거운 마음으로 고깃덩이를 맛있게 먹으면서 까마귀의 사랑에 감동받았다.

	기독교 윤리의 관점
바꾼 우화 간략 해설	우화를 기독교 윤리의 관점에 서서 바꿔 써보았다. 사랑과 사랑의 실천을 중시하는 기독교의 관점을 배경으로 배고파하는 여우에게 까마귀가 먹을 것을 나누어 주는 내용이다. 여우는, 사랑을 실천하겠다는 다짐을 하고 기꺼이 먹을 것을 나누어 주는 까마귀에게서 감동을 받는다. 배고픔을 해결하기 위한 다짐이 아니라 사랑의 마음에서 나오는 진정성과 그 실천을 보여 주는 까마귀의 모습을 담았다.

천홍주

이솝 우화 바꿔 쓰기	공리주의의 관점
	어느 날 여우가 어슬렁어슬렁 들판을 거닐고 있었다. 문득 나뭇가지에 앉아 있는 까마귀 한 마리가 눈에 띄었다. 까마귀는 먹음직스러운 고기를 한 덩이 물고 있었다. '배가 고프니 저 고기를 나누어 먹자고 해야겠다.' 여우는 나무 밑으로 다가갔다. "안녕하세요, 까마귀님. 날씨가 참 좋지요?" 여우가 다정하게 말을 건넸지만 까마귀는 멀뚱멀뚱 나무 밑을 내려다보고 있었다. 여우는 계속해서 말했다. "까마귀님, 저는 지금 배가 몹시 고파요. 음식을 많이 구할 수 있는 날도 있지만 오늘은 아무것도 먹지 못했어요. 그래서 까마귀님이 저에게 그 고기를 나누어 주셨으면 좋겠어요. 제가 음식을 많이 구한 날에는 잊지 않고 까마귀님을 찾아와 음식을 나누어 드리겠어요." 뜻밖으로 여우의 제안을 들은 까마귀는 기분이 좋았지만 여우를 믿을 수가 없었다. 까마귀는 고기를 나뭇가지 위에 올려놓고 여우에게 말했다. "저도 음식을 구하지 못하는 날이 있기 때문에 여우님의 제안이 마음에 들어요. 하지만 여우님이 계속 음식을 구하지 못한다면 저는 손해를 보는 게 아닐까요?" 여우는 잠시 생각하고 다시 말을 했다. "까마귀님도 아시다시피 나 여우는 매우 영리하기로 소문난 동물이에요. 까마귀님이 저에게 고기를 나누어 주신다면 제가 까마귀님에게 처세술을 알려 드릴게요." 까마귀는 여우와 고기를 나누어 먹으며 여우의 이야기를 들었다. 까마귀는 여우와 친해져서 좋은 친구가 되었고, 다시는 다른 동물들에게 속지 않는 지혜도 갖게 되었다.

바꾼 우화 간략 해설	공리주의의 관점
	공리주의는 공리의 원칙을 도덕 판단의 기준으로 삼는 이론이다. 어떤 행위의 옳고 그름은 그 행위가 인간의 이익과 행복에 유용한가, 그리고 얼마만큼 기여하는가에 따라서 결정된다. 여우는 까마귀에게

	정보를 주었고, 까마귀는 여우에게 고기를 주었기 때문에 서로의 행위가 까마귀와 여우의 쾌락과 행복을 늘리는 데 기여하였고, 공리주의에서는 이러한 행위를 선한 행위로 본다. 사회의 행복을 최대로 하려면 되도록 많은 사람들이 가능한 한 많은 행복을 누릴 수 있도록 하는 것이 필요하다.

홍철민

	불교 윤리의 관점
이솝 우화 비꿔 쓰기	여우가 어슬렁어슬렁 들판을 거닐고 있었다. 문득 나뭇가지에 앉아 있는 까마귀 한 마리가 눈에 띄었다. 까마귀는 먹음직스러운 고기를 한 덩이 물고 있었다. '아~ 저 고기를 먹을 수만 있다면 정말 행복할 것 같다.' 여우는 욕망에 사로잡혀서 나무 밑으로 다가가서 고기를 빼앗으려고 거짓 칭찬을 했고, 까마귀는 거기에 속아 노래하면서 입에 물고 있던 고기를 놓쳤다. 결국 여우는 고깃덩이를 차지하게 되었고, 행복한 마음으로 바로 먹으려고 했다. 그런데 바로 그때, 힘이 센 다른 여우들이 여우가 먹음직스러운 고깃덩이를 갖고 있는 것을 보고 하나둘씩 나타나기 시작했다. 땅 위에서는 그런 고깃덩이가 희귀했던 터라, 다른 여우들은 그 고깃덩이를 빼앗으려고 혈안이 되어, 그 여우에게 서서히 다가오고 있었다. 고기를 갖고 있던 여우는 고기를 빼앗기지 않기 위해 고기를 물고 죽을 힘을 다해 뛰었다. 하지만 다른 여우들의 추격도 만만치 않았다. 한 무리의 여우 떼를 따돌렸는가 싶으면 다른 여우 떼들이 몰려왔다. 여우 떼들을 피해 높은 곳으로 도망을 쳤는데, 그곳에는 무시무시한 독수리가 여우의 고깃덩이를 노리고 있었다. 여우는 다시 낮은 곳으로, 그리고 으슥한 곳으로 도망쳤다. 어느덧 깜깜한 밤이 되었고, 울창한 숲 속을 지나면서 도망쳐 이곳까지 온 여우는 만신창이가 되었다. 하지만 여우는 드디어 혼자 고기를 먹는 즐거움을 마음껏 누릴 수 있었다. 식욕에 사로잡힌 여우는 신나게 고기를 뜯었다. 그러나 여우는 고기를 먹는 중에 혹시나 누가 나타나지 않을까 불안감에 휩싸였다. 그래서 여우는 허겁지겁 먹었다. 그런데 얼마 후, 여우는 배탈이 나고 말았다. 하루 종일 고기를 물고 도망다니느라 고기가 상했을 뿐만 아니라, 고기를 너무나 급하게 먹은

탓이었다.

여우는 배가 매우 아팠다. 너무 힘들고 고통스러웠다. 여우는 자신의 하루를 가만히 돌아다보았다.

'아까 까마귀의 고기를 봤을 때는 고기를 차지하게 되면 정말 행복할 줄 알았는데, 고기를 갖고 먹은 것이 행복하기는커녕 너무 힘들고 고통스럽구나. 가진다는 것은 정말 좋기만 한 것일까?'

여우는 무소유의 진정한 의미를 조금씩 깨달아가고 있었다.

	불교 윤리의 관점
바꾼 우화 간략 해설	인간은 욕망을 가지고 소유를 하면 할수록, 거기에 신경을 쓰게 되고 더러는 집착하게 된다. 결국 인간은 그 욕망이나 소유 때문에, 편한 마음으로 살지 못하게 된다. 이것이 불교에서 무욕과 무소유를 강조하는 이유다. 돈이 많은 사람은 그 많은 돈을 관리하고 보관하느라 한시라도 편히 있을 수 없다. 타인이 자신의 많은 재물을 훔쳐갈 수 있는 여러 가지 시나리오를 생각해 보고 그에 대한 방어를 하느라, 자신의 에너지를 헛되이 소비한다. 결국 바람직스러운 삶의 다른 일들에 집중하는 것이 힘들어지게 된다. 법정스님이 말씀하신 대로, 난을 갖고 있으면 그 난을 키우느라 외출도 못하는 등 거기에 일상생활이 매이게 된다. 비단 난뿐이랴. 우리도 우리가 가지고 있는 돈이나 물건들에 매여 있는 것은 아닌지 우리 자신을 뒤돌아볼 수 있다. 반대로 잃을 것이 없으면 마음은 한없이 편해진다.

이아람

행위의 잘잘못 따져보기				
1. 행위	여우가 한 행위	고기를 빼앗으려고 아부를 하며 노래를 청했다.	까마귀가 한 행위	아부를 듣고 기분이 좋아 노래를 불렀다.

2. 잘함	여우가 잘한 점	자신이 원하는 것을 얻기 위해 적극적으로 노력했다.	까마귀가 잘한 점	여우의 청에 응했다.
3. 잘못함	여우가 잘못한 점	원하는 것을 얻는 방법으로 정당하지 않은 방법을 선택하여 실천했다.	까마귀가 잘못한 점	여우의 청이 거짓임을 간파하지 못하여 고기를 빼앗겼다.
4. 물음	여우에게 바람직한 다른 행위는?	여우에게 그 행위가 바람직한 이유는?	까마귀에게 바람직한 다른 행위는?	까마귀에게 그 행위가 바람직한 이유는?
5. 답변				
관점 1 칸트 윤리학	여우에게 고기를 나누어 먹자고 솔직하게 말한다.	진심이 아닌 의도가 담긴 아부로 고기를 얻는 것은 정당하지 않은 방법이기 때문이다.	여우의 말이 과장됨을 인지하고 그 의도를 반성적으로 생각하고 판단한다.	타인의 평가에 절대적으로 의존하여 그것에 좌우되기 전에 객관적으로 판단하고 반성적으로 사고하는 것이 올바른 선택을 도와줄 수 있기 때문이다.
관점 2 공리 주의	자신도 나중에 나누어 먹겠다고 약속하면서 까마귀에게 나누어 먹을 것을 요청한다.	까마귀와 여우가 서로 손해 없이 공평한 거래를 할 수 있기 때문이다.	(여우의 의도를 알아차림을 전제로) 여우의 요청을 받아들인다.	약속대로 이행된다면 공정한 거래이고 시간차로 인하여 작게나마 미래를 준비하는 효과도 얻는다.
관점 3 기독교 윤리	지금 자기와 함께 고기를 나누어 먹으면, 자기도 나중에 남들과 함께 나누어 먹겠다고 한다.	배고픈 이웃과 함께 먹을 것을 나누는 것은 사랑의 실천이기 때문이다.	고기를 나누어 먹으면서, 다른 이웃들과 함께 먹을 것을 나누라고 말한다.	배고픈 이웃을 돕는 것은 사랑의 실천이기 때문이다.

관점 4 가치 윤리학	까마귀의 선의를 기대하며 여우는 솔직히 자신의 심정을 밝힌다.	사람은 누구나 타자의 곤경에 공감할 수 있는 능력이 있고 타자를 도와주고 싶은 마음을 지니고 있다. 때문에 여우가 정직의 가치를 지향한다면 자신의 심정을 까마귀에게 정직하게 밝힘으로써 공감과 선의를 기대할 수 있다.	여우에게 고기를 나누어 준다.	까마귀는 타자의 곤경에 공감하며 타자를 도와주고 싶어 하는 마음을 지니고 있을 뿐만 아니라 여우처럼 정직의 가치를 지향하며 살아오고 있기 때문이다.
관점 5 유교 윤리	먹고 싶은 감정을 억제하고 까마귀의 고기를 탐하지 않는다.	단순히 자신의 자연적 욕구로 인하여 남의 것을 탐하는 것은 명분 없는 짓으로서 자신의 수양이 부족함을 드러내는 행동이기 때문이다.	여우의 아부에 흔들리지 않고 자신의 중심을 지킨다.	타인의 아부에 경거망동하는 짓은 소인배의 행동이기 때문이다.

이솝 우화 바꿔 쓰기

가치 윤리학의 관점

옛날에 여우가 어슬렁어슬렁 들판을 거닐고 있었다. 문득 나뭇가지에 앉아 있는 까마귀 한 마리가 눈에 띄었다. 까마귀는 먹음직스러운 고기를 한 덩이 물고 있었다.

'아…… 저 고기 정말 맛있겠다. 나도 먹고 싶다.'

여우는 망설이며 나무 밑으로 다가갔다.

"안녕하세요, 까마귀님. 날씨가 참 좋지요?"

여우가 머뭇거리며 말문을 열었다. 까마귀는 멀뚱멀뚱 나무 밑을 내려다보았다. 여우는 계속해서 말했다.

"까마귀님이 고기를 물고 있는 것을 보니 저도 그 고기가 무척 먹고 싶어 지내요. 혹시 괜찮으시다면 저에게 그 고기를 조금 나누어 주시지 않겠어요?"

여우의 뜻밖의 말을 들은 까마귀는 조금 당황했다. 그때 여우가 다시 말했다.

"제가 갑자기 이런 말을 해서 조금 놀라셨을 거라 생각해요. 하지만 이렇게 솔직히 제 심정을 이야기하면 고기를 조금 나누어 주실지도 모른다고 생각했어요."

여우의 솔직한 심정을 들은 까마귀는 여우의 마음을 이해할 수 있었다. 까마귀는 고기를 나뭇가지 위에 내려놓고 친절한 목소리로 말했다.

"여우님께서 그렇게 말씀하시니 저도 여우님의 마음을 이해할 수 있겠네요. 고기를 나누어 드리겠어요."

까마귀는 부리로 물고 있던 고깃덩이를 싹둑 잘라 한 조각을 나무 밑으로 떨어뜨렸다. 여우는 고맙고 기쁜 마음으로 고깃덩이를 받으며 까마귀에게 인사했다.

"감사합니다, 까마귀님."

까마귀는 기뻐하는 여우를 보며 자신의 기분도 좋아지는 것을 느꼈다. 까마귀는 여우에게 고기를 나누어 주길 잘했다고 생각하며 자신도 맛있게 고기를 먹었다.

바꾼 우화 간략 해설

가치 윤리학의 관점

사람들은 누구나 무의식 또는 의식적으로 자신이 지향해야 할 가치를 상정하고 그 기준에 맞추어 살아간다. 모든 사람이 하나의 가치 아래에서 살아간다면 갈등도 오해도 없겠지만 사람들이 지향하는 가치의 모습은 모두 같지 않아서 우리 사회에는 갈등도 오해도 모두 존재한다. 모든 사람이 하나의 가치 아래 살아간다는 것은 힘들겠지만 사람들이 서로 간의 소통에서 자신이 지향하는 가치를 밝힌다면 서로의 차이를 인정하고 그 간격을 줄여 갈 수 있거나 또는 서로 간의 오해를 최소화할 수 있을 것이라고 생각한다.

위의 우화에서 여우는 정직이라는 가치를 지향하여 그에 맞게 행위하며 까마귀에게 자신의 행동의 근거가 되는 가치를 설명하고 있다. 마침 까마귀의 가치 또한 여우와 일치하여 둘은 갈등 없이 서로 소통할 수 있게 된다.

양아름

<table>
<tr><td></td><td>불교 윤리의 관점</td></tr>
<tr><td>이솝 우화 바꿔 쓰기</td><td>옛날에 여우가 어슬렁어슬렁 들판을 거닐고 있었다. 문득 나뭇가지에 앉아 있는 까마귀 한 마리가 눈에 띄었다. 까마귀는 먹음직스러운 고기를 한 덩이 물고 있었다.
'흐음, 잘 됐다! 저 고기 정말 맛있게 생겼네.'
여우는 점식을 먹었는데도 군침이 돌았다. 그리고 어떻게 하면 고기를 먹을 수 있을까 고민하기 시작했다. 한번 고기를 보자 먹고 싶은 마음은 점점 강해졌다.
'노래를 불러 달라고 해서 고기를 떨어뜨리게 만들까? 아니면 고기가 상한 것 같다고 거짓말을 할까?'
여우는 열심히 고민을 했다. 그러자 마음은 더 불안해지기 시작했다. 저 고기는 당연히 자기가 먹어야 될 것이라는 생각마저 들었다.
"안녕하세요, 여우님. 날씨가 참 좋지요?"
갑자기 까마귀가 다정하게 말을 건넸다. 여우는 깜짝 놀라서 까마귀를 쳐다보았다. 까마귀는 계속해서 말했다.
"마침 고깃덩어리가 생겼는데 여우님도 함께 드시겠어요?"
뜻밖에 까마귀는 여우에게 고기를 내밀었다. 까마귀의 착한 마음에 여우는 자신의 생각이 더욱 부끄러워 얼굴이 빨갛게 달아올랐다.
'나는 고기에 대한 욕심 때문에 남을 속일 생각을 하며 내 마음을 스스로 더럽혔구나. 저 작은 고기 한 조각 때문에.'
욕심을 버린 여우는 고기를 먹지 않았다. 그리고 자신의 솔직한 마음을 이야기하고, 까마귀에게 사과했다. 까마귀도 여우의 이야기를 듣고 느끼는 바가 있었다.
까마귀는 마침 다른 나뭇가지에 앉아 있는 배고픈 다른 새들에게 고기를 건네주고 하늘로 날아갔다. 고기에 대한 욕심과 까마귀를 속이려는 마음이 사라지자 여우는 훨씬 편안하고 자유로운 마음이 되었다.</td></tr>
</table>

<table>
<tr><td></td><td>불교 윤리의 관점</td></tr>
<tr><td>바꾼 우화 간략 해설</td><td>물건에 대한 인간의 욕심은 마음을 불편하게 만들고 악한 감정을 불러일으키며 그로 인해 인간은 고통과 불행을 겪는다. 물욕(物慾)은 우리 인간을 구속할 뿐만 아니라 재화에 대한 욕심은 더 큰 욕심으로 바</td></tr>
</table>

	뀐다. 여우는 이러한 물욕의 부정적 측면을 경험하면서 물욕의 노예가 되지 않고 다행히도 그것으로부터 벗어난 행위를 보여 준다. 또한 까마귀는 여우뿐만 아니라 다른 생명도 배려하며 존중하는 태도를 통해 자신의 소유욕을 벗어나 타자에 대한 자비를 실천한다.

제2교시 친구가 나의 충고를 듣지 않을 때는 어떻게 할까?

	제비의 충고를 무시한 새들
이솝 우화	새들은 농부가 아마 씨를 뿌려 경작하는 것을 보았지만, 그게 어디에 쓰이는지는 몰랐다. 그것의 씀씀이를 알고 있던 제비는 다른 새들을 급히 불러 모았다. "얘들아, 장차 이게 우리에게 아주 큰 화를 미칠 거야." 시간이 흘러 아마에서 싹이 자라는 걸 본 제비가 다른 새들에게 말했다. "이게 자라면 자랄수록 우리에게는 더 큰 화근이 돼. 힘을 합쳐서 저 새싹들을 뽑아버리자. 저건 자라면 밧줄이 될 거야. 그러면 사람들이 그걸로 덫을 만들어 우리를 잡으려 들걸." 하지만 새들은 제비의 충고를 귀담아 듣기는커녕 코웃음만 쳤다. 제비는 새들이 자기의 충고를 무시하는 것을 보고 인간들을 찾아갔다. 그리고 그들의 처마 밑에 둥지를 틀고 인간의 보호를 받으며 살았다. 하지만 제비의 충고를 듣지 않았던 다른 새들은 덫에 걸리지 않을까 항상 마음을 졸이면서 살아야 했다.

다 함께

행위의 잘잘못 따져보기				
1. 행위	제비가 한 행위	장차 화를 초래할 수 있는 아마의 새싹들을 뽑아 버려야 한다고 새들에게 충고하다가, 새들이 이 충고를 듣지 않자 혼자 농부의 처마로 피신했다.	새들이 한 행위	충고를 듣지 않고 코웃음을 치다 봉변을 당했다.
2. 잘함	제비가 잘한 점	다가올 위험에 맞서 대비할 것을 충고했다.	새들이 잘한 점	
3. 잘못함	제비가 잘못한 점	타자에 대한 설득 노력을 쉽게 포기했다.	새들이 잘못한 점	유익한 충고를 무시했다.
4. 물음	제비에게 바람직한 다른 행위는?	제비에게 그 행위가 바람직한 이유는?	새들에게 바람직한 다른 행위는?	새들에게 그 행위가 바람직한 이유는?
5. 답변				
관점 1 칸트 윤리학	혼자서라도 아마의 새싹을 뽑는다.	모두에게 본이 되는 행위를 하는 것이기 때문이다.	충고를 따라서 함께 아마의 새싹을 뽑는다.	그 상황에서 누구라도 해야 할 행위이기 때문이다.
관점 2 공리주의	모두에게 처마 밑에 둥지를 틀자고 제안한다.	모두의 피해를 피하고 생존할 수 있는 방법이기 때문이다.	제비의 충고를 따라서 함께 아마의 새싹을 뽑는다.	결과적으로 공동이익을 가져오기 때문이다.
관점 3 불교 윤리	봉변을 당해도 함께 당해야 한다.	그것이 슬픔과 기쁨을 함께 나누는 자비의 실천이기 때문이다.	제비의 충고에 귀를 기울이고 따라야 한다.	죽은 사람의 소원도 들어주듯, 산 제비의 소원을 들어주어야 하기 때문이다.

관점 4 가치 윤리학	지속적으로 대화하고 타협점을 찾았어야 한다.	대화와 타협은 민주사회의 가치이기 때문이다.	토론을 통해 제비의 말이 옳은지, 새들의 생각이 옳은지를 따져 보았어야 한다.	토론과 이를 통한 결론 도출은 민주주의적 가치이기 때문이다.
관점 5 유교 윤리	지쳐 쓰러질 때까지 혼자서라도 아마의 새싹을 뽑아야 한다.	살신성인하여 도덕을 성취할 수 있기 때문이다.	제비와 함께 아마의 새싹을 뽑아야 한다.	그것이 새들의 공동체 유지를 위해 올바른 일이기 때문이다.

	공리주의의 관점
이솝 우화 바꿔 쓰기	새들은 농부가 아마 씨를 뿌려 경작하는 것을 보았지만, 그게 어디에 쓰이는지는 몰랐다. 그것의 씀씀이를 알고 있던 제비는 다른 새들을 급히 불러 모았다. "얘들아, 장차 이게 우리에게 아주 큰 화를 미칠 거야." 시간이 흘러 아마에서 싹이 자라는 걸 본 제비가 다른 새들에게 말했다. "이게 자라면 자랄수록 우리에게는 더 큰 화근이 돼. 힘을 합쳐서 저 새싹들을 뽑아버리자. 저건 자라면 밧줄이 될 거야. 그러면 사람들이 그걸로 덫을 만들어 우리를 잡으려 들걸." 하지만 새들은 제비의 충고를 귀담아 듣기는커녕 코웃음만 치면서 제비와 갈라서야 할 날이 오리라고 생각했다. 제비는 새들이 자기 충고를 무시하는 것을 보고, 며칠을 두고 다른 방도를 궁리했다. "얘들아, 새싹 뽑는 일이 싫다면 사람들이 사는 집의 처마 밑에 둥지를 틀고 인간의 보호를 받으며 살자." 새들은 노동을 하지 않을 수 있다는 점과 제비와 갈라서지 않아도 된다는 점에 만족하여 제비의 충고를 따랐다. 새들은 들판에서 살 때와 같은 자유를 누리지는 못했지만, 제비와 헤어지지 않고 함께 모여 살 수 있다는 점에 만족했다. 제비는 모두가 함께 지내기 위해서는 때때로 최선의 것을 포기할 수도 있다는 것을 새삼 깨달았다.

	공리주의의 관점
바꾼 우화 간략 해설	소수의 이익보다 최대 다수의 최대 이익을 도모하였다.

김다예

행위의 잘잘못 따져보기				
1. 행위	제비가 한 행위	인간들이 아마 싹을 이용하여 밧줄을 만들어 새들을 덫에 걸리게 만들 것이라고 새들에게 충고했다.	새들이 한 행위	제비의 충고를 무시하고 그로 인해 덫에 걸리지 않을까 항상 마음을 졸이면서 살아야 했다.
2. 잘함	제비가 잘한 점	다른 새들의 안전을 위해 앞으로 일어나게 될 위험한 일에 대하여 충고했다.	새들이 잘한 점	
3. 잘못함	제비가 잘못한 점		새들이 잘못한 점	제비의 충고를 무시했다.
4. 물음	제비에게 바람직한 다른 행위는?	제비에게 그 행위가 바람직한 이유는?	새들에게 바람직한 다른 행위는?	새들에게 그 행위가 바람직한 이유는?
5. 답변				
관점 1 칸트 윤리학	새들의 안전을 걱정하여 아마 싹의 위험성에 대해 충고한다.	유익한 정보를 자기만 알고 있는 것이 아니라 다른 이들과 함께 공유하는 것이 도덕적 의무이기 때문이다.	제비의 충고를 받아들이고 제비와 함께 아마 싹을 제거한다.	다른 이의 말을 경청하고 존중하는 것이 도덕적인 일이기 때문이다.
관점 2 공리주의	새들에게 아마 싹의 위험성에 대해 충고하며 함께 아마 싹을 없애자고 도움을 청한다.	제비의 충고는 제비 자기에게는 물론 다른 새들에게도 이익이 되는 일이기 때문에 공리주의 입장에서 바람직한 행위다.	제비의 충고를 받아들여 함께 아마 싹을 뽑는다.	제비의 충고를 받아들여야 제비와 새들 모두 아마 싹의 위험성으로부터 벗어날 수 있기 때문이다.

관점 3 불교 윤리	다른 새들의 안전을 위해 아마 싹의 위험성에 대해 충고한다. 그리고 솔선수범하여 아마 싹을 제거하는 일에 적극적으로 참여한다.	다른 새들을 걱정하고 그들을 위해 힘써 일하는 제비의 행위는 불교 윤리에서 사랑의 실천으로 볼 수 있기 때문이다.	제비가 새들의 안전을 걱정해 주고 힘써 일하는 모습에 감동을 받아 아마 싹을 뽑는 일에 동참한다.	서로의 안전을 위해 아마 싹을 뽑는 일은 곧 사랑의 실천이기 때문이다.
관점 4 가치 윤리학	평소 유비무환의 자세를 삶의 가치로 여겨온 제비는 앞으로 일어나게 될 위험성에 미리 대처하기 위해 새들에게 충고한다.	아마 싹의 위험성에 대해 미리 대처하는 행위는 유비무환이라는 가치를 실천하는 가치 지향적인 태도이기 때문이다.	경청을 삶의 가치로 여기는 새들은 제비의 충고를 받아들이고 아마 싹을 제거한다.	제비의 충고를 받아들이는 행위는 그들이 지향하고 있는 가치인 '경청'을 실천하는 행위이기 때문이다.
관점 5 유교 윤리	새들에게 앞으로 일어나게 될 위험성에 대해 충고한다.	새들에게 아마 싹의 위험성을 알리지 않고 홀로 도망가버리는 행위는 소인배의 행위이기 때문이다.	제비의 충고를 무시하지 않고 받아들인다.	다른 이의 말을 무시하는 행위는 소인배의 행위이기 때문이다.

이솝 우화 바꿔 쓰기	가치 윤리학의 관점
	유난히 새들이 많이 사는 한 마을이 있었다. 그 마을에 사는 새들은 다른 새들의 말을 잘 들어주었기 때문에 옆 마을의 새들이 고민을 털어놓기 위해 그 마을에 자주 모여들었다. 새들이 많이 모여들자 그 마을에 사는 농부들은 농사를 망칠까 두려워하였다. 한 농부의 집 처마에 둥지를 틀어 살고 있던 제비는 우연히 농부들이 하는 말을 엿듣게 되었다. "아니 이놈의 새들이 왜 점점 더 많아지는 거지?" "그러게 말이야. 이렇게 새들이 많아지면 농사에 피해가 많을 텐데, 빨리 대책을 세워야겠어."

"아! 내가 아마 싹으로 만든 밧줄이 있는데, 그걸 이용해서 새덫을 만들까?"

"그거 좋은 생각이네! 그런데 그 많은 새들을 잡을 만큼의 아마 싹을 가지고 있는가?"

"흐음, 그렇게 많지는 않은데……. 지금이라도 당장 아마 씨를 뿌려야겠다!"

"그래, 나도 동참하겠네."

평소 유비무환의 태도를 실천해 오던 제비는 농부들의 말을 듣고 깜짝 놀랐다.

'아마 싹이 자라면 농부들은 새 덫을 만들 테고, 그렇게 되면 우리 마을에 사는 새들은 큰 위험에 빠지고 말텐데…. 이거 큰일이네. 싹이 다 자라기 전에 모두 뽑아버려야 해. 이 사실을 빨리 새들에게 알려 주어야겠다.'

제비는 새들에게 달려가 자초지종을 이야기하면서, 아마 싹을 뽑아버려야 새들이 안전할 수 있다고 충고하였다. 제비의 말을 경청하던 새들은 제비의 충고를 받아들여 힘을 합쳐 아마 싹을 모두 뽑아버렸다.

결국 새를 잡으려던 농부들의 계획은 수포로 돌아갔고 새들에게는 다시 평화가 찾아왔다.

바꾼 우화 간략 해설

가치 윤리학의 관점

가치 윤리학에 따르면, 인간은 자신이 지향하고 추구하는 삶의 목적으로서의 가치에서 실천적 삶과 행위의 동기를 구한다. 즉, 인간의 실천적 삶과 행위의 동인을 인간이 지향하고 추구하는 가치에서 또는 인간의 가치 지향에서 찾고 있는 것이다. 바꾼 우화에서 새들은 그들이 지향하고 추구하는 삶의 목적으로서의 가치를 '경청'에서 찾고 있으며, 제비는 '유비무환'에서 찾고 있다. 또한 그들이 지향하고 있는 그 가치를 실천하기 위해 노력한다. 다시 말해, 새들과 제비는 가치 윤리학의 관점에 따라 자신들이 추구하는 가치를 실천에 옮기고 있는 것이다.

김두영

행위의 잘잘못 따져보기				
1. 행위	제비가 한 행위	새들에게 위기가 닥칠 것이라고 충고했다.	새들이 한 행위	제비의 말을 무시했다.
2. 잘함	제비가 잘한 점	위험이 다가온다는 것을 친구들에게 알리려 했다.	새들이 잘한 점	
3. 잘못함	제비가 잘못한 점		새들이 잘못한 점	제비의 말을 무시했다.
4. 물음	제비에게 바람직한 다른 행위는?	제비에게 그 행위가 바람직한 이유는?	새들에게 바람직한 다른 행위는?	새들에게 그 행위가 바람직한 이유는?
5. 답변				
관점 1 칸트 윤리학	농부에게 아마 씨를 길러서 그것을 어떠한 용도로 사용할 것인지 물어야 한다.	생명을 중시해야 하는데 무턱대고 새싹을 뽑는 것 또한 잘못이기 때문이다.	제비와 함께 서로에게 알맞은 도덕적 행위가 무엇인지 생각한다.	자신의 생명을 위해 타인의 생명을 수단화하는 것은 옳지 않은 행동이다.
관점 2 공리 주의	친구들에게 아마 씨를 뽑아야 한다고 말한다.	자신에게도 이익이고 친구들에게도 이익이기 때문이다.	아마 씨를 뽑아야 한다.	새들 모두에게 이익이 되기 때문이다.
관점 3 불교 윤리	농부와 대화를 하여 무엇이 새싹과 새들의 생명을 위협하지 않는 방법일지 고민한다.	생명을 해치는 것은 옳지 않은 일이다.	함께 합의점을 모색해 봐야 할 것이다.	생명은 소중한 것이기 때문이다.
관점 4 가치 윤리학	혼자서 처마 밑에 들어가서 살지 않고 친구들과 함께 어려운 상황을 맞이해야 한다.	자신이 가지고 있는 우정이라는 가치를 계속하여 지켜야 한다.	쾌락을 즐기는 새들에게는 힘들여 일을 하기 보다는 편하게 지낼 수 있는 방법을 강구하는 것이 나을 것이다.	즐겁지 않은 노동을 행하기보다는 쾌락을 이어갈 수 있는 방법을 찾는 것이 가치에 따르는 것이기 때문이다.

관점 5 유교 윤리	친구들에게 좋은 일을 권유하며 자기 스스로 실천해야 한다.	자신의 신념을 지키는 일이기 때문이다.	제비와 함께 아마 씨를 뽑아야 한다.	옳은 일은 서로 권유하고 행하는 것이 옳은 행동이기 때문이다(환난상휼).

	유교 윤리의 관점
이솝 우화 바꿔 쓰기	새들은 농부가 아마 씨를 뿌려 경작하는 것을 보았지만, 그것이 어디에 쓰이는지는 몰랐다. 그것의 씀씀이를 알고 있던 제비는 다른 새들을 급히 불러 모았다. "얘들아, 장차 이게 우리에게 아주 큰 화를 미칠 거야." 새들은 제비의 말을 듣고 아마 씨를 열심히 뽑았다. 그 일이 있은 며칠 후 농부는 다시 아마 씨를 뿌려 경작하기 시작했다. 마침 그 근처를 지나가던 제비가 그 모습을 보았다. '이게 자라면 자랄수록 우리에게는 더 큰 화근이 될 텐데……. 친구들을 다시 불러야 겠군.' 제비는 다시 한 번 새들을 모아서 이야기했다. "힘을 합쳐서 저 새싹들을 뽑아버리자. 저건 자라면 밧줄이 될 거야. 그러면 사람들이 그걸로 덫을 만들어 우리를 잡으려 들걸." 이번에도 새들은 모두 함께 힘을 합쳐 아마 씨를 뽑았다. 그 후에도 여러 번 이러한 일이 있었지만 그때마다 새들은 서로 도와가며 문제를 해결해 나갈 수 있었다. 그 덕분에 그 마을은 새들이 가장 살기 좋은 마을로 유명해졌다.

	유교 윤리의 관점
바꾼 우화 간략 해설	유교 윤리의 관점에서는 서로 좋은 일은 권하고, 이웃은 서로 돕고 사는 것이 가치 있다고 여긴다(환난상휼, 患難相恤). 그러한 관점에서 보면 제비는 장차 모두에게 큰 해가 될 수 있는 아마 씨에 대한 문제를 친구들인 새들에게 말해 줌으로써 미리 대처할 수 있는 기회를 제공하였고, 새들은 친구인 제비의 말을 업신여기거나 소홀히 듣지 않고 서로 도와가며 함께 일을 처리했다. 또한, 그러한 일이 한 번에 그치지 않고 계속해서 유지해 나감으로써 새들이 살기 좋은 마을을 만들었다.

김예슬

행위의 잘잘못 따져보기				
1. 행위	제비가 한 행위	새들에게 위기가 닥칠 것을 예고하고 힘을 합쳐 대비하자고 충고했다.	새들이 한 행위	제비의 충고를 귀담아 듣지 않았다.
2. 잘함	제비가 잘한 점	예고된 위험을 타인에게 알리려고 노력했다.	새들이 잘한 점	
3. 잘못함	제비가 잘못한 점		새들이 잘못한 점	타인의 충고를 받아들이지 않고 무시했다.
4. 물음	제비에게 바람직한 다른 행위는?	제비에게 그 행위가 바람직한 이유는?	새들에게 바람직한 다른 행위는?	새들에게 그 행위가 바람직한 이유는?
5. 답변				
관점 1 칸트 윤리학	우선 농부에게 가서 그 씨앗으로 그물을 만들 것인지 묻고, 만약 그렇다면 농부에게 그러한 행위가 올바른 행위인지를 생각해 보도록 한다.	살아 있는 생명체가 자기의 생명을 유지하는 것은 무엇보다도 중요한 도덕적 의무이기 때문이다.	농부와 자신들에게 요구되는 도덕적 행위가 무엇인지 살펴서 제비와 함께 농부에게 이야기한다.	농부와 새들이 각각 상대방을 수단으로 대우하지 않고 목적 자체로 대우해야 하기 때문이다.
관점 2 공리주의	다른 새들에게 예고된 위험을 알려 함께 살 방법을 모색해 본다.	나와 다수의 타인에게 이익이 되는 일이 좋은 것이기 때문이다.	제비의 말을 귀담아 듣고 힘을 합해 씨앗을 없애야 한다.	씨앗을 없애는 것이 자신과 타인 모두에게 도움이 되는 일이기 때문이다.
관점 3 불교 윤리	자신과 새들의 생명뿐만 아니라 땅에서 자라는 씨앗의 생명도 소중하기 때문에 씨앗을 없애는 방법 이외에 다른 방법을 찾아본다.	모든 살아 있는 것들은 생명을 가지고 있고 생명을 존중해야 하기 때문이다.	새들은 농부가 씨앗을 뿌리는 것이 자기들에게 영향을 미칠 것을 이해하고, 제비와 더불어 다가올 해악을 피하는 방법을 찾아본다.	모든 살아 있는 것들의 개별 행위들은 상호 연관성을 가지기 때문이다.

관점 4 가치 윤리학	제비는 씨앗을 뽑아내자는 자기의 제안을 다른 새들이 무시했을 때, 모두 함께 살아남을 수 있도록 다른 새들에게도 자기가 처마 밑에 둥지를 틀었던 것처럼 인간과 더불어 살 것을 권한다.	비록 미리 위험을 예방하려 했던 제비의 시도는 성공하지 못했지만 제비는 자기의 생명 가치와 타자의 생명 가치를 함께 존중하고 지향하는 방안을 찾고 있기 때문이다.	다른 새들은 제비의 첫 제안에는 동의하지 않았지만 제비가 그 후 제안한 바, 공동의 생명 가치를 지향하고 존중하는 삶의 방안들을 따라야 한다.	제비가 제안한 바, 공동의 생명 가치를 지향하는 것은 제비뿐만 아니라 다른 새들에게도 바람직한 것이기 때문이다.
관점 5 유교 윤리	제비는 어리석은 다른 새들을 측은하게 여기고 새들이 올바른 행위를 할 수 있도록 먼저 씨앗을 없애는 솔선수범을 보인다.	유교에서는 타자에 대한 측은지심에서 행위하는 것이 올바른 것이기 때문이다. 또한 자기 수양을 성취하여 일반인들의 삶을 편하게 해주는 것이 이상적 삶의 방식이기 때문이다. 그리고 제비가 군자라면 올바른 행위를 타자들에게 강요할 것이 아니라 자기가 솔선수범하여 올바른 행위를 타자들에게 보여 주어야 하기 때문이다.	타자에 대한 측은지심에서 솔선수범하는 제비를 보고 다른 새들은 자기의 어리석음을 깨달아 씨앗을 함께 제거한다.	

	불교 윤리의 관점
이솝 우화 바꿔 쓰기	겨우내 얼었던 얼음이 녹기 시작한 어느 날, 제비는 작은 새들과 나무 위에 앉아 저쪽 밭에서 씨앗을 뿌리는 농부의 모습을 보았다. 갑자기 불길한 느낌을 받은 제비는 다른 새들에게 말했다. "정말 불길한데……. 농부가 아마 씨를 뿌리는 것이 보이지? 저 씨앗이 자라면 너희들이 불행해질 거야." 다른 새들은 제비의 갑작스러운 이야기에 어리둥절해하고 있었다. 그때 어떤 새 한 마리가 말을 꺼냈다. "도대체 왜 저 씨앗이 우리를 불행하게 할 거라는 거야? 저 씨앗이 자라면 우리가 먹을 것이 더 많아질 텐데." 새들은 이 말에 동의하며 제비가 혼자 열매를 차지하려고 하는 것은 아닌지 의심하기 시작했다. 수군거리는 새들에게 제비는 이렇게 말했다. "얘들아, 잘 들어보렴. 농부는 먹을 것을 얻으려 저 씨앗을 키우는 거야. 그런데 너희들이 그 열매를 다 먹어버린다면 농부는 살아갈 수 없겠지? 그렇기 때문에 열매가 맺힌 후에는 그것을 지키기 위해 분명히 그물을 치려고 할 거야. 그 그물에 걸린다면 너희에게 그보다 큰 불행이 어디 있겠니." 제비의 이야기를 듣고 있던 새들은 그제야 고개를 끄덕이며, "그럼 지금 당장 저 씨앗들을 먹어버리자." 라고 말했다. 그러나 제비는 이렇게 말했습니다. "그건 안 돼. 너희가 소중한 생명을 가지고 있는 생물이듯이 씨앗들도 생명을 가지고 있단다. 작은 씨앗의 생명도 함부로 할 순 없어." 이 말을 들은 새들은 제비와 함께 씨앗을 먹지 않고도 위험을 피할 수 있는 방법을 생각하기 시작했다. 그들은 결국 농부의 밭에서 멀리 떨어진 산으로 가기로 하고 모두 함께 날아갔다. 얼마 후, 씨앗은 열매를 맺고 농부는 수확을 시작하여 많은 열매를 얻었다. 농부는 새들이 열매를 쪼아 먹지 않은 것에 고마워하며 남은 열매를 산속에 가져다주었다. 새들은 산속으로 떠나오기 잘했다고 생각하면서 열매를 맛있게 먹었다.

바꾼 우화 간략 해설	불교 윤리의 관점
	제비가 새들에게 씨앗이 장차 위험 요인이 될 수 있다고 설명하는 배경에는 불교의 연기가 있다. 연기설에 따르면, 삶 속에서 마주하는 일들은 우연히 일어난 것이 아니라 서로 연관된 여러 가지 원인들에 의해서 일어난다고 한다. 따라서 제비는 농부의 행동이 새들에게 언젠가는 영향을 미칠 것을 예견하고 새들에게 그 이유를 설명했던 것이다. 새들은 자기의 생명을 빼앗길 수도 있다는 위험을 피하기 위해서 농부들이 사는 곳에서 떠나 산으로 날아가는 것을 선택했다. 불교에서는 아주 작은 개미의 생명조차 소중하게 여겨 생명을 해치는 것을 금지한다. 애꿎은 씨앗들을 뽑아서 없애는 것은 불교 윤리의 정신에 합치하지 않는다.

김찬우

행위의 잘잘못 따져보기				
1. 행위	제비가 한 행위	다른 새들에게 위협이 될 만한 일을 다른 새들에게 알렸다.	새들이 한 행위	제비의 말을 무시했다.
2. 잘함	제비가 잘한 점	모든 새들을 위해 장차 위협이 될 만한 일을 다른 새들에게 알렸다.	새들이 잘한 점	없다.
3. 잘못함	제비가 잘못한 점	끝까지 다른 새들을 설득하지 않고 인간에게 투항했다.	새들이 잘못한 점	제비의 말을 무시했다.
4. 물음	제비에게 바람직한 다른 행위는?	제비에게 그 행위가 바람직한 이유는?	새들에게 바람직한 다른 행위는?	새들에게 그 행위가 바람직한 이유는?
5. 답변				
관점 2 공리 주의	인간들과 협상을 하고 새들과 인간 모두에게 이익이 되는 타협안을 제안한다.	최대 다수의 행복이 선이기 때문이다.	다른 새들은 제비를 도와 최대 다수의 행복을 위한 타협안을 내는 데 협조해야 한다.	최대 다수의 행복을 이끄는 것이 선한 행위이기 때문이다.

관점 3 불교 윤리	제비 자기는 물론 다른 새들도 살 수 있는 행위를 지향해야 한다.	모든 생명은 가치 있고 소중하기 때문이다.	다른 새들은 자기들의 생명을 소중히 여겨 배려해 주는 제비의 충고를 가볍게 여기지 않고 귀를 기울여 따른다.	제비의 충고는 모든 생명을 존중하라는 도덕 법칙을 담고 있기 때문이다.
관점 4 가치 윤리학	제비는 우정이라는 가치를 일관성 있게 지향하여 다른 새들을 위해 끝까지 설득해야 한다.	자기가 지향하는 삶의 가치를 일관성 있게 실행에 옮기는 것은 올바른 행위이기 때문이다.	다른 새들은 친구 사이의 우정의 가치를 지향하는 제비의 말에 귀를 기울인다.	우정의 가치는 바람직한 것이기 때문이다.
관점 5 유교 윤리	제비는 자기만이 살아남기 위해 인간에게 투항하지 않는다.	자기만의 보존을 위해 친구 간의 의리를 저버리는 것은 도리가 아니기 때문이다.	다른 새들은 친구의 진심에서 우러나오는 충고를 귀담아 들어 따른다.	친구의 진심어린 충고를 저버리는 행위는 소인배의 행위이기 때문이다.

이솝 우화 바꿔 쓰기	불교 윤리의 관점
	옛날 옛적 농부들이 모여 사는 마을이 있었다. 기후가 좋은 곳이라 흉년은 거의 없는 지역이지만, 풍년 또한 없는 곳이었다. 그렇게 연명하는 농부들에게 곡식을 쪼아 먹는 새들은 눈엣가시와 같은 존재였다. 어느 날 농부들은 이러한 새들을 잡기 위해 밧줄의 재료가 될 식물을 심기로 했다. 농부들의 모습을 본 이 마을의 터줏대감 제비는 모든 새들을 불러 모아 긴급회의를 했다. 이 회의에서 제비는 마을의 모든 새들 앞에서 이렇게 말했다. "큰일이야! 농부들이 우리를 잡으려고 밧줄의 재료가 되는 식물을 심고 있어. 저 식물이 다 자랄 때면 우리는 십중팔구 통구이 신세가 될 거야!" 제비의 말을 듣고 있던 까치가 말했다. "공격은 최고의 방어라는 말이 있잖아! 통구이가 되기를 기다리기보다는 우리가 그 식물이 자라고 있는 밭을 쑥대밭으로 만들자!" 까치의 이 말에 닭이 거들어 말했다. "그래 맞아! 인간들은 우리 알도 훔쳐 먹으면서 곡식 좀 훔쳐 먹었다

이솝 우화 바꿔 쓰기

고 우리를 잡아 죽이려고 하다니, 너무나 괘씸하다. 우리가 먼저 공격하자!"

이렇게 의기투합한 새들은 결전의 날을 잡아 총공격을 감행했다. 까치도 제비도 참새도 비둘기도 조금의 망설임 없이 밧줄의 재료가 될 식물을 심어 놓은 밭을 향해 날아갔다.

새들 모두 하나가 되어 식물을 부리로 잡았다.

"셋을 세면 동시에 이 식물을 뽑아 버리는 거야. 모두 준비됐지? 하나! 둘!"

그 순간, 제비가 셋을 세기 바로 직전에 누가 소리쳤다.

"잠깐만요 제비님! 저를 뽑지 말아주세요!"

바들바들 떨며 식물이 다급하게 외쳤다.

"저는 인간에 의해 심어졌을 뿐이지 저에겐 잘못이 없잖아요. 저를 뽑지 말아주세요."

이 말을 들은 참새는 말했다.

"하지만 너를 뽑지 않으면 우리는 인간들에게 잡혀서 죽을 거야. 우리도 어쩔 수가 없단다."

그때 제비가 말했다.

"참새의 말이 맞긴 하지만, 저 식물의 말도 맞아. 우리의 생명이 소중하다면 저 식물의 생명도 소중한 법이야. 우리가 살기 위해 저 식물을 죽인다면 얼마나 안쓰러운 일이겠니."

제비의 말을 들은 비둘기가 말했다.

"그렇지만 달리 뾰족한 수가 있는 것도 아니잖아."

한참을 생각하던 제비가 말했다.

"여기서 남쪽으로 이십 리만 날아가면 내가 살던 고향이 있어. 곡식은 풍부하지 않지만 인간이 없어서 평화롭게 지낼 수 있는 곳이지. 하루하루 인간들 때문에 마음을 졸이며 사느니, 우리 그곳으로 가자. 이 식물도 데려가고."

제비의 말을 잠자코 듣고 있던 까치가 거들었다.

"그래, 이제 인간들에게 시달리는 생활은 지긋지긋해! 우리 모두 제비의 고향으로 가서 평화롭게 살자. 이 식물도 결국에는 인간들에게 베여 죽게 될 테니 우리가 데려가자."

이렇게 결심한 새들은 식물을 데리고 제비의 고향으로 날아갔다.

그러곤 어느 누구의 생명도 가볍게 여기지 않는 그곳에서 오래오래 행복하게 살았다.

비꾼 우화 간략 해설	불교 윤리의 관점
	불교 윤리는 생명의 경중을 따지지 않고, 모든 생명을 똑같이 가치 있는 것으로 여긴다. 이 우화에서 처음에 새들은 자신들이 살기 위해 식물을 없애려는 시도를 한다. 그러나 이러한 새들의 이기적인 생각은 식물의 간곡한 청으로 전환점을 맞게 된다. 결국에는 자신들의 생명이 소중하다면 이 식물의 생명 또한 소중하다는 불교 윤리의 생명관에 이르게 되는 것이다.

김창규

행위의 잘잘못 따져보기				
1. 행위	제비가 한 행위	자라서 밧줄이 될 새싹들을 뽑자고 다른 새들에게 제안했다.	새들이 한 행위	제비의 제안을 무시하고 마음을 졸이면서 불안하게 살았다.
2. 잘함	제비가 잘한 점	제비는 새싹이 자라서 밧줄이 될 것이라는 사실을 알고 나서, 다른 새들에게 새싹을 제거하자고 제안했다.	새들이 잘한 점	
3. 잘못함	제비가 잘못한 점	제비는 다른 새들이 자기의 제안을 듣지 않자 계속 설득하려 하지 않았다.	새들이 잘못한 점	제비의 충고를 무시했다.

4. 물음	제비에게 바람직한 다른 행위는?	제비에게 그 행위가 바람직한 이유는?	새들에게 바람직한 다른 행위는?	새들에게 그 행위가 바람직한 이유는?
5. 답변				
관점 1 기독교 윤리	제비는 다른 새들이 자기의 제안을 받아들이지 않더라도 끝까지 충고와 설득을 해보고, 힘들더라도 혼자서 새싹을 뽑는다.	다른 새들이 무시하고 외면하더라도 그들을 포기하지 않고 끝까지 사랑하고 구원하고자 하는 것이 아가페이기 때문이다.	제비의 충고를 무시한 다른 새들은 위태로운 삶을 살면서 제비의 사랑과 희생에 대해서 감동하며 제비를 추모한다.	
관점 2 공리주의	제비는 일단 다른 곳에 피한 뒤, 자기의 말이 틀리면 자기의 전 재물을 주겠다고 하고 맞으면 자기에게 사례를 하라고 말한다.	제비는 새싹이 자라나 밧줄이 될 것이 분명하다는 것을 알고 있기 때문에 자기가 손해 볼 일이 없고, 그 결과로 다른 새들은 목숨을 건질 수 있으므로 결국 모두의 이익이 되기 때문이다.	다른 새들은 일단 제비의 말대로 다른 곳으로 잠시 이동하여 산다.	제비의 말이 사실이 아니라면, 다시 원래 살던 곳으로 돌아오면 되고 게다가 제비의 재물까지 받을 수 있기 때문이다.
관점 3 불교 윤리	제비는 비록 다른 새들이 충고를 무시했더라도 그들이 역경에 처했을 때 피할 곳을 마련해 준다.	위기에 처한 다른 새들에게 피할 곳을 제공해 주는 것은 불교의 가르침인 자비를 실천하는 것이기 때문이다.	다른 새들은 제비의 충고를 무시한 사실에 대해서 반성하고 그 결과를 감수한다.	다른 새들은 제비의 충고를 무시함으로써 위기에 처하며, 이것을 '업'으로 보기 때문이다.
관점 4 가치 윤리학	제비는 자기의 친구인 다른 새들을 계속 설득해야 하며, 다른 새들이 자기의 설득을 듣지 않더라도 다른 새들과 계속 함께 산다.	공동체 삶에서 '우정'의 가치를 지향하는 것은 매우 바람직하기 때문이다.	다른 새들은 삶의 위험이 없는 다른 곳으로 피한다.	'안전'이라는 가치를 추구하는 것은 바람직하기 때문이다.

관점 5 도가 윤리	제비는 자기의 충고를 무시하는 다른 새들의 행위를 변화시키기 위해서 노력하지 않고 자기가 처한 삶의 상황 속에서 유유자적한다.	인위적인 힘과 노력으로 자연스러운 삶의 흐름을 거스르는 것은 도가 윤리의 원칙에 일치하지 않기 때문이다.	새싹이 자라서 위기에 처하게 된 다른 새들은 삶의 공간을 다른 곳으로 옮긴다.	

<table>
<tr><td></td><td>기독교 윤리의 관점</td></tr>
<tr><td>이솝 우화
바꿔 쓰기</td><td>한적하고 평화로운 들녘에 여러 새들이 함께 살고 있었다. 새들은 농부가 키운 벼들이 있었기에 먹을 것을 찾아다닐 필요가 없었고, 주변에 짚단이 있었기에 잠자리 걱정도 없었다. 이 들녘은 그야말로 새들에게 더 이상 좋을 수 없는 낙원이었다. 새들은 그렇게 생각하며 살아갔다.
그러던 어느 날 농부가 무엇인지 모를 씨앗을 뿌리고 물을 주기 시작했다. 새들은 그것이 무엇인지 몰랐을 뿐더러 알려고 하지도 않았다. 그저 어떤 곡식의 씨앗이겠거니 생각하고 신경쓰지 않았던 것이다. 그러나 제비만은 달랐다. 제비는 그 씨앗이 자라나 어떤 것이 될 것인지 미리 알고 있었다. 다급함을 느낀 제비는 다른 새들에게 다음과 같이 말했다.
"얘들아, 장차 이게 우리에게 아주 큰 화를 미칠 거야."
하지만 이 말을 진심으로 들어주는 새들은 없었다. 오히려 다른 새들은 제비를 걱정만 하는 귀찮은 존재로 생각했다. 제비는 그래도 더 많은 새들에게 위험을 알리기 위해서 동분서주했다.
시간이 흘러 아마에서 싹이 자라는 걸 본 제비가, 다른 새들에게 다시 말했다.
"정말로 이게 자라면 자랄수록 우리에게는 더 큰 화근이 된다니까! 저건 자라면 밧줄이 될 거야. 그리고 사람들이 그걸로 덫을 만들어 우리를 잡으려 들게 분명해. 그러니 지금이라도 힘을 합쳐서 저 새싹들을 뽑아버리자."
이 말을 듣고 다른 새들은 다음과 같이 말했다.
"이 바보 녀석. 이렇게 풍족한 생활을 하면서 왜 그리 걱정이 많은 게냐? 조금 더 이 풍요로움을 즐기면서 살아보라고!"</td></tr>
</table>

제비는 이 말을 듣고 좌절했지만, 그럼에도 다른 새들을 외면할 수는 없었다. 다른 새들이 땅에 떨어진 곡식을 주워 먹고 노래를 부르며 놀고 있을 때에도 혼자서 묵묵히 새싹을 뽑았다. 힘들었지만 쉬고 싶은 것을 참고 계속해서 일을 했다. 그러한 제비의 모습을 보고도 제비를 도와주지 않았다.

아무리 일하고 또 일해도 제비는 새싹을 다 뽑을 수 없었다. 그 새싹이 너무나도 많았기 때문이다. 제비는 결국 지쳐서 쓰러지고 말았다. 언제부터인가 제비가 보이지 않았지만 그 사실을 신경쓰는 새들은 없었다.

그리고 얼마 후 나무 여기저기에 놓인 덫들로 인해서 새들은 하나씩 사람들에게 잡히기 시작했다. 그때서야 새들은 제비의 충고와 묵묵히 일하던 제비의 모습을 떠올리며 제비의 사랑을 깨달을 수 있었다. 그리고 제비를 찾아다녔지만 제비의 모습은 그 어디에서도 보이지 않았다.

	기독교 윤리의 관점
바꾼 우화 간략 해설	기독교 윤리의 핵심은 타자에 대한 사랑이다. 이 우화는 제비를 다가오는 위기에 처할 다른 새들을 구하기 위해서 자기를 헌신하는 구원자로 표현했다. 그리고 일상생활 속에서 위기가 오지 않으면 자기를 향한 사랑의 가치를 깨닫지 못하고, 사랑을 주는 사람에게 무관심한 사람들을 다른 새들로 비유했다. 이 우화에서 우리는 나를 위해 조건 없는 사랑을 실행에 옮기는 타자에 대해 감사하는 마음을 가질 수 있다.

노중일

행위의 잘잘못 따져보기				
1. 행위	제비가 한 행위	새들에게 아마에 대한 충고를 했다.	새들이 한 행위	제비의 충고를 무시했다.

2. 잘함	제비가 잘한 점	아마의 위험성을 새들에게 충고했다.	새들이 잘한 점	제비의 충고를 무시했다(제비가 새들의 세계에 혼란을 불러올 수 있는 충고를 했기 때문이다.).
3. 잘못함	제비가 잘못한 점	인간의 도움을 받으며 살고 있다.	새들이 잘못한 점	마음을 졸이며 살고 있다.
4. 물음	제비에게 바람직한 다른 행위는?	제비에게 그 행위가 바람직한 이유는?	새들에게 바람직한 다른 행위는?	새들에게 그 행위가 바람직한 이유는?
5. 답변				
관점 1 칸트 윤리학	제비는 인간의 도움을 받지 않고 자기 동료인 다른 새들을 끝까지 도와야 한다.	다른 새들이 자기의 충고를 받아들이지 않았다 하여 제비가 인간의 도움에 의지하는 것은 제비가 자기 이익의 충족을 위해서 다른 새들에게 충고했음을 뜻하기 때문이다. 자기 이익을 챙기는 타자에 대한 충고는 도덕성을 결여한 것이다. 제비는 자기 이익의 관점을 뛰어 넘어 다른 새들에게 충고를 해야 하며 다른 새들과 끝까지 삶의 운명을 함께 해야 하기 때문이다.	다른 새들은 제비와 함께 위험한 삶의 상황에 대처하며 함께 살아갈 수 있는 방안에 관하여 논의한다.	상호 동의할 수 있는 삶의 방식을 마련하는 것은 새들의 공존을 위해 필요한 것이기 때문이다.

관점 2 기독교 윤리	제비는 인간의 도움을 받지 않고 자기 동료인 다른 새들을 끝까지 도와야 한다.	제비는 새들에게 내놓은 자기의 충고를 하나님의 뜻이라 여기기 때문이다.	다른 새들은 제비의 말을 따라서 새싹을 뽑아낸다.	다른 새들은 제비의 충고를 따르는 것이 하느님의 뜻이라고 생각하기 때문이다.
관점 3 불교 윤리	제비는 인간의 도움을 받지 않고 자기 동료인 다른 새들을 끝까지 도와야 한다.	대승 불교적 관점에서 보았을 때 등신불이 되어서라도 대중을 구제해야 한다.	다른 새들은 마음을 졸이며 살지 않는다.	다른 새들은 자기들이 제비의 말을 듣지 않은 행위의 결과로 드러난 삶의 상태를 그대로 받아들이기 때문이다.
관점 4 가치 윤리학	제비는 인간의 도움을 받지 않고 자기 동료인 다른 새들을 끝까지 도와야 한다.	제비는 자신이 속해 있는 생물종의 공동체가 지향하는 복지와 선을 지향하고 실행하는 방식으로 다른 새를 끝까지 돕기 때문이다.	다른 새들은 제비의 말을 따라서 새싹을 뽑아낸다.	동일한 생물종에 속해 있는 구성원들이 공동체의 복지를 지향하고 실행하는 것은 바람직하기 때문이다. 그러나 이 경우에 다른 종의 공동체에 해악을 가져올 수 있음을 유의해야 한다.
관점 5 유교 윤리	제비는 인간의 도움을 받지 않고 자기 동료인 다른 새들을 끝까지 도와야 한다.	맹자는 양혜왕에게 이(利)가 아닌 의(義)가 중요함을 강조했다. 자기 이익의 관점에 휘둘리지 않고 타자를 끝까지 돕는 것이 의로운 행위이기 때문이다.	다른 새들은 제비의 말을 따라서 새싹을 뽑아낸다.	

	기독교 윤리의 관점
이솝 우화 바꿔 쓰기	아직은 활이나 총이 없던 시대의 이야기다. 그 당시 인간은 농사를 짓고 있다. 그런데 씨만 뿌리면 새들이 쪼아 먹어서 농사짓기가 여간 힘들지 않았다. 하지만 모든 새들이 인간에게 피해를 주는 것은 아니다. 새들 중에는 나이가 아주 많은 '지혜로운 예언자'로 통하는 제비가 있었다. 제비는 늘 새들에게 이렇게 말하며 돌아다녔다. "새들이여, 하루의 양식을 인간의 밭에서 쉽게 구하는 것은 죄악이다. 매일매일 땀을 흘리며 벌레를 잡아라. 그렇지 않으면 너희들의 탐욕이 재앙을 부르리라!" 하지만 새들은 '저 미친 노인네가 또 헛소리를 하는구나.' 하며 무시했다. '쉽게 양식을 얻을 수 있는데 어렵게 벌레를 구하라니, 지혜로운 늙은이의 지혜가 저토록 아둔하단 말인가?' 그러던 어느 날이었다. 인간들이 밭에 아마 씨를 뿌리기 시작했다. 그 모습을 본 제비는 크게 소리 높여 외치기 시작했다. "새들이여, 새들이여. 내 말을 들어라. 저 아마 씨를 모두 먹어 치워야 한다. 그렇지 않으면 훗날 너희들에게 재앙이 닥칠 것이다." 그렇지만 새들은 그의 말을 무시했다. '저 늙은이가 또 헛소리를 하는군. 언제는 벌레를 먹으라더니, 이제는 씨앗을 먹으라고 하네. 저렇게 맛없는 씨앗을 누가 먹어?' 그렇게 새들은 제비의 충고를 무시했다. 하는 수 없이 제비는 혼자서 아마 씨를 먹기 시작했다. 그러나 곧 인간의 손에 잡히고 말았다. 인간이 다가와도 제비는 도망가지 않고 계속해서 아마 씨를 먹었기 때문이다. 제비는 죽는 순간에도 외쳤다. "새들아, 아마 씨를 먹어라. 그렇지 않으면 너희에게 재앙이 닥치리라. 인간이여, 당신들의 씨앗을 훔치는 새들을 용서하라." 그렇게 외치면서 제비는 죽었다. 하지만 그때도 다른 새들은 그 모습을 지켜보며 아둔한 제비라며 비웃었다. 몇 개월이 지났을까. 아마밭은 보랏빛 꽃으로 물들었다. 그리고 사람들은 다 자란 아마를 뽑기 시작했다. 새들은 그 모습을 아무 생각없이 보기만 했다. 사람들이 아마로 실을 뽑기 시작할 때도 새들은 그저 보고만 있었다. 사람들이 그 실로 그물을 짜기 시작했을 때에 새들은 뭔가 잘못되었다는 것을 느꼈다. 하지만 그때는 이미 늦었다. 많은 새들이 죽음을 당했으며, 살아남은 새들은 제비의 말을 되새기며 깊은 산 속으로 거처를 옮길 수밖에 없었다. 지금도 새들은 제비의 말을 되새기며 살고 있다고 한다.

	기독교의 관점
바꾼 우화 간략 해설	제비는 기독교의 구약성서에 나오는 예언자와도 같은 존재다. 특정한 종교적 관점을 배제하기 위해서 제비가 신의 말씀을 전달한다는 가정은 하지 않았다. 제비는 예언자의 모습 또는 신약성서 속의 예수의 희생의 모습을 보여 주고 있다. 기독교 신앙의 근본에는 희생양 신화가 자리 잡고 있다. 자신의 희생을 통해서 세상의 생명들을 원죄에서 구원하려는 기독교 신앙은 많은 이들에게 감동을 주고 있다. 이러한 감동을 학생들도 이 우화를 통해서 느꼈으면 하는 바람으로 위와 같은 상황을 만들어 보았다. 또한 시간이 지나면 가장 작은 겨자 씨가 풍성한 나무가 되고 열매를 맺듯, 이러한 희생도 결국 열매를 맺을 것이라는 믿음이 이야기 끝부분에 드러나고 있다. 새들이 비록 숨어 살게 되었지만 예언자 제비의 말을 마음속에 되새기게 되었기 때문에 제비의 희생은 열매를 맺었다고 할 수 있다.

이관희

행위의 잘잘못 따져보기				
1. 행위	제비가 한 행위	새들에게 씨의 위험성을 설명하고 씨를 제거하기를 건의했다.	새들이 한 행위	제비가 말한 씨의 위험성을 무시하고 씨를 제거하지 않았다.
2. 잘함	제비가 잘한 점	새들에게 씨의 위험성을 말하고 해결책을 말한 것.	새들이 잘한 점	제비의 말을 곧바로 믿지 않고 심사숙고하여 받아들이려 한 태도를 가졌다.
3. 잘못함	제비가 잘못한 점	새들이 자신의 의견을 무시하자 자기만 생존하기 위하여 인간의 집에 안주했다.	새들이 잘못한 점	결국 제비의 충고가 맞는데 제비의 말을 듣지 않는 점.

4. 물음	제비에게 바람직한 다른 행위는?	제비에게 그 행위가 바람직한 이유는?	새들에게 바람직한 다른 행위는?	새들에게 그 행위가 바람직한 이유는?
5. 답변				
관점 1 칸트 윤리학	제비는 자신이 인간에게 가서 사는 것이 아니라 자신이 직접 그물에 잡히는 것을 새들에게 보여 준다.	제비가 인간들에 의해 사로잡히는 모습을 새들에게 보여 줌으로써 자기의 명예와 새 공동체에 대한 의무를 지킬 수 있기 때문이다.	새들이 그들 사이에서 제비의 충고에 관하여 얘기하면서 제비의 명예를 지켜 주는 방향으로 제비를 완곡하게 다독인다.	그 누구도 다른 이의 명예를 더럽힐 권리가 없기 때문이다.
관점 2 공리주의	제비는 새들에게 자신의 피난처와 대비책에 대해서 이야기해 주고 자신은 새들을 떠난다.	제비가 새들의 세계를 갑자기 떠나면서 새들이 재앙을 받는 것을 원치 않기 때문이다.	새들은 제비의 충고를 존중해 주면서 제비를 보내준다.	새들은 비록 제비의 생각을 받아들일 수 없지만 제비가 새들 전체의 이익을 위해서 건의를 내놓았기 때문이다.
관점 3 불교 윤리	제비는 인간들에게 가서 아마 씨로 그물을 만들지 말라고 권하고, 앞으로 새들이 다른 서식지에서 먹이를 구해 먹도록 할테니 시간을 달라고 요청한다.	새들의 목숨도 중요하고 인간들이 살생하는 것도 막을 수 있게 되면서 생명 존중의 모습을 보이기 때문이다.	새들은 제비의 말을 무시하지 않고 인간들의 밭에서 먹는 것을 점점 줄이면서 다른 먹이터를 찾아본다.	새들은 인간의 생존을 가능케 하는 밭의 열매들을 빼어먹음으로써 인간의 생존을 위협하고 있을 뿐만 아니라 새들 자신의 생존도 위험해지기 때문이다.
관점 4 가치 윤리학	제비가 새들에게 자신의 주장에 대한 근거를 말하고 대비책으로 어떤 것이 있을지 생각해 보도록 유도한다.	새들이 지금은 제비의 말을 듣지 않을지 모르지만, 나중에 새들의 세계에 재앙이 닥치면 새들이 피해를 겪지 않도록, 즉 공동체의 선을 보호하기 위해서다.	새들이 제비의 말을 무시하지 않으면서, 즉 제비의 정직성과 성실성에 대한 신뢰를 갖고 제비를 대한다.	타자의 정직성과 성실성을 존중하는 것은 도덕적으로 바람직하기 때문이다.

관점 5 유교 윤리	제비는 자신이 인간의 식량을 훔쳐 먹은 것을 부끄러워해야 한다고 생각한다. 제비는 인간에게 이 점을 사과하고 다른 먹이처를 발견하기 전까지 조금의 밭 열매를 새들에게 허락할 수 없는지 물어본다.	남의 것을 훔치는 것은 도리에 맞지 않고, 인간이 그물이라는 폭력을 사용하려는 것은 덕에 합치하지 않기 때문이다.	새들이 제비의 충고를 듣고 부끄러워한다. 그리고 새들은 이제 열매를 훔쳐 먹는 것을 삼가하며 다른 먹이처를 찾거나 인간을 도와주면서 산다.	도둑질은 도리에 어긋나기 때문이다.

이솝 우화 바꿔 쓰기	가치 윤리학의 관점
	새들은 농부가 아마 씨를 뿌려 경작하는 것을 보았지만, 그게 어디에 쓰이는지는 몰랐다. 그것의 씀씀이를 알고 있던 제비는 다른 새들을 급히 불러 모았다. "얘들아, 장차 이게 우리에게 아주 큰 화를 미칠 거야." 시간이 흘러 아마에서 싹이 자라는 걸 본 제비가 다른 새들에게 말했다. "이게 자라면 자랄수록 우리에게는 더 큰 화근이 돼. 힘을 합쳐서 저 새싹들을 뽑아버리자. 저건 자라면 밧줄이 될 거야. 그러면 사람들이 그걸로 덫을 만들어 우리를 잡으려 들걸." 하지만 새들은 제비의 충고가 설득력이 없다고 느꼈다. 그러나 제비의 말을 무시하게 된다면 아무도 겁이 나서 충고를 하지 않게 될 것이고 새들의 공동체는 올바른 방향으로 가지 못할 위험이 생기기 때문에 제비에게 왜 그런 생각을 했는지 되물어 보았다. 그러자 제비는 말했다. "저것은 나중에 커서 삼이 되는데 삼은 질기기 때문에 끊어지지 않는 그물을 만들기 쉬워. 그 그물로 우리를 잡게 될 거야." 새들은 인간들이 아마로 그물을 만든다는 말에 겁이 났지만 정작 아마가 그물을 만들 만큼 질긴지는 모르고 있었다. 그러나 새들은 위험에 대비하지 않으면 안 된다고 생각한 것에는 모두 동의했다. 그래

	서 새들은 혹시나 모를 재앙에 대비해 그물이 생겼을 때 대책을 강구하기 시작했다. 그래서 자기 동네의 밭에서 자라는 열매, 주인 없는 숲 속의 열매가 많은 곳을 여러 곳 알아 두고 자연재해를 대비해 멀리 있는 기후가 다른 곳도 알아 두면서 호주, 동남아, 일본, 중국, 미국 등등 다양한 서식지를 알아 두게 되었다. 왜 대비를 하느냐며 그냥 있는 새들도 있었고 서식지를 알아보는 탐색대 새들을 방해하는 새들도 있었다. 우여곡절이 많았지만 새 공동체는 대비가 철저히 되고 있었다. 그리고 시간이 지나자 삼이 자랐고 정말로 삼을 이용해 그물이 만들어져서 새들을 위협했다. 이제 인간들의 밭 열매를 얻을 수 없었으며 다른 먹이가 필요하게 되었다. 이미 열심히 먹이가 많은 서식처를 발견했기 때문에 걱정은 없었다. 덕분에 새들은 좀 더 넓은 세계를 알게 되었고 제비는 원래 인간들과 같이 살고 싶어 했기 때문에 인간들과 살았다. 새들도 재앙 없이 살게 되어서 제비는 죄책감 없이 살 수 있다.

	가치 윤리학의 관점
바꾼 우화 간략 해설	항시 공동체의 복지를 생각하며 살아오고 있는 제비는 공동체의 복지를 위협할 수 있는 사안에 대하여 새들의 공동체에게 알려 주었다. 원작에서는 제비가 무시당하면서 제비의 자존심과 공동체를 위하는 마음이 모두 상처받았다. 하지만 바꾼 우화에서는 제비와 새들이 공동체의 복지와 선을 중시한다는 것을 전제로 삼아 이야기를 작성했다. 그래서 언뜻 근거 없이 말하는 제비의 말을 새들은 무시할 수도 있었지만 제비의 말을 무시하면 아무도 공동체의 복지를 위해서 조언을 하지 않을 것이고 공동체의 복지는 올바르지 않는 방향으로 갈 위험성이 있기 때문에 새들은 제비의 말을 무시하지 않고 제비의 주장에 대한 근거를 물으면서 제비의 충고를 존중하고 있다. 이렇게 함으로써 새들은 아마로 만든 그물이 재앙이 되기 전에 대비를 하게 되었고, 그 전보다 먹이도 더 풍부하고 좀 더 넓은 세상으로 무대를 옮길 수 있게 되었다. 이것을 통해서 공동체의 복지와 선을 중시하는 사람의 충고를 귀담아 듣는 것이 중요함을 알 수 있다.

전영호

행위의 잘잘못 따져보기				
1. 행위	제비가 한 행위	새들에게 충고했지만 듣지 않자 인간의 처마 밑에 가서 살았다.	새들이 한 행위	제비의 충고를 무시하다가 결국 덫을 걱정하며 살게 되었다.
2. 잘함	제비가 잘한 점		새들이 잘한 점	
3. 잘못함	제비가 잘못한 점	혼자서만 안전하게 살겠다고 처마 밑으로 들어갔다.	새들이 잘못한 점	제비가 하는 충고를 귀담아 듣지 않았다.
4. 물음	제비에게 바람직한 다른 행위는?	제비에게 그 행위가 바람직한 이유는?	새들에게 바람직한 다른 행위는?	새들에게 그 행위가 바람직한 이유는?
5. 답변				
관점 1 칸트 윤리학	끝까지 새들을 설득하여 아마 씨를 뽑게 한다.	제비가 타자 배려의 의무를 지향하며 다른 새들에게 선의를 기대하고 있기 때문이다.	제비의 말을 듣고 아마 씨를 같이 뽑는다.	새들이 이기심을 지양하고 공동체 의식을 지향하게 되었기 때문이다.
관점 2 공리주의	모두에게 이로운 것이라고 하며 끝까지 새들을 설득해서 아마 씨를 전부 뽑게 한다.	이 행위가 제비 자신과 다른 새들이 모두 덫에 두려워하지 않고 안전하게 사는 길을 지향하기 때문이다.	제비의 말을 듣고 아마 씨를 같이 뽑는다.	아마 씨를 전부 제거하는 것이 모든 새들이 안전하게 살 수 있는 공리를 추구하는 길이기 때문이다.
관점 3 기독교 윤리	다른 새들을 위해서 아마 씨를 뽑아야 한다고 설득하면서 자신은 계속해서 아마 씨를 뽑고 다닌다.	다른 새들의 생명을 소중히 여기고 지키기 위해 아마 씨를 뽑도록 하며, 스스로도 행위하는 것이 타자에 대한 사랑의 실천이기 때문이다.	제비와 함께 아마 씨를 뽑는다.	다른 새들의 생명을 소중히 여기고 지키려는 것이 사랑의 실천이기 때문이다.

관점 4 가치 윤리학	새들을 설득하여 아마 씨를 뽑게 한다.	타자의 생명에 대한 소중함을 가치의 지향점으로 삼고 있는 제비에게는 다른 새들의 생명을 위협받는 상황을 막는 행위가 합당하기 때문이다.	처음에는 제비의 말을 듣지 않았지만, 결국 제비의 말을 듣고 함께 아마 씨를 파헤친다.	처음에는 자신의 이익만을 생각하던 새들이 제비로 인해서 타자의 생명에 대한 소중함의 가치를 깨닫게 되고 이를 실천하였기 때문이다.
관점 5 유교 윤리	다른 새들에게 아마 씨를 뽑는 모습을 보여 주면서 계속해서 설득한다.	설령 거부당했다 하더라도 옳은 것을 다른 새들에게 설득하는 것이 인(仁)의 실천을 추구하는 군자의 행위이기 때문이다.	제비의 말을 듣고 그 진심을 파악하여 동의하며 아마 씨를 뽑는다.	자신들이 틀렸음을 이해하고 제비의 진심을 깨달은 후 따르는 것이 틀린 것을 겸허하게 인정하며 옳은 것을 배우고 실천하는 선비의 도이기 때문이다.

	공리주의의 관점
이솝 우화 바꿔 쓰기	옛날 어느 마을에 까마귀, 제비, 참새, 따오기, 촉새 등 수많은 종류의 새들이 살았다. 그런데 이 마을 농부들은 새들이 너무 많아지자 논밭의 낟알을 새들에게 모두 털릴까 봐 걱정하게 되었다. 그래서 마을 회의를 열어 새들을 잡는 방법을 생각했고, 결국 아마를 심어 아마가 다 자라면 실을 뽑아 덫을 만들기로 했다. 다음 날부터 사람들은 아마 씨를 심었고, 영문을 모르는 새들은 새로운 곡식이 열리는 것을 기대하고 있었다. "저기 봐, 사람들이 또 씨를 뿌리고 있어." "이번에는 무슨 곡식을 심는 걸까? 난 보리가 좋은데." "보리보단 콩이지! 콩은 밭에서 나는 고기라고!" "아 저녀석, 또 영문 모를 소리하네……. 어쨌든 가을이 기대되는데~ 우리도 조금은 맛볼 수 있겠지?" 그러나 유독 제비는 걱정에 잠긴 목소리로 말했다.

“애들아, 내가 어제 들었는데 저건 사람들이 우리를 잡을 덫을 만들기 위해 심는 거야. 아마 씨라고, 우리에게 독이 되는 거란 말이야!”

제비의 말에 불안에 떠는 녀석, 충격에 날개를 퍼덕이는 녀석, 믿기지 않는다는 듯이 제비를 보는 녀석이 있었다. 제비는 그들을 보며 계속 말했다.

“그러니까 우리는 지금 당장 밭에 가서 아마 씨를 모두 파헤쳐야 돼. 당장 아마 씨를 뽑으러 가자!”

그러나 그 말에 아무도 선뜻 나서려고 하지 않았다. 그때 까마귀가 나서서 말했다.

“그런 덫 따위에 걸리는 건 바보나 하는 짓이야. 게다가 우리에게는 날카로운 부리가 있잖아? 내 부리에 걸리면, 그런 덫 따위는 한 방이지. 난 별로 가고 싶지 않은 걸. 게다가 씨를 다 파헤쳐버리면 이번 추수 때 나는 뭘 먹으라는 거지? 난 반대야.”

그러자 다른 새들도 대부분 그 말에 동의하기 시작했다.

“그래, 우리에겐 부리가 있는 걸!”

“우리는 그물 따위는 무섭지 않아! 그런 건 부리가 약한 너희들에게나 문제가 되는 거 아냐?”

“아니 뭐라고? 내 부리가 약하다고? 한번 맞아볼래? 이 자식이!”

새들은 어느새 서로 싸우기 시작했고, 그런 광경을 보며 까마귀는 냉정하게 떠나갔다. 그리고 곧이어 다른 새들도 다 날아가 버렸다. 어느새 제비 혼자 남게 되었다. 아무도 제비의 말을 귀 기울여 듣지 않았다.

제비는 실망했지만, 포기하지 않고 다른 새들을 찾아다니며 설득했다.

제비는 먼저 참새에게 찾아가서 말했다.

“안녕, 참새야. 전에 말한 아마 씨 때문에 찾아왔는데, 같이 아마 씨를 파헤치면 안 될까?”

그러나 참새는 제비의 말에 쉽게 대답하지 않은 채 머뭇거리고 있었다.

“저 아마 씨가 자라면 사람들은 분명히 저걸로 우리를 잡을 덫을 만들 거야. 그럼 우리 모두 언제 잡힐지 모르는 위험에 떨어야 될 거야. 우리가 지금 아마 씨를 모두 뽑아버리면 너와 나, 그리고 다른 새들 모두 안전하게 살 수 있지 않을까?”

제비의 그 말을 들은 참새는 조금 고민하더니 말했다.

“음……. 알았어. 네 말을 다시 듣고 보니 아마 씨를 뽑아서 우리 모두 안전하게 사는 게 좋을 것 같아. 내가 우리 친구들한테 말해서 같이 뽑도록 말해 볼게.”

"그래줄래? 고마워, 참새야. 그럼 난 다른 새 친구들한테 가볼게."
제비는 참새를 설득하고는 다른 새들을 하나하나 설득했고, 이제 까마귀만 남았다. 제비는 마지막으로 까마귀에게 찾아갔다.
"까마귀야, 까마귀야, 우리와 같이 아마 씨를 뽑는 게 어떨까?"
까마귀는 제비의 이 말을 듣더니 코웃음을 치며 말했다.
"흥, 전에도 말했지만 난 덫 같은 것에 걸릴 만큼 바보도 아니고 혹시 걸려도 나의 이 날카로운 부리로 모두 끊고 나올 수 있어. 그러니까 난 싫어. 하고 싶으면 너희들끼리 해."
"그래도 까마귀야, 혹시라도 덫에 걸려 움직이지 못하게 될 수도 있잖아. 너뿐만 아니라 우리 모두를 위해서 아마 씨를 뽑으려는 건데 도와주지 않을래?"
그러나 까마귀는 제비의 설득에도 고개를 흔들고 날아가 버렸다. 결국 제비는 까마귀를 뺀 다른 새들과 함께 아마 씨를 뽑았다. 그 결과, 새들은 비록 전부 다는 아니더라도 대부분의 아마 씨를 뽑아낼 수 있었다.
그리고 시간은 흘러, 이듬해 가을이 되었다. 이미 대부분의 아마 씨가 뽑혀나가서 아주 적은 아마 만이 자라나 있었고, 사람들은 그 정도로는 새들을 잡는 데 필요한 만큼의 덫을 만들 수 없었다. 그래서 새들은 그 해에 덫을 걱정하지 않고 마음 편히 살 수 있게 되었으며 모두의 안전을 추구하는 것이 더 바람직하다는 것을 깨달았다.
한편, 까마귀는 그 이후 무리에서 떨어져 혼자 오랫동안 굶주린 채 돌아다니다가 결국 사람들이 놓은 덫에 걸렸다. 이제 꼼짝없이 죽게 되었다고 여긴 그때, 마침 그 근처를 지나가던 제비가 다른 새들을 불러 까마귀를 덫에서 빠져나오도록 도와주었다. 까마귀는 자신을 도와주는 제비의 모습을 보며 자기 혼자만 생각하고 행동했던 것을 반성하고 앞으로는 다른 새들도 생각하며 행동하기로 마음먹게 되었다.

바꾼 우화 간략 해설	공리주의의 관점
	이 이야기에서 제비는 자신을 포함한 다른 모든 새들의 안전을 추구하는, 즉 모두의 행복을 추구하는 공리주의에 서 있는 인물이다. 제비는 모두에게 위협이 될 수 있는 아마 씨라는 요소를 함께 제거하도록 다른 새들을 설득함으로써 공공의 안전을 추구한다. 그리고 다른 새들은 개인의 이기심만을 추구하다가 제비에 의해 모두의 안전을 위하는 행위를 하도록 쉽게 변화되는 등장인물들이다. 이들은 처음에 까

마귀의 이기적 발언에 공감하는 공리주의적 성향보다 개인적 성향을 띠었지만, 제비의 계속적인 설득으로 인해 결국 모두의 이익과 안전을 위하는 것이 좋다는 것을 깨닫게 된다. 까마귀는 개인적 성향이 강하게 드러나는 등장인물로, 결국 마지막에 개인의 이익만을 추구했던 행동이 자신에게 최대의 행복을 가져다주지 못한다는 것을 깨닫고 모두의 행복을 위해 행동하는 것이 보다 더 행복해질 수 있는 길임을 깨닫게 된다.

즉, 여기서는 다른 새들이 충고를 듣지 않는다 할지라도 모두의 행복을 추구하는 행위의 실천을 위해서 계속해서 설득해 나가는 것이 공리주의의 관점에 맞을 것이라 생각하여 이렇게 이야기를 구성하였다.

정주은

행위의 잘잘못 따져보기				
1. 행위	제비가 한 행위	아마씨로 인한 화를 막기 위해 다른 새들에게 충고했다.	새들이 한 행위	제비의 충고를 무시하고 결국에는 덫에 걸리지 않을까 마음을 졸이며 살았다.
2. 잘함	제비가 잘한 점	다른 새들을 걱정하는 마음으로 충고했다.	새들이 잘한 점	
3. 잘못함	제비가 잘못한 점		새들이 잘못한 점	진심으로 걱정하는 제비의 말을 무시했다.
4. 물음	제비에게 바람직한 다른 행위는?	제비에게 그 행위가 바람직한 이유는?	새들에게 바람직한 다른 행위는?	새들에게 그 행위가 바람직한 이유는?
5. 답변				
관점 1 칸트 윤리학	다른 새들에게 계속해서 위험을 알리고, 자신이 직접 새싹을 뽑는다.	다른 새들이 하지 않더라도 타자들을 위하여 마땅히 해야 할 일을 하는 것은 의무이기 때문이다.	제비의 말을 새겨듣고 함께 새싹을 뽑는다.	타자의 정직성을 신뢰하는 것은 우리의 의무이기 때문이다.

관점 2 공리 주의	제비는 왜 아마 씨를 제거해야 하는지 새들에게 자세히 이야기해 주고 함께 뽑는다.	이것이 새들의 공동체 이익과 행복에 합치하기 때문이다.	새들은 제비의 말을 받아들여 새싹을 뽑고, 위험에서 구해 준 제비를 영향력 있는 인물로 인정한다.	새들은 불안에 떨며 살지 않아도 되고, 제비는 명예를 얻어 모두에게 좋기 때문이다. 결국 이것이 공동체 이익에 합치하기 때문이다.
관점 3 불교 윤리	위험해진다고 하더라도 생명의 담지자인 새싹을 그대로 놔두고 살아간다.	자기의 목숨도 소중하지만 새싹의 생명도 소중하기 때문이다.	새들은 제비의 진심에 공감하지만 새싹을 뽑지 않고 살아간다.	제비의 진심을 알지만 새싹을 뽑는 것은 생명을 해치는 것이기 때문이다.
관점 4 유교 윤리	다른 새들이 말을 듣지 않아도 제비는 직접 새싹을 뽑는다.	군자란 솔선수범하여 모범이 돼야 하기 때문이다.	새들은 제비와 함께 새싹을 뽑는다.	

이솝 우화 바꿔 쓰기	칸트 윤리학의 관점
	어느 화창한 봄날, 농부는 밭에 아마 씨를 뿌리고 있었다. 새들은 나뭇가지에 옹기종기 모여 앉아 그 모습을 지켜보고 있었다. 그때 자기의 둥지를 향해 날아가던 제비도 그 광경을 보게 되었다. '큰일이구나. 저 씨는 자라서 우리를 잡을 덫이 될 거야. 어서 위험을 알려야지.' 제비는 곧바로 새들에게 아마 씨의 쓰임을 말해 주었다. "얘들아, 너희는 저 씨의 쓰임을 알고 있니? 저 씨는 아마 씨야. 밧줄의 재료가 되는 식물이지. 특히, 저 밧줄로 우리를 잡을 덫을 만들게 될 거야." 하지만 새들은 제비의 말을 듣지 않았다. "에이, 무슨 저 식물이 밧줄이 되겠어. 우리는 그런 이야기 처음 들어본다." 자기의 말에 코웃음을 쳤지만 제비는 다시 한 번 설득했다. "얘들아, 정말이야. 우리 함께 저 새싹을 뽑자."

하지만 새들은 이번에도 말을 듣지 않았다. 속이 상했지만 제비는 그래도 친구들을 위험으로부터 구하기 위해 새싹을 뽑기로 정했다. 제비는 농부가 집에 들어가는 밤이 오기를 기다리고 있었다.

이때, 다른 새들은 새싹을 뽑고자 기다리고 있는 제비를 보면서 제비가 한 말을 다시 떠올렸다.

"얘들아, 제비가 새싹을 뽑으려고 기다리고 있어. 정말 저 식물이 우리를 잡을 덫이 되는 것이 맞나봐. 제비를 믿고 함께 새싹을 뽑는 것이 좋을 것 같아."

밤이 되자, 기다리고 있던 제비와 제비의 말을 믿는 새들은 함께 새싹을 뽑았고 덫에 걸리지 않을까라는 불안함 없이 편안한 생활을 할 수 있었다.

	칸트 윤리학의 관점
바꾼 우화 간략 해설	바뀐 우화에서의 제비는 자기의 말이 무시당하고, 비웃음을 당하지만 그럼에도 불구하고 사회 구성원들의 생존을 지켜야 한다는 의무감에서 다른 새들을 위해 새싹을 뽑는 모습을 보여 준다. 제비는 비웃음을 당하더라도 다른 새들을 위해 자기가 마땅히 해야 할 일을 직접 실천하는 것이 옳기 때문에 행위한 것이다. 다른 새들은 처음에는 원래 이야기에서와 같이 제비를 무시하는 모습을 보여 준다. 하지만 자기들이 비웃었던 제비가 자기와 타자의 생존을 유지하기 위한 의무감에서 새싹을 뽑기 위해 남아 기다리는 모습을 보고 감동을 받아 함께 새싹을 뽑는다.

천홍주

행위의 잘잘못 따져보기				
1. 행위	제비가 한 행위	제비가 다른 새들을 모아서 새싹을 뽑아버리자고 이야기했다.	새들이 한 행위	새들은 제비의 충고를 귀담아 듣지 않고 무시했다.

2. 잘함	제비가 잘한 점	제비가 다른 새들에게 공동체에 다가올 위험한 상황을 충고해 주었다.	새들이 잘한 점	
3. 잘못함	제비가 잘못한 점	제비는 다른 새들에게 끝까지 충고하지 않고 자기 혼자서만 인간의 보호에 의존했다.	새들이 잘못한 점	새들은 제비의 충고를 무시했다.
4. 물음	제비에게 바람직한 다른 행위는?	제비에게 그 행위가 바람직한 이유는?	새들에게 바람직한 다른 행위는?	새들에게 그 행위가 바람직한 이유는?
5. 답변				
관점 1 기독교 윤리	제비는 다른 새들이 자기의 말을 무시해도 끝까지 새들을 설득하려고 노력해야 한다.	이웃으로서 다른 새들을 사랑해야 하기 때문이다.	새들은 제비의 말에 귀 기울이고 제비의 충고를 따라야 한다.	
관점 2 유교 윤리	제비는 다른 새들이 자기의 말을 무시해도 끝까지 새들을 설득하고 노력해야 한다.	세상 사람들이 자신의 뜻을 알아주지 않는다고 하여 포기하는 것은 참된 군자의 행위가 아니기 때문이다.	새들은 제비의 말을 듣고 아마 씨의 쓰임에 대해 공부한 후 제비의 말을 따르지 말지 스스로 결정을 내려야 한다.	유교에 따르면 삶의 상황에 대한 올바른 인식을 얻고 행위하는 것이 바람직하기 때문이다.
관점 3 공리주의	제비는 사람들을 찾아가 논과 밭에 있는 해충을 잡아먹어 줄 테니 덫을 놓지 말아달라고 부탁한다.	사람들은 농작물의 병충해 피해를 줄일 수 있고 새들은 마음 놓고 살 수 있게 되므로 사람들의 세계와 새들의 세계 모두에게 이익이 되기 때문이다.	새들은 제비를 도와 해충을 잡아먹는다.	사람들은 농작물의 병충해 피해를 줄일 수 있고 새들은 마음 놓고 살 수 있게 되므로 사람들의 세계와 새들의 세계 모두에게 이익이 되기 때문이다.

관점 4 불교 윤리	제비는 아마 씨를 뽑지 않고 사람들에게 찾아가 덫을 놓지 말아달라고 부탁한다.	아마 씨의 생명도 소중하기 때문에 씨를 뽑지 않고, 새들의 생명의 소중함을 사람들에게 알려야 하기 때문이다.	새들은 아마 씨를 뽑자는 제비의 의견에 반대해야 한다.	새들의 생명이 소중한 만큼 아마 씨의 생명도 소중하기 때문이다.

	기독교 윤리의 관점
이솝 우화 바꿔 쓰기	새들은 어느 날 농부가 아마 씨를 뿌리고 아마를 가꾸는 것을 보았다. 하지만 새들은 그것이 불행의 시작이 될 것이라는 것은 알지 못했다. 새들 중 혼자 그 씨의 씀씀이를 알고 있던 제비는 위기감을 느껴 다른 새들을 급히 불러 모았다. "얘들아, 장차 이게 우리에게 아주 큰 화를 미칠 거야." 하지만 다른 새들은 제비의 말을 무시했다. 시간이 흘러 아마에서 싹이 자라게 되었고 그걸 본 제비는 다른 새들에게 다시 이야기를 했다. "이게 자라면 자랄수록 우리에게는 더 큰 화근이 돼. 우리 힘을 합쳐서 저 새싹들을 뽑아버리자. 저건 자라면 밧줄이 될 거야. 그러면 사람들이 그걸로 덫을 만들어 우리를 잡으려 들걸." 하지만 새들은 이번에도 제비의 충고를 귀담아 듣기는커녕 코웃음만 쳤다. 제비는 새들이 자기의 충고를 무시하자 상처를 받았다. 하지만 아마가 자라면 다른 새들 모두에게 해가 될 것을 알았기 때문에 그냥 지나칠 수 없었다. 제비는 혼자 아마 밭으로 가서 새싹을 뽑기 시작했다. 비가 오나 눈이 오나 열심히 싹을 뽑았고, 사람들이 만든 덫에 걸려 목숨을 잃을 뻔 했던 적도 있었다. 다른 새들은 그토록 열심히 싹을 뽑는 제비의 모습을 보면서 제비가 왜 그렇게까지 아마 싹을 열심히 뽑는지 생각하게 되었다. 제비는 마지막이란 생각으로 새들에게 이야기했다. "아마라는 식물은 밧줄을 만드는 재료야. 밧줄은 정말 어마어마한 덫이지. 그 덫이 만들어지면 우리 모두는 불안에 떨며 살게 될 거야." 제비의 노력에 감동한 새들은 한둘씩 제비의 충고에 귀 기울이기 시작했고 모두 힘을 모아서 아마 싹을 뽑았다.

비꾼 우화 간략 해설	기독교 윤리의 관점
	기독교 윤리는 사랑의 윤리학이라는 특징을 갖는다. 이 사랑은 이웃과 가족뿐 아니라 모든 사람을 대상으로 한다. 다른 새들이 제비의 충고를 무시했다고 혼자만 인간의 보호를 받으며 살아가는 제비의 행위는 바람직하지 못하다. '눈에는 눈, 이에는 이'가 아니라 원수까지도 사랑할 수 있는 마음을 가져야 한다. 비록 다른 새들이 제비의 충고를 듣지 않았지만, 제비는 그 새들을 미워하지 않을 뿐 아니라 더 나아가 자신이 고통스럽더라도 다른 새들을 위해 사랑을 실천해야 한다.

홍철민

행위의 잘잘못 따져보기				
1. 행위	제비가 한 행위	새들의 안정과 안녕을 생각해서 충고를 했다.	새들이 한 행위	제비의 충고를 무시했다.
2. 잘함	제비가 잘한 점	새들에게 진심어린 충고를 했다.	새들이 잘한 점	없다.
3. 잘못함	제비가 잘못한 점	새들이 충고를 듣지 않는다고 해서 혼자 인간들의 보호를 받았다.	새들이 잘못한 점	제비의 충고를 무시하고 코웃음 쳤다.
4. 물음	제비에게 바람직한 다른 행위는?	제비에게 그 행위가 바람직한 이유는?	새들에게 바람직한 다른 행위는?	새들에게 그 행위가 바람직한 이유는?
5. 답변				
관점 1 칸트 윤리학	인간들에게 혼자 찾아가지 않고 끝까지 새들과 함께 한다.	나와 타자의 생존과 안전을 돌보는 것은 우리의 도덕적 의무이기 때문이다.	제비의 충고를 듣는다.	나와 타자의 생존과 안전을 돌보는 것은 우리의 도덕적 의무이기 때문이다.

관점 2 공리주의	제비는 근거를 들어가며 새들을 더 열심히 설득한다.	이렇게 하는 것이 공동체의 이익을 확보할 수 있는 길이기 때문이다.	새들은 공동체의 이익을 염두에 두고 있는 제비의 충고를 듣고 새싹들을 뽑아버리는 일에 동참한다.	이렇게 하는 것이 공동체의 이익을 확보할 수 있는 길이기 때문이다.
관점 3 불교 윤리	제비는 새들의 공동체를 떠나서 다른 곳으로 옮겨가서 산다.	새싹을 뽑아버리는 것은 생명을 죽이는 행위이기 때문이다.	새들은 제비와 함께 다른 마을로 옮겨가서 산다.	새싹을 뽑아버리는 것은 생명을 죽이는 행위이기 때문이다.
관점 4 가치 윤리학	새들을 끝까지 설득한다.	이렇게 하는 것이 우정이라는 가치를 실현하는 길이기 때문이다.	새들은 제비의 충고를 듣는다.	이것이 공동체의 안전이라는 가치를 실현하는 것이기 때문이다.
관점 5 유교 윤리	제비는 새들의 세계를 떠나지 않고 새들과 함께 살아간다.	자기만 살겠다고 혼자 떠나는 행위는 의리가 없는 행위이기 때문이다.	새들은 제비의 충고를 듣는다.	나와 타자 사이의 의리관계가 중요하기 때문이다.

이솝 우화 바꿔 쓰기

칸트 윤리학의 관점

새들은 농부가 아마 씨를 뿌리고 가꾸는 것을 보았지만, 그게 어디에 쓰이는지는 몰랐다.

그것의 씀씀이를 알고 있던 제비는 다른 새들을 급히 불러 모았다.

"애들아, 장차 이게 우리에게 아주 큰 화를 미칠 거야."

시간이 흘러 아마에서 싹이 자라는 걸 본 제비가 다른 새들에게 말했다.

"이게 자라면 자랄수록 우리에게는 더 큰 화근이 돼.

힘을 합쳐서 저 새싹들을 뽑아버리자.

저건 자라면 밧줄이 될 거야.

그러면 사람들이 그걸로 덫을 만들어 우리를 잡으려 들걸."

하지만 새들은 제비의 충고를 귀담아 듣기는커녕 코웃음만 쳤다. 제비는 새들이 자기의 충고를 무시하는 것을 보고, 지금까지 같이 동고동락하며 살아온 그들이 싫어졌다. 혼자 인간에게 찾아가서 인간의 보호를 받으며 살고 싶어졌다. 하지만 순간 제비의 머릿속에는 이런 생각이 떠올랐다.

'비록 새들이 나의 충고를 듣지 않고 코웃음만 쳤지만, 그렇다고 해서 새들을 버리고 혼자 살겠다고 인간들에게 가서는 안 돼. 그것은 옳지 않은 행동이야.'

제비는 두려웠지만 인간에게로 도망치지 않았다.

어느덧 새싹이 거의 다 자랐다. 위험이 다가옴을 알게 된 제비는 마을 근처 산속으로 도망쳤다. 이틀 후, 해가 뜰 즈음에 제비는 조심스레 마을로 다시 돌아가 보았다. 아니나 다를까, 제비의 충고에 코웃음쳤던 새들이 모두 밧줄로 만든 덫에 걸려서 괴로워하고 있었다. 그 모습을 본 제비는 겁이 났다. 근처에 또 다른 덫이 있을지도 모르는 일이었다. 사람들이 덫을 확인하러 올지도 모르는 일이었다. 제비가 두려움에 사로잡혀 도망가려고 할 때, 제비는 스스로 다음과 같이 생각했다.

'내가 두렵고 떨리더라도 위기에 빠진 친구들의 모습을 본 이상 나는 그들을 구해 주어야 한다. 그렇게 하는 것이 마땅히 해야 할 행위이기 때문이다.'

제비는 두려웠지만 자기의 판단에 따라 이빨로 그물을 자르기 시작했다. 사람들이 덫을 확인하러 올까 봐 너무 조마조마했다. 이빨도 너무 아팠다. 하지만 제비는 계속해서 자기의 판단에 따랐다. 해가 중천에 뜰 때가 돼서야 제비는 새들이 빠져나올 만한 구멍을 만들 수 있었다. 다행히도 사람들은 오지 않았다. 덫을 빠져나온 새들은, 이전에 제비의 충고에 코웃음만 친 것이 너무나 후회가 되었고, 친구의 충고를 귀담아 듣지 않은 자신들의 태도를 깊이 뉘우쳤다. 또 그만큼 새들은 제비가 고마웠다.

그 뒤로 새들은 제비를 생명의 은인으로 여기고, 평생 은혜를 갚으며 살았다.

바꾼 우화 간략 해설	칸트 윤리학의 관점
	칸트 윤리학의 사고 모형은 도덕과 도덕적 사고 모형의 본질을 전형적으로 보여 준다. 비록 자신의 감정은 도덕적 행위를 허용하지 않는다 할지라도, 자기의 이성에서 나오는 정언명령에 따라 행위하는 것이 도덕에 합치한다. 바꾼 우화에서 제비는, 자신의 충고를 듣지 않는 새들이 감정적으로는 싫고 미웠지만, 자기 이성의 정언명령에 따라 혼자 인간들에게로 가지 않는다. 새들이 덫에 걸려 괴로워하고 있는 상황에서도 제비는 두렵고 떨리는 마음을 뒤로 하고, 위험에 처해 있는 타자를 구해야 한다는 정언명령에 따라 새들을 도와준다.

이아람

행위의 잘잘못 따져보기				
1. 행위	제비가 한 행위	제비는 인간들이 뿌려 둔 씨앗이 자라서 새들을 잡을 덫을 만드는 재료가 될 것임을 알고, 다른 새들에게 그 씨앗이 자라기 전에 없애자고 제안했으나, 거절당하자 홀로 인간의 처마 밑에 들어가 위험을 피했다.	새들이 한 행위	새들은 제비의 충고를 듣지 않고 그 씨앗이 자라도록 방치했다.
2. 잘함	제비가 잘한 점	씨앗이 자라 자신을 위협할 물건이 된 것임을 알아차리고, 그것을 미리 없애고자 다른 새들에게 제안 또는 충고를 시도했다.	새들이 잘한 점	특별히 나타나지 않는다.
3. 잘못함	제비가 잘못한 점	같은 종에 속하는 공동체의 구성원들을 남겨두고 혼자 인간의 보호 아래로 들어가 위험을 피했다.	새들이 잘못한 점	제비의 충고를 귀담아 듣지 않았다.

4. 물음	제비에게 바람직한 다른 행위는?	제비에게 그 행위가 바람직한 이유는?	새들에게 바람직한 다른 행위는?	새들에게 그 행위가 바람직한 이유는?
5. 답변				
관점 1 칸트 윤리학	포기하지 않고 끝까지 다른 새들을 설득한다.	사람은 누구나 이성적인 사고를 할 수 있는 능력이 있으므로 다른 새들이 자신의 충고를 받아들일 수 있다고 믿어야 하기 때문이다.	제비가 하는 이야기를 흘려듣지 않고 비판적으로 검토한다.	타인의 충고에는 어떠한 이유나 의도가 담겨 있다. 의미 있는 의사소통을 위해서는 그것에 대한 고려가 필요하기 때문이다.
관점 2 공리 주의	다른 새들에게 충고를 주었으나 새들이 듣지 않을 경우, 이에 개의치 않고 위험을 피할 수 있는 다른 방법을 찾는다.	협동하여 씨앗의 성장을 막는 것은 공동체 이익에 합치하는 일이지만 새들이 공동체 이익을 위한 일을 하지 않았다. 이것은 새들의 책임이며 제비는 새들과 함께 피해를 당해야 할 이유가 없다.	제비가 내놓은 견해가 새들의 공동체 이익에 어떠한 영향을 미칠 것인지 숙고한다.	공동체의 한 구성원이 내놓은 견해나 제의가 공동체 이익에 기여할 수 있는지 생각해 보아야 하기 때문이다.
관점 3 불교 윤리	제비는 새싹을 해치지 않고 스스로 덫을 주의한다.	새싹에도 생명이 있다. 자신의 안위를 위해 새싹의 생명을 가벼이 해서는 안 되기 때문이다.	다른 새들은 제비와 함께 새싹을 해치지 않고 스스로 덫을 주의한다.	새싹에도 생명이 있다. 자신의 안위를 위해 새싹의 생명을 가벼이 해서는 안 되기 때문이다.
관점 4 가치 윤리학	제비가 우정의 가치를 지향한다면 다른 새들을 끝까지 설득한다.	자신이 지향하는 가치를 저버리는 행위는 바람직하지 않으므로 끝까지 가치와 일치하는 행위를 해야 한다.	다른 새들도 우정의 가치를 지향하여 제비의 말을 경청하고 따른다.	우정의 가치는 사회 공동체의 구성원들에 의하여 추구되고 실현되어야 하기 때문이다.

관점 5 유교 윤리	다른 새들이 제비의 충고에 따르지 않더라도 제비는 혼자라도 씨앗을 제거하며 솔선수범한다.	현실에 안주하거나 타협하는 것은 군자의 도리에 어긋나므로 자신의 신념을 지키며 그에 따라 행위한다.	새들은 제비의 충고를 귀담아 듣는다.	타자의 충고에 귀 기울이지 않는 아집과 독선은 바람직하지 않기 때문이다.

이솝 우화 바꿔 쓰기	유교 윤리의 관점
	옛날에 호기심 많은 제비 한 마리가 있었다. 그는 세상의 많은 것들이 궁금했다. 그래서 시간만 나면 세상일들을 주의 깊게 관찰하곤 했다. 어느 날 제비는 인간들이 밭에 새로운 종류의 씨앗을 뿌리는 것을 보았다. "어? 저 씨앗은 처음 보는 것인데, 뭘까?" 궁금해진 제비는 밭에 가까이 내려가 살펴보기로 하였다. 밭에 가까이 다가가자 씨앗을 뿌리는 사람들의 이야기 소리가 들렸다. "이제 쑥쑥 자라면 우리도 새들 걱정 없이 곡식을 말릴 수 있겠지?" "그럼~ 이 아마가 다 자라면 이것으로 덫을 만들 수 있어. 그 덫으로 새들을 몽땅 잡아 버리고 우린 느긋이 곡식을 말리면 돼." 제비는 깜짝 놀랐다. 저 식물이 자라면 자신들을 잡을 덫이 된다니! 제비는 급히 다른 새들에게 날아갔다. 제비는 다른 친구들에게 자신이 보고 들었던 것들을 모두 이야기해 주었다. 하지만 친구들은 제비의 말을 믿지 않았다. "에이– 어떻게 풀로 덫을 만들겠어? 네가 잘못 들은 것 아냐?" "그래, 그까짓 풀로 만든 덫쯤이야 끊어버리면 그만이지. 하하하" 제비는 무척 답답했다. "아니야, 정말이야. 정말 사람들이 그렇게 말했다니까. 나도 보진 못했지만 그 덫은 그렇게 쉽게 끊을 수 있는 그런 것이 아닌가 봐. 사람들이 그것을 굉장히 믿고 있는 것 같았단 말이야." 제비는 친구들에게 함께 아마의 새싹을 쪼아 아마를 자라지 못하게 하자고 설득했다. 하지만 친구들은 제비의 말을 귀담아 듣지 않았다. 제비는 아마의 새싹을 혼자서라도 뽑아야겠다고 마음을 먹었다. 하지만 제비의 힘으로 아마의 새싹을 모두 쪼아 없애기에 밭은 너무 넓었고 아마의 새싹들은 너무 많았다. 제비는 생각했다. '그래, 비록 친구들은 내 말에 귀 기울여 주지 않지만 내가 하려는 행동은 옳은 일이야. 나는 내가 옳다고 믿어! 나는 내 믿음에 따라 혼자서라도 아마의 새싹을 쪼아 없애겠어!'

그날 이후, 제비는 혼자 아마의 새싹을 쪼아 자라지 못하게 했다. 사람들이 와서 자꾸 제비를 쫓아냈다. 제비는 사람들이 무섭고 힘들었지만 자신이 하는 일이 옳다고 믿었기 때문에 꾸준히 아마의 새싹을 쪼았다.

"제비 좀 봐. 매일 저렇게 열심히 새싹을 쪼고 있어. 사람들에게 쫓기면서까지 말이야."

"그러게, 난 저런 제비를 보니 제비의 말이 사실일 수도 있겠다는 생각이 들어."

"맞아. 제비가 저렇게 혼자라도 자신의 말을 행동으로 옮기는 것을 보니 제비의 말이 맞는 것 같아."

"맞아!"

친구들은 드디어 제비의 말을 믿게 되었다. 그들은 제비에게 찾아가 함께 새싹을 쪼겠다고 했다. 하지만 이미 계절은 봄을 지나 여름이 되었고 아마는 이미 껑충 자라나 더 이상 새들의 힘으로 없앨 수 없었다. 새 친구들은 처음부터 제비의 충고를 귀담아 듣지 않았던 것을 후회하며 쑥쑥 자라나는 아마들을 두려운 마음으로 바라볼 수밖에 없었다.

바꾼 우화 간략 해설	유교 윤리의 관점
	바꾸기 전의 우화에서 제비는 자신의 충고가 친구들에게 받아들여지지 않자 스스로의 생각을 행동으로 옮기지 않고 인간들의 처마 밑으로 들어가 사는 방법을 택한다. 이는 자기의 신념이 타인에게 받아들여지지 않고 자기가 옳다고 믿는 것을 타인 또는 세상이 옳다고 인정해 주지 않을 때, 그에 지지 않고 자기의 신념을 지키고 행동에 옮기는 것과는 반대되는 것이다. 이러한 태도는 유교 윤리의 입장에서 보았을 때 지양되어야 하는 것이기 때문에 이러한 제비의 행위를 수정하였다. 바꾼 우화에서 제비는 자신의 신념에 따라 홀로라도 행동한다. 그런 제비의 행동에 감화받은 다른 새들은 그제서야 제비의 충고에 따르려 하지만 그때는 이미 늦었다. 이러한 결론으로써 학생은 자기가 타인에게 충고를 하였으나 거부당할 경우, 자기의 신념을 스스로 묵묵히 실천하는 방법으로 타인을 설득할 수 있다는 것을 배울 수 있을 것이라 기대한다. 또한 다른 새의 입장이 되어 타인의 충고를 열린 마음으로 받아들이는 자세를 갖추는 것이 필요하다는 것 또한 느낄 수 있을 것이라 생각한다.

양아름

행위의 잘잘못 따져보기				
1. 행위	제비가 한 행위	다른 새들에게 충고했으나 듣지 않자 포기하고 자기만 인간들의 보호를 받으며 살아갔다.	새들이 한 행위	제비의 충고를 제대로 듣지 않고 무시했다.
2. 잘함	제비가 잘한 점	다른 새들을 위험에서 구하기 위해 충고했다.	새들이 잘한 점	
3. 잘못함	제비가 잘못한 점	새들이 충고를 듣지 않자 설득을 포기했다.	새들이 잘못한 점	상대방의 충고에 귀를 기울이지 않았다.
4. 물음	제비에게 바람직한 다른 행위는?	제비에게 그 행위가 바람직한 이유는?	새들에게 바람직한 다른 행위는?	새들에게 그 행위가 바람직한 이유는?
5. 답변				
관점 1 칸트 윤리학	계속 설득하여 다른 새들을 위험에서 구한다.	상대방을 위험에서 구하는 도덕적 의무를 다해야 하기 때문이다.	다른 새들은 제비의 충고를 받아들이고 제비와 함께 인간들을 설득한다.	제비의 선의를 진실되게 받아들이는 행위이기 때문이다.

	칸트 윤리학의 관점
이솝 우화 바꿔 쓰기	새들이 모여 사는 마을이 있었다. 제비, 참새, 독수리 등 많은 새들이 그 마을에 살고 있었다. 어느 날 참새들은 농부가 아마 씨를 뿌리는 것을 보았다. 참새들은 씨가 자라면 맛있는 곡식을 먹을 수 있을 것이라는 기대를 하게 되었다. 그때 참새들 곁에 제비가 다가왔다. 언제나 정확히 오후 두 시에 마을을 산책하는 제비는, 먼지 하나 묻지 않은 깨끗한 깃털을 빛내며 항상 앉아서 쉬는 나뭇가지 위로 내려왔다. 제비도 인간들이 씨를 뿌리는 모습을 보았다. 아마 씨의 씀씀이를 알고 있던 제비는 놀라서 다른 새들을 급히 불러 모았다.

"얘들아, 장차 이게 우리에게 아주 큰 화를 미칠 거야."
"무슨 소리니? 분명 가을이 되면 밭에는 맛있는 곡식이 열릴 거야. 그럼 우리 새들이 배부르게 먹을 수 있겠지."
다른 새들은 제비의 말을 믿지 않고 제비를 비웃기만 했다. 그러나 제비는 포기하지 않았다. 제비는 자신이 아무리 힘들어도 앞으로 닥칠 위험에서 모든 새들을 구하는 것이 당연한 의무라고 생각했다. 다음 날도, 그 다음 날도 제비는 하루도 거르지 않고 다른 새들을 찾아가 설득했다. 시간이 흘러 아마에서 싹이 자랐다. 그때까지도 제비는 매일 다른 새들을 설득하는 일을 하고 있었다. 제비가 다른 새들에게 말했다.
"이게 자라면 자랄수록 우리에게는 더 큰 화근이 돼. 저건 자라면 밧줄이 될 거야. 그러면 사람들이 그걸로 덫을 만들어 우리를 잡으려 들걸."
몇 달 동안 계속된 일관성 있는 제비의 진실한 충고에 새들의 마음이 움직였다. 새들은 인간을 찾아갔다. 그리고 인간들에게 모든 동물들의 생명을 존중해 달라고 부탁했다. 인간들도 새들의 말을 선의로 받아들였다. 그들은 밭에 다른 곡식을 심었다. 참새들은 떨어진 곡식 낟알만 주워 먹었고, 독수리는 인간들의 가축을 함부로 잡아먹지 않았다. 그리고 제비는 변함없이 오후 두 시의 산책을 즐겼다. 그들은 모두 마을에서 조화를 이루며 살아가게 되었다.

바꾼 우화 간략 해설	칸트 윤리의 관점
	곤경이나 위험에 처해 있는 타자를 구하는 것은 우리 모두의 도덕적 의무다. 자기에게 이익이 되지 않거나 피해가 되기 때문에 곤경이나 위험에 처해 있는 타자를 모른 척하고 지나치는 행위는 계산적 자기이익에 따라서 행위하는 것이므로 칸트 윤리학의 관점에서 볼 때 도덕성을 결여하고 있는 행위다. 칸트의 말에 따르면, 우리는 자기와 타자를 한갓 수단으로 대우하지 말고 항시 목적 자체로 대우해야 한다. 따라서 자기와 타자를 목적으로 존중하고, 타자에게 도움을 베푸는 것은 우리 모두의 도덕적 의무이다. 제비는 자기의 충고를 무시하는 타자로서의 새들을 저버리거나 포기하지 않고, 끝까지 도덕적 의무를 지켰다. 제비는 다른 새들을 설득하는 데 어려움을 겪었으며, 자기만 살 수 있는 방법을 알고 있었음에도 불구하고, 자기 이익의 관점을 넘어서 타자들을 도와줌으로써 도덕적 행위의 좋은 모형을 보여 준다.

제3교시 나의 분수를 넘는 욕심이 생길 때는 어떻게 할까?

이솝 우화

농부의 딸을 사랑한 사자

어느 날, 마을에 내려왔던 사자가 지나가는 한 아가씨를 만났다.

'야, 정말 아름다운 아가씨구나!'

아가씨의 아름다움에 마음을 빼앗긴 사자는 사랑에 빠지게 되었다. 그러던 어느 날, 사자는 농부의 집에 찾아가 청혼을 했다.

"저는 댁의 따님을 사랑하고 있습니다. 부디 제 아내가 되게 해 주세요."

느닷없이 사자의 청혼을 받게 된 농부는 깜짝 놀랐다. 귀여운 자기 딸을 사자에게 시집보낸다는 것은 생각할 수도 없는 일이었다. 그렇다고 섣불리 청혼을 거절할 수도 없어, 속으로는 떨면서도 겉으로는 태연하게 말했다.

"오, 그런 문제는 그리 급하게 결정할 수 없지 않는가. 내 자네의 뜻을 알았으니 생각을 좀 해보겠네. 그러니 여유를 좀 주게나."

농부의 말에 사자는 말없이 돌아갔다. 그러나 사자는 다음 날도, 또 그 다음 날도 농부의 집에 나타나서 거듭 재촉했다.

"생각해 보셨습니까? 언제쯤이 되어야 따님을 제 아내가 되게 해 주시겠습니까?"

그럴 때마다 농부는 좀 더 생각해 봐야겠다며 사자를 달래서 돌려보내느라 진땀을 뺐다. 큰 근심에 밤잠을 못 이루던 농부는 어느 날 문득 좋은 생각을 해냈고 사자가 오기를 기다렸다. 이윽고 사자가 나타났다.

"생각해 보셨는지요?"

사자의 이 물음에 농부는 기회를 놓치지 않고 말했다.

"그동안 내가 깊이 생각해 보았는데, 자네처럼 성실하고 용맹한 사자라면 내 사윗감으로 나무랄 데가 없네. 다만 한 가지 걱정거리만 해결된다면 말일세."

그 말에 기분이 좋아진 사자는 침을 삼키며 말했다.

"한 가지 걱정이라니, 그것이 무엇인지요?"

농부는 말을 꺼내기가 괴로운 듯이 머뭇거렸다.

"말씀을 해주십시오. 걱정거리라면 제가 해결해야지 누가 하겠습니까?"

안달이 난 사자가 간절히 부탁했다.

"내 딸아이가 자네의 그 송곳니와 발톱을 너무나 무서워한다네. 그러니 송곳니와 발톱을 모두 빼버릴 수는 없는지……."

"그, 그야…… 어렵지 않습니다."

농부의 딸에게 마음을 몽땅 빼앗긴 사자는 아픔을 참고 농부의 말대로 어금니와 발톱을 모두 뽑아 버렸다.

다음 날 사자는 농부의 집을 찾아갔는데, 이게 웬일인가요? 농부가 몽둥이를 들고 사자를 쫓아버리는 게 아닌가.

"이 고얀 녀석아, 썩 물러가지 못하겠느냐?"

어금니와 발톱이 없는 사자는 하는 수 없이 숲 속으로 도망치고 말았다.

다 함께

행위의 잘잘못 따져보기				
1. 행위	사자가 한 행위	농부의 딸에 반하여 농부에게 청혼하였다가 속임을 당하고 쫓겨났다.	농부가 한 행위	사자의 청혼을 거짓 구실을 들어 물리쳤다.
2. 잘함	사자가 잘한 점	사랑에 모든 것을 바쳤다.	농부가 잘한 점	기지를 발휘하여 사자를 거절하고 쫓아버렸다.
3. 잘못함	사자가 잘못한 점	순진하게도 농부의 말을 믿었다.	농부가 잘못한 점	사자에게 거짓말을 했다.
4. 물음	사자에게 바람직한 다른 행위는?	사자에게 그 행위가 바람직한 이유는?	농부에게 바람직한 다른 행위는?	농부에게 그 행위가 바람직한 이유는?
5. 답변				
관점 1 도가 윤리	농부의 딸에게 반했어도 천리를 알고 물러난다.	누구나 천리에 따라서 삶을 살아가야 하기 때문이다.	사자는 사자끼리, 인간은 인간끼리 결혼하는 것이 천리라는 점을 일러준다.	저마다의 본성을 지키는 것이 바람직하기 때문이다.

관점 2 유교 윤리	자기 분수를 알고 청혼의 생각을 버린다.	분수에 맞게 사는 것이 행복한 삶을 가져오기 때문이다.	사자를 사위로 맞이하는 것은 농부의 신분에 맞지 않는 일이라고 설득하여 돌려보낸다.	자기의 분수를 지키는 것이 군자의 덕목일 수 있기 때문이다.
관점 3 불교 윤리	자기의 욕망을 절제하고 자기 짝이 될 만한 다른 사자를 찾는다.	이것이 고통의 원인이 되는 욕망과 집착을 버리는 일이기 때문이다.	욕망하는 모든 것을 소유하거나 성취할 수 없다는 점과 자기 절제 속에서 삶이 편안해짐을 일깨워 준다.	무제한의 욕망은 끝없는 괴로움을 가져다주기 때문이다.
관점 4 가치 윤리학	사람을 사자와 결혼시키는 일은 부끄러운 일이라서 결혼시킬 수 없다고 솔직하게 말한다.	정직과 솔직함이 나중에 생겨날 수 있는 불행을 예방할 수 있기 때문이다.	사람들이 자신을 두려워하겠지만, 자신은 사랑하는 농부의 딸을 위해 자기 목숨도 바칠 준비가 되어 있다고 솔직하게 말한다.	결과야 어찌되든 진실을 말하는 것은 올바른 일이기 때문이다.
관점 5 기독교 윤리	딸을 어울리지 않는 상대와 결혼하도록 허락할 수는 없지만, 딸을 혼자 흠모하는 것은 용납하겠다고 말한다.	결혼 거절로 인해 사자가 당할 고통을 감해 주는 것이기 때문이다.	결혼이 어려우면 따님과 친구가 될 수 있게 해달라고 간청한다.	상대가 싫어하거나 허락하지 않는 결혼을 요청하는 것은 상대를 괴롭히는 일이기 때문이다.

이솝 우화 바꿔 쓰기

도가 윤리의 관점

어느 날, 마을에 내려왔던 사자가 지나가는 한 아가씨를 만났다.

'야, 정말 아름다운 아가씨구나!'

아가씨의 아름다움에 마음을 빼앗긴 사자는 사랑에 빠지게 되었다. 그러면서 멀찍이 아가씨가 보일 때마다 고민을 했다.

'나는 사자이고, 아가씨는 사람인데 서로 결혼할 수는 없겠지. 설사 아가씨의 아버지인 농부가 결혼을 승낙한다고 해도 어쩌면 아가씨가

나를 무서워해서 결혼이 불행해질지도 몰라. 하지만 나는 아가씨를 사랑하는데, 어떻게 하지?'

어느 날 아가씨는 사자가 자기를 지켜보는 것을 알아차리고, 급히 집으로 돌아와 아버지에게 그 사실을 말씀드렸다. 그러자 아버지는 놀라는 기색 없이 말했다.

"얘야, 너도 알아차렸구나. 나는 진작 알았지만 네가 걱정할까 봐 말을 하지 않았단다. 하지만 염려 말거라. 너를 해치려고 했다면 벌써 해쳤을 것이다. 내 생각에 사자는 너를 흠모하고 있는 것이란다."

그 말을 들은 이후로 아가씨는 사자를 보아도 놀라지 않고 오히려 다가가 목덜미를 쓰다듬어 주었다. 사자는 그때마다 큰 눈에서 눈물을 흘리며 자기가 했던 행동을 돌아보았다.

"그래, 내가 잘한 것이야. 사자는 사자끼리 결혼한다는 자연의 섭리를 따르지 않고 내 욕심만을 채우려고 아가씨에게 청혼을 했더라면, 나를 죽여버렸을지도 모르지. 그래서 더 이상 아가씨를 보지 못하게 되었을지도 몰라."

사자는 이따금씩 자기가 사냥한 것을 농부의 집 마당에 물어다놓고 가버리곤 했다. 농부는 그런 일이 있을 때마다 혼잣말을 했다.

"은혜를 모르는 것이 동물이라고들 말하지만, 그건 아마 틀린 말일 거야. 사람이건 동물이건 고마움을 고마움으로 느끼는 것은 마찬가지일 거야. 사심을 버린다면 누구나 고마움을 느끼고, 그러면 오래 살 수 있을 거야. 저 사자를 오래도록 보게 되겠구먼."

비꾼 우화 간략 해설	도가 윤리의 관점
	하늘은 항구적이며 땅은 드넓다. 땅이 항구적이며 드넓을 수 있는 것은 사사로이 살려고 하지 않기 때문이다. 그러므로 능히 길이 살 수 있는 것이다. 이런 까닭으로 성인은 그 자신을 뒤로 돌리지만 오히려 앞서게 되고, 그 자신을 도외시하지만 오히려 항존하게 된다. 이는 성인이 사사로움이 없기 때문이 아니겠는가? 그러므로 능히 성인은 자신의 목표를 이룬다.

김다예

행위의 잘잘못 따져보기				
1. 행위	사자가 한 행위	사자는 농부의 딸을 무척 사랑하여 농부가 시키는 대로 자기 발톱과 어금니를 뽑아버렸다.	농부가 한 행위	농부는 사자로부터 자기의 딸을 지키기 위해 속임수를 써서 사자를 내쫓았다.
2. 잘함	사자가 잘한 점	사자는 순수한 마음으로 농부의 딸을 사랑했고, 그 사랑을 이루기 위해 노력했다.	농부가 잘한 점	농부는 사자에게 자기의 분수를 깨닫게 해 주었고, 자기의 딸을 사자로부터 지키기 위해 현명하게 대처했다.
3. 잘못함	사자가 잘못한 점	사자는 자기 분수를 알지 못하여 사람을 사랑했다. 또한 어리석게 농부의 꼬임에 넘어가 스스로에게 고통을 가져 왔다.	농부가 잘못한 점	농부는 사자를 속이고 사자에게 고통을 주었다.
4. 물음	사자에게 바람직한 다른 행위는?	사자에게 그 행위가 바람직한 이유는?	농부에게 바람직한 다른 행위는?	농부에게 그 행위가 바람직한 이유는?
5. 답변				
관점 1 도가 윤리	사자는 농부의 딸을 사랑하여 농부의 딸에게 고기를 바치며 구애하였지만 딸에게 배신을 당하고 자연으로 돌아가 유유자적하며 산다.	세속적인 것에 얽매이지 않고 만물의 근원으로서의 자연을 사랑하는 것이 도가의 윤리이기 때문이다.	농부는 사자에게서 엄청난 양의 고기를 갈취하지만, 그 고기를 먹고 배탈이 난다. 농부는 세속적인 것에 욕심을 낸 자기의 행위를 반성하고 마을을 떠나 자연과 어울려 남은 생을 살아간다.	세속적인 것에 얽매이지 않고 만물의 근원으로서의 자연을 사랑하는 것이 도가의 윤리이기 때문이다.

관점 2 유교 윤리	사자는 농부의 딸을 사랑하지만 자기의 분수를 알고 구애를 포기한다. 그리고 농부의 호의에 감사해하며 농부와 농부의 딸을 지켜준다.	자기의 분수를 알고 절제하며 은혜를 갚을 줄 아는 행위가 의(義)로운 행위이기 때문이다.	농부는 사자가 구애를 포기하는 모습을 불쌍히 여겨 먹이를 제공한다.	유교에서는 타자에 대한 측은지심에서 행위하는 것이 올바르기 때문이다.
관점 3 불교 윤리	사자는 농부의 딸을 사랑하여 자기 아내로 만들고 싶었지만 농부의 딸을 그저 지켜보면서 보호해 주는 것으로 만족한다.	소유하려는 욕심을 버리고 진정한 사랑을 실천하고 있기 때문이다.	농부는 사자의 생명을 소중하게 여겨 사자를 해치지 않고 자기의 딸 대신 아름다운 암사자를 소개해 준다.	모든 살아 있는 것들은 생명을 가지고 있으며, 그 생명을 존중해야 하기 때문이다.
관점 4 가치 윤리학	사자는 자기가 가장 소중히 여기는 사랑의 가치를 실현하기 위해 농부의 방해에도 아랑곳하지 않고 끝까지 농부의 딸을 사랑한다.	사자가 지향하는 가치인 사랑을 실천하고 있기 때문이다.		
관점 5 기독교 윤리	사자는 농부의 딸이 위험에 처할 경우 목숨까지 바쳐서 그녀를 구한다.	어려움에 처해 있는 타자를 돕는 것이 사랑의 실천이기 때문이다.	농부는 사자의 행위에 감동을 받고 사자의 상처를 치료해 주고 돌봐준다.	다른 이가 베푼 사랑을 감사히 여기고 또 다른 사랑으로 갚는 것이 올바른 행위이기 때문이다.

	유교 윤리의 관점
이솝 우화 바꿔 쓰기	어느 날, 마을에 내려왔던 사자가 지나가는 한 아가씨를 만났다. '야, 정말 아름다운 아가씨구나!' 아가씨의 아름다움에 마음을 빼앗긴 사자는 사랑에 빠지게 되었다. 하지만 사자는 자기의 분수를 알았기 때문에 인간을 사랑한다는 사실에 괴로워했다. '아, 나 같은 짐승이 아리따운 인간을 사랑하는 것은 내 분수에 어긋나는 일이겠지? 하지만 너무도 사랑하는걸…….' 이렇게 사자는 괴로워하며 농부의 집 주변을 매일 서성였다. 농부는 이런 사자를 보며 처음에는 경계했지만, 아무 말도 없이 돌아서는 사자가 왠지 가여워 보여서 사자에게 말을 걸기로 했다. "사자야, 매일 우리 집 주변을 서성거리는데, 내게 무슨 할 말이 있는 게냐?" "저 사실은……." 사자가 말하려고 하는 순간 농부의 딸이 지나갔고 사자의 볼은 부끄러움에 빨개졌다. "아… 아닙니다." 사자는 차마 농부의 딸을 사랑한다는 말을 하지 못하고 도망쳤다. 하지만 농부는 자기의 딸을 보고 부끄러워하는 사자를 보고는 사자가 자기의 딸을 사랑하고 있다는 것을 알 수 있었다. 사자는 그 후로 자기의 마음을 절제하여 농부의 딸을 잊기로 결심하고 농부의 집에 찾아가지 않았다. 며칠 동안 사자의 모습이 보이지 않자 농부는 걱정이 되었고 사자를 찾아 나섰다. 농부는 산속에서 그동안의 고민 때문에 몹시 야윈 사자를 발견했다. "아니, 사자야. 이게 어떻게 된 일이니?" "농부님. 사실 당신의 따님을 사랑했습니다. 하지만 제 분수를 알고 따님을 잊으려고 노력했지만 마음이 괴로워 사냥조차 잘할 수 없었고 며칠을 굶었습니다. 하지만 걱정하지 마세요. 이제 정말 따님을 잊었습니다." 농부는 자기의 분수를 알고 스스로를 절제하려고 했던 사자를 불쌍히 여겨 자기의 집으로 데려가 먹을 것을 주었다. 사자는 농부가 베푼 호의에 감동했고 그 후로 농부의 집 주변을 살피며 농부와 농부의 딸을 위험으로부터 지켜주었다.

	유교 윤리의 관점
바꾼 우화 간략 해설	유교 윤리의 관점에서 보면 자기 자신을 알고 분수에 맞게 행위하는 것이 의(義)로운 행위다. 따라서 사자는 자기 분수를 알고 농부의 딸에 대한 마음을 포기하였다. 또한, 유교에서는 타자에 대한 측은지심에서 행위하는 것을 올바른 행위라고 여긴다. 바꾼 우화에서 농부가 사자를 가엽게 여겨 은혜를 베풀어 준다는 점이 여기에 속한다. 그리고 다른 이가 베푼 은혜를 감사히 여기고 그 은혜를 갚기 위해 노력하는 삶 역시 유교 윤리가 추구하는 삶이라고 할 수 있다.

김두영

행위의 잘잘못 따져보기				
1. 행위	사자가 한 행위	농부의 딸을 사랑했다.	농부가 한 행위	딸을 사자에게 주지 않기 위해 꾀를 생각해냈다.
2. 잘함	사자가 잘한 점	진실된 마음으로 농부를 대했다.	농부가 잘한 점	사자를 보고도 당황하지 않고 차분히 생각하여 위기를 벗어났다.
3. 잘못함	사자가 잘못한 점	동물이 사람을 사랑했다.	농부가 잘못한 점	위기를 벗어나기 위해서였지만 결국 거짓말을 했다.
4. 물음	사자에게 바람직한 다른 행위는?	사자에게 그 행위가 바람직한 이유는?	농부에게 바람직한 다른 행위는?	농부에게 그 행위가 바람직한 이유는?
5. 답변				
관점 1 도가 윤리	마음을 고쳐먹고 아름다운 암사자를 찾아서 결혼한 후 행복하게 산다.	사자가 사람을 사랑하는 것은 자연의 섭리를 거스르는 행동이기 때문이다.	사자와 대화를 통해 사람과 사자는 결혼할 수 없다는 것을 말해 준 후 돌려보낸다.	일부러 사자의 송곳니와 발톱을 뺏으면서 해를 끼치지 않고 자연의 섭리를 받아들이게 하는 것이 옳기 때문이다.

관점 2 유교 윤리	농부의 딸을 사랑하는 자신의 잘못된 마음을 수양을 통해 고친다.	농부의 입장에서 사자는 그저 자신의 딸을 빼앗아가려는 나쁜 사자일 뿐이다. 그러한 사자는 권선징악의 대상이 될 수밖에 없다.	마을 사람들에게 이 일을 알린 후 함께 사자를 물리친다.	어려운 일이 있으면 서로 돕고 악을 물리치는 일은 유교 윤리적 행위이기 때문이다.
관점 3 불교 윤리	농부에게 겁을 주지 않고 대화를 통해 문제를 해결하려고 한다.	자신의 말을 듣지 않는다고 해서 생명을 해치는 것은 생명을 존중해야 하는 불교적 도덕관에 어긋나기 때문이다.	사자에게 거짓으로 송곳니와 발톱을 뽑으라고 하지 않고 사실대로 대화를 해서 합의점을 찾는다.	사자에게 송곳니와 발톱을 뽑으라는 것은 앞으로 사자로서의 삶을 영위할 수 없게 만듦으로써 생명을 위협할 수 도 있기 때문이다.
관점 4 가치 윤리학	처음부터 농부의 딸에게 마음을 빼앗긴 사자는 농부를 찾아가기보다는 농부의 딸에게 찾아가서 자신의 사랑을 고백하고 마음을 얻기 위해 노력해야 한다.	농부의 딸의 마음을 얻는 것이 자신이 추구하는 사랑을 이룰 수 있는 것인데 농부를 찾아가서 딸을 달라는 것은 자신의 사랑을 추구하기 위해 농부의 딸을 수단으로 여기는 것밖에 되지 않기 때문이다.	사자에게 동물과 사람이 결혼하는 것은 자연의 균형을 깨는 일이라고 설명하여 마음을 돌릴 수 있도록 이끈다.	농부는 조화와 균형이라는 가치를 중요시하는 사람이다. 그런 그에게 자신의 딸을 사자에게 시집보내는 것은 가치에 위배되는 행위다. 그렇다고 사자의 발톱과 송곳니를 뽑아버리는 것은 사자의 사냥 수단을 뺏는 것으로서 조화를 깨는 행위가 되므로 대화를 통해 해결하는 방법이 좋을 것이다.

관점 5 기독교 윤리	상황을 깨닫고 농부의 딸을 포기해야 한다.	사자 자신이 아무리 농부의 딸이 좋아도 상대가 원하지 않는다면 그것은 단지 자신의 욕심일 뿐이므로 그만두어야 한다.	사자의 행동이 밉거나 싫어도 해하기보다는 더욱 잘해 주고 기도해야 한다.	원수를 사랑하고 선으로 악을 이기는 기독교 윤리를 따르는 행위다.

이솝 우화 바꿔 쓰기	유교 윤리의 관점
	옛날 어느 산속에 힘이 세고 욕심 많은 한 사자가 살았다. 그 사자는 자신이 가지고 싶어 하는 건 무엇이든 가졌다. 심지어 남의 것을 빼앗는 행동 또한 서슴지 않고 행했다. 하루는 마을에 내려왔던 사자가 지나가는 한 아가씨를 만났다. '야, 정말 아름다운 아가씨구나!' 아가씨의 아름다움에 마음을 빼앗긴 사자는 사랑에 빠지게 되었다. 그러던 어느 날, 사자는 농부의 집에 찾아가 딸을 내놓으라고 농부를 겁주기 시작했다. "나는 너의 딸을 사랑하고 있다. 후환이 두렵지 않거든 어서 빨리 딸을 내놓아라!" 느닷없이 사자의 말을 듣게 된 농부는 깜짝 놀랐다. 귀여운 자기 딸을 사자에게 시집보낸다는 것은 생각할 수도 없는 일이었다. 그렇다고 섣불리 청혼을 거절할 수도 없어, 속으로는 떨면서도 겉으로는 태연하게 말했다. "오, 그런 문제는 그리 급하게 결정할 수 없지 않습니까. 제게 생각할 시간을 좀 주십시오." 농부의 말에 사자는 으르렁거리며 돌아갔다. 농부는 사자가 떠나자마자 마을 사람들에게 이 일을 알리기 시작했다. 마을 사람들은 서로 내 일처럼 걱정해 주기 시작했다. 결국 마을 사람들 모두가 모여서 회의를 하기에 이르렀다. 오랜 시간의 회의 끝에 힘을 합해 사자를 물리치기로 한 마을 사람들은 조용히 시간을 기다렸다. 그리고 사자가 다시 농부의 집에 찾아왔다. "생각해 보았느냐? 언제쯤이 되어야 딸을 내 아내가 되게 할 것이냐?" 사자의 이 물음에 농부는 기회를 놓치지 않고 말했다.

	"그동안 제가 깊이 생각해 보았는데, 사자님처럼 성실하고 용맹한 사자라면 제 딸의 남편으로 부족한 것이 하나도 없습니다. 지금 제 딸이 저기 헛간에서 기다리고 있으니 가보시죠. 대신 겁 많은 제 딸이 사자님을 보고 놀랄 수 있으니 천천히 뒤돌아서 꼬리부터 들어가 주시면 감사하겠습니다." 그 말에 기분이 좋아진 사자는 침을 삼키며 말했다. "알겠다. 내 그리 하도록 하지." 농부의 딸에게 마음을 몽땅 빼앗겨 뒤돌아서서 살금살금 헛간으로 들어갔다. 하지만 그곳엔 수십 명의 마을 사람들이 여러 가지 농기구를 들고 기다리고 있었다. 그런 상황을 꿈에도 생각지 못한 사자는 갑자기 달려드는 사람들에게 혼나서 하는 수 없이 숲 속으로 도망치고 말았다.

	유교 윤리의 관점
비꾼 우화 간략 해설	이 이야기에서는 학생들에게 혼란을 주지 않기 위해 조금 더 전형적인 우화의 모습으로 이야기를 변형시켰다. 성질이 나쁘고 사람들을 해치는 사자를 등장시켜 기존 이야기에서의 살짝 어리석지만 온순하고 착한 사자를 혼내주어야 하는 상황의 모호함을 없애고 전형적인 권선징악 형태의 이야기를 만들었다. 그리고 단순히 농부의 꾀로 사자를 혼내주는 것이 아닌, 유교 윤리적 덕목을(환난상휼, 患難相恤) 사용하여 어려운 일이 있을 때 마을 사람들이 서로 도와서 해결하는 모습을 보여 준다.

김예슬

행위의 잘잘못 따져보기				
1. 행위	사자가 한 행위	사자는 농부의 딸과 결혼한다는 조건으로 발톱과 송곳니를 빼줄 것을 요구한 농부의 말을 따라 발톱과 송곳니를 모두 뽑았다.	농부가 한 행위	농부는 지혜를 발휘하여 자기의 딸과 결혼하려는 사자의 발톱과 송곳니를 없애 쫓아버렸다.

2. 잘함	사자가 잘한 점	사자는 사랑하는 농부의 딸을 위해 자기의 생존에 반드시 필요한 발톱과 송곳니까지 포기했다.	농부가 잘한 점	농부는 무서운 사자 앞에서 당황하지 않고 지혜롭게 대처했다.
3. 잘못함	사자가 잘못한 점	자연의 이치를 거스르고 암사자가 아닌 사람을 사랑했다.	농부가 잘못한 점	농부는 사자가 제대로 살아갈 수 없도록 사자의 모든 것을 빼앗아 버렸다.
4. 물음	사자에게 바람직한 다른 행위는?	사자에게 그 행위가 바람직한 이유는?	농부에게 바람직한 다른 행위는?	농부에게 그 행위가 바람직한 이유는?
5. 답변				
관점 1 도가 윤리	사자는 농부의 딸을 사랑하는 것이 타고난 자연의 본성에 어울리지 않음을 깨닫고 자기와 어울리는 암사자를 찾는다.	사자가 농부의 딸과 결혼하고자 했던 것은 처음 느꼈던 감정에 사로잡혀 내린 판단으로 타고난 자연의 덕을 거스르는 일이기 때문이다.	농부는 사자가 사람을 사랑하는 부자연스러운 상황이 곧 제자리를 찾을 것이라 생각하고 사자가 스스로 물러날 것을 기다린다.	인위적인 꾀에 의존하여 남을 속이려 하는 것은 도가에서 추구하는 도에서 멀어지는 것이기 때문이다.
관점 2 유교 윤리	사자는 군자다운 품성을 길러, 농부가 자기의 인격에 감화되어 결혼을 허락하도록 노력한다.	유교에서 지향하는 이상적 인간으로서의 군자는 위기지학을 통해 이룬 자기의 인격으로 타자를 감화시켜 이상적 사회를 이루고자 하기 때문이다.	농부는 따뜻한 인간애를 가지고 자기의 딸에 대한 사랑을 실현하고자 간절히 노력하는 사자에게 딸과의 결혼을 허락한다.	유교에서는 타자에 대한 인(仁)이 도덕의 바탕이 되기 때문이다.

관점 3 불교 윤리	사자는 농부의 딸에 대한 사랑이 오히려 자신에게 고통을 가져온다는 것을 깨닫고, 농부의 딸과 결혼하고 싶은 욕심을 버리려고 노력한다.	불교에서는 욕심으로 인한 집착에서 벗어나는 해탈을 추구하기 때문이다.	농부는 송곳니와 발톱을 뽑아버려 살아갈 힘을 잃어버린 사자를 불쌍하게 여겨 남은 일생을 보살펴 준다.	불교의 연기설에 의하면 모든 만물은 인과관계로 맺어져 있다. 그것을 깨닫는다면 내가 소중하듯이 타인도 소중하다는 사실을 알게 되어 자비의 마음이 생길 것이기 때문이다.
관점 4 기독교 윤리	사자는 농부가 자기를 속여 자기의 가장 중요한 것을 상실하게 했지만 농부를 용서하고 살아나갈 길을 찾는다.	타자에 대한 용서와 관용은 기독교 윤리의 핵심이기 때문이다.	농부는 사자를 쫓아내기 전에 딸이 사자를 사랑하는지 또는 사자의 사랑을 수용할 수 있는지를 물어야 한다.	농부는 남녀평등에 대한 존중을 실천해야 하기 때문이다.

이솝 우화 바꿔 쓰기	도가 윤리의 관점
	어느 날, 마을에 내려온 사자는 지나가고 있는 한 아가씨를 만났다. 사자는 사람을 생전 처음 보았기 때문에 아가씨에게 호기심을 가지게 되었고, 자기를 친절히 대하는 아가씨의 따뜻한 성품에 반해 사랑에 빠지게 되었습니다. 그러던 중, 사자는 아가씨와 결혼해서 행복해지고 싶다고 생각하게 되었다. 그래서 사자는 당장 아가씨의 집을 찾아가 아가씨의 아버지인 농부에게 말했다. "저는 댁의 따님을 사랑하고 있습니다. 부디 제 아내가 되게 해주세요." 느닷없이 사자의 청혼을 받게 된 농부는 깜짝 놀라 생각했다. '이 무서운 사자가 우리 딸과 결혼하겠다니……. 화가 나면 우리 딸을 해칠지도 몰라. 어떻게 하지? 지금 당장 안 된다고 하면 사자가 화를 낼 텐데.'

고민하던 농부는 마음을 가다듬고 사자에게 말했다.

"그것 참 좋은 일이군. 용맹을 떨치는 자네가 우리 딸을 사랑하다니. 그런데 그런 중요한 일을 가볍게 결정할 수는 없지 않겠나. 조금 더 생각해 볼 테니 나중에 다시 찾아와 주게."

사자는 당장이라도 결혼하고 싶었지만 농부의 말이 옳다고 생각해 다시 숲으로 돌아갔다. 집으로 돌아온 사자가 친구들에게 그 이야기를 해 주자 친구들은 놀란 눈을 하고 이렇게 말했다.

"사람이랑 결혼을 한다니 그게 있을 수 있는 일이야?"

"약해 빠진 사람이랑 살면서 사냥이나 제대로 할 수 있겠어? 얼마 못 가서 질려버리고 말걸."

아가씨에 대한 사랑에 자신이 있었던 사자는 친구들에게 화를 내며 집으로 돌아왔지만 고민에 휩싸였다.

'친구들의 말이 틀린 건 아니야. 내가 순간적인 감정에 빠져 억지를 부리고 있는 건 아닐까? 그 아가씨와 나는 태어난 순간부터 다른 방식의 삶을 살아왔는데, 아가씨와 결혼을 한다는 것은 나의 본성을 어기는 일인 것일까?'

한편, 사자의 청혼에 놀란 농부는 한참을 생각한 끝에 결론을 내렸다.

'내가 사자보다 강한 송곳니와 발톱을 가지고 있는 것도 아닌데 사자를 물리치기는 어려울 거야. 그렇다고 나의 소중한 딸을 사자에게 줄 수도 없는 일이니 시간을 두고 기다려 보자. 무슨 일이든지 자연스러운 방향으로 흘러가게 되어 있으니까.'

다음 날, 사자는 무거운 마음을 안고 농부의 집을 다시 찾아갔다. 밤새 고민한 사자는 아가씨를 사랑하는 마음이 생긴 것은 사람을 처음 접했기 때문에 호기심을 느껴서일지도 모른다고 생각하고, 농부에게 청혼을 취소하겠다고 말할 생각이었다. 농부와 대면한 사자는 자신이 어리석었음을 고백하고 청혼을 취소한 뒤 떠났다. 사자가 떠난 뒤에 농부는 생각했다.

'그래, 기다리길 잘한 거야. 마음을 비우고 있었더니 일이 잘 해결되었잖아.'

농부의 집을 뒤로 하고 돌아온 사자는 잘한 일이었다고 스스로를 위로하며 그동안 자기에게 잘해 주었던 이웃에 사는 아버지 친구 사자의 딸을 만나러 가야겠다고 생각했다.

	도가 윤리의 관점
바꾼 우화 간략 해설	사자는 처음 본 아가씨에게 사랑을 느껴 결혼하고자 했지만 그것은 사자가 타고난 자연스러운 본성을 거역하는 일이다. 사자와 아가씨는 살아가는 환경과 음식, 생활방식이 다르고 본래 다른 종으로 태어났기 때문에 각자 다른 자연의 덕을 타고난 것이다. 도가에서는 인위적인 삶의 방식을 버릴 것을 요구하고 자연스러운 삶의 방식을 중시한다. 그러므로 사자는 자기의 타고난 본성을 거스르는 삶의 방식을 선택하지 않고 자기에게 자연스러운 삶의 방식을 선택하였는데, 이것은 도가적 삶의 방식에 일치한다. 또한 도가에서는 도(道)를 흐르는 물과 같다고 보는데, 농부가 사자의 요구에 강하게 대응하지 않고 겸허하게 때를 기다린 것은 도가에서 추구하는 도(道)를 따르는 바람직한 행위인 것이다.

김찬우

행위의 잘잘못 따져보기				
1. 행위	사자가 한 행위	농부의 집에 찾아가 구혼을 했다.	농부가 한 행위	사자에게 딸을 주지 않기 위해 사자를 속여 목적을 이루었다.
2. 잘함	사자가 잘한 점	평화적으로 구혼을 했다.	농부가 잘한 점	없다.
3. 잘못함	사자가 잘못한 점	없다.	농부가 잘못한 점	상황에 따라 태도가 달라지는 비겁한 모습을 보였다.
4. 물음	사자에게 바람직한 다른 행위는?	사자에게 그 행위가 바람직한 이유는?	농부에게 바람직한 다른 행위는?	농부에게 그 행위가 바람직한 이유는?
5. 답변				
관점 1 도가 윤리	사자는 자기 종에 속하는 사자들 중에서 마음에 드는 배우자를 찾는다.	'종'이 다른 동물 사이의 결합을 바라는 행위는 자연의 섭리에 어긋나기 때문이다.	농부는 사자를 설득하여 사자의 짝을 사자의 세계에서 찾기를 권한다.	그렇게 하는 것이 자연의 섭리에 따르는 행위이기 때문이다.

관점 2 유교 윤리	사자는 자기의 몸에 훼손이나 변화를 가하지 않고 있는 그대로의 모습을 농부가 받아들이도록 요구한다.	부모님으로부터 물려받은 신체를 임의로 훼손하거나 바꾸는 것은 유교적 도리에 어긋나기 때문이다.	농부는 얄팍한 꾀로 사자를 곤경에 빠트리지 않고 정직하게 자신의 의견을 말한다.	자신의 이익과 행복을 위해 남에게 거짓말을 하고 남을 곤경에 빠트리는 행위는 도리에 어긋나기 때문이다.
관점 3 불교 윤리	없다.	사자는 우연히 농부의 딸을 사랑하게 되었고, 구혼을 청하는 사자는 불교 윤리의 관점에서는 잘못이 없기 때문이다.	농부는 자신의 딸을 진심으로 사랑하는 사자를 사랑으로 대하고 딸의 의견을 물어 결혼을 허락한다.	어떤 종류의 인연이든 소중히 해야 하기 때문이다.
관점 4 가치 윤리학	없다.	타자에 대한 사랑이라는 가치를 지향한 것은 옳은 행위이다. 그러므로 가치 윤리학 관점에서 사자에게 도덕적 잘못이 없다.	농부는 정직하게 자신의 생각을 밝히고 사자의 제안을 거절한다.	정직의 가치를 추구하는 것은 옳기 때문이다.
관점 5 기독교 윤리	없다.	농부의 딸을 위해 자신을 희생한 사자에게는 기독교 윤리의 관점에서는 도덕적 잘못이 없다.	농부는 딸을 위해 자기의 전부를 희생한 사자를 사위로 받아들인다.	타자를 위한 희생정신을 실행한 사자를 버리는 것은 옳지 않기 때문이다.

이솝 우화 바꿔 쓰기	기독교 윤리의 관점
	옛날 어느 한 마을에 극악무도한 사자가 살고 있었다. 이 사자는 어찌나 그 악명이 높은지 우는 학생의 울음을 멈추게 할 만큼 공포의 대상이었다. 이러한 사자의 포악함에 참다못한 마을 사람들은 주님께 정성을 다해 기도를 드렸다.

"주님, 사자의 포악함 때문에 도저히 살 수가 없습니다. 이러한 저희를 불쌍히 여기시고, 저 사자를 벌하여 주시기 바랍니다."

마을 사람들의 정성을 다한 기도는 주님께 전달되었고, 주님은 사자를 응징하기로 하였다.

그러곤 주님은 큰소리로 사자를 꾸짖으셨다.

"네 이놈 사자야! 어찌 너만의 안락을 위해 다른 이들을 괴롭히느냐. 내 너에게 1년간 속죄를 할 기회를 주겠다. 이 1년 안으로 네가 진정한 속죄를 하지 못한다면 너는 지옥의 불에 떨어질 것이다."

이 말을 들은 사자는 벌벌 떨면서 대답하였다.

"아이고 주님, 용서해 주십시오. 다시는 그러지 않겠습니다."

이에 주님께서 대답하셨다.

"잘 듣거라. 내가 너에게 내리는 이 시련은 벌이 아니다. 진정한 속죄의 기회를 주려는 것뿐이다. 내 너를 감시할 천사 '가브리엘'을 동행시키겠다. 진심으로 속죄를 하도록 노력하여라."

이러한 일이 있고난 뒤, 사자의 행동은 눈에 띄게 달라졌다. 불의가 있는 곳에는 언제나 제일 먼저 달려가 그것을 해결하고, 어려운 자들을 도왔다. 그러나 그럴 때마다 가브리엘은 고개를 저으면서 부족함을 나타냈다.

이솝 우화 바꿔 쓰기

이러기를 반 년, 사자는 점점 지쳐갔다. 스스로의 속죄를 위해 사방으로 뛰었지만 돌아오는 것은 실망과 상처뿐이었다. 어느 날 사자는 크게 상처를 입고 쓰러졌다. 그 모습을 본 이웃 마을 처녀는 사자를 정성껏 치료해 주어 목숨을 구해주었다. 이러한 고운 마음씨에 감동한 사자는 순식간에 사랑에 빠지게 되었다. 사랑에 빠진 사자는 그날 이후로 자신의 임무는 잊고, 이웃 마을 처녀의 주변을 맴돌면서 그녀의 환심을 사기 위해 노력하였다.

그러던 어느 날이었다. 창고에서 촛불을 켜고 일을 하던 처녀는 깜박 졸아버리고 말았다. 설상가상으로 촛불이 쓰러져 창고는 순식간에 불바다가 되었다. 멀리서 이러한 모습을 본 사자는 결심하였다.

'큰일이다. 이미 손을 쓰기에는 불길이 너무 거세다. 하지만 그녀를 내버려둘 수는 없어. 내가 죽는 한이 있어도 그녀는 살리고 말 테다.'

이렇게 생각한 사자는 한 치의 망설임 없이 불길에 휩싸인 창고로 달려갔다. 그리고 거센 불길을 뚫고 그녀를 구하는 데 성공하였다. 그러나 그녀를 보호하기 위해 온몸으로 그녀를 감싼 사자는 매우 심각한 화상을 입고 말았다. 그래도 사자는 주님께 감사 기도를 드렸습니다.

"제 몸을 바쳐 그녀를 털끝 하나 다치지 않고 구할 수 있게 됨을 감사드립니다. 저는 이제 죽어도 여한이 없습니다."

그 순간 이를 지켜보던 가브리엘이 미소를 지으며 말했다.

"사자야, 너는 네 몸을 바쳐 진정한 사랑의 실천인 '희생'을 보여 주었다. 고귀한 네 영혼은 모든 고통을 털고 편안하게 쉴 수 있는 주님의 나라로 가게 될 것이다."

이 말을 들은 사자는 마지막으로 미소를 지으며 편히 눈을 감았다. 그러곤 그의 영혼은 천국에서 영원한 안식을 맞이하였다.

비꾼 우화 간략 해설	기독교 윤리의 관점
	기독교의 3대 교리는 '믿음, 소망, 사랑'이며 이 중 으뜸은 사랑이다. 예수는 이 으뜸 교리인 사랑을 다른 이들을 대신하여 희생함으로써 몸소 실천하였다. 사자는 속죄하기 위해서 사방으로 뛰며 착한 행위를 한다. 그러나 그 사자의 행위는 믿음, 소망, 사랑 중 그 어떤 것에도 해당이 안 되는 자신을 위한 행위였다. 그러므로 가브리엘은 고개를 저으며 불만족을 표시한 것이다. 그러나 마지막에 사자는 자신이 사랑하는 이웃 마을 처녀를 위해 자신을 내던져 그녀를 구하는 고귀한 희생정신을 보여 주었다. 그로써 사자는 속죄하여 구원을 받게 된다.

김창규

행위의 잘잘못 따져보기				
1. 행위	사자가 한 행위	사자는 농부의 딸에게 반하여 청혼하였고, 결혼을 허락받기 위해서 농부가 하라는 대로 어금니와 발톱을 뽑았다.	농부가 한 행위	농부는 어금니와 발톱을 뽑으면 딸과 결혼시켜 주겠다고 사자에게 거짓말을 하였고, 자기의 말대로 행위한 사자를 내쫓았다.
2. 잘함	사자가 잘한 점	자기의 중요한 것들을 포기해서라도 사랑을 실현하기 위해 노력했다.	농부가 잘한 점	농부는 자기와 딸의 행복과 안전을 위해 사자의 청혼을 거절할 경우 다가올 수 있는 사자의 위협을 사전에 제거했다.

3. 잘못함	사자가 잘못한 점	사자는 농부의 말에 대해서 의심해 보지 않고 전적으로 농부를 믿었기 때문에 자기를 망쳤다.	농부가 잘못한 점	농부는 사자의 무서움에 위축되어 사자와 대화를 시도해 보지도 않고 간계를 부려 사자를 곤경에 처하게 했다.
4. 물음	사자에게 바람직한 다른 행위는?	사자에게 그 행위가 바람직한 이유는?	농부에게 바람직한 다른 행위는?	농부에게 그 행위가 바람직한 이유는?
5. 답변				
관점 1 도가 윤리	사자는 농부의 딸을 포기하고 자연 속에서 한가롭게 살아간다.	이것이 도가적 삶의 양식에 합치하기 때문이다.	농부는 자기 딸과 사자 사이의 사랑에 지나치게 인위적으로 개입하지 않는다.	딸이 사자와 결혼하든지 하지 않든지 간에 그 성사 여부는 농부의 노력과는 관계없이 이루어지는 자연스러운 것이기 때문이다.
관점 2 불교 윤리	사자는 농부에게 복수하지 않고 농부의 딸을 포기한다. 그 후에 세속에 대한 미련을 버린다.	사자가 농부의 딸과 결혼하고자 하는 강한 욕망에 따라서 농부의 요청에 응하여 스스로 자기의 어금니와 발톱을 뽑은 것은 지나친 자기 욕망에 의해서 자아낸 행위이기 때문이다.	농부는 딸이 원한다면 사자와의 결혼을 허락한다.	농부는 자기의 딸에 대한 집착을 버리고 딸의 의사에 따라 문제를 처리해야 하기 때문이다.
관점 3 가치 윤리학	사자는 농부의 딸을 포기하지 않고 끝까지 구애한다.	타자에 대한 '사랑'이라는 가치를 추구할 때, 사자는 이 가치를 실현하기 위해서 계속 구애하여 결혼에 이르러야 한다.	농부는 자기의 친구와 미리 약속한 대로 그 친구의 아들과 자기의 딸을 결혼시키기 위해서 사자를 내쫓는다.	'우정'의 가치를 매우 소중하게 생각하는 농부는 딸과 사자 사이의 사랑이 어떻든 간에 친구와 미리 약속한 대로 친구의 아들과 자기의 딸을 결혼시켜야 하기 때문이다.

관점 4 기독교 윤리	사자는 자기의 갈기털까지도 깎아서 농부에게 가져다준다.	왼쪽 뺨을 맞으면 오른쪽 뺨도 대주고, 원수마저도 사랑하라는 가르침을 따르는 것이기 때문이다.	농부는 사자를 속여 사자에게 위해를 가하고 사자를 쫓아낸 것에 대해서 회개한다.	사자를 속이고 사자에게 위해를 가한 것은 도덕적 죄이기 때문이다.

이솝 우화 바꿔 쓰기	가치 윤리학의 관점
	평화로운 성에 사자가 살고 있었다. 사자의 갈기는 풍성하게 자라 있었으며 날카로운 어금니와 발톱은 사자의 위엄을 절로 돋보이게 하였다. 또 가진 건 얼마나 많았는지, 화장실 변기가 황금으로 만들어졌다는 둥, 황금이 아니라 다이아몬드로 만들어졌다는 둥, 사자의 재력에 관련된 여러 소문들이 널리 퍼져 있었다. 이런 사자의 눈에 들기 위해서 많은 동물 아가씨들이 사자의 환심을 끌기 위해 애썼지만 사자는 눈길도 주지 않았다. 사자 본인의 마음을 설레게 하는 동물 아가씨들이 없었기 때문이다. 시간이 지날수록 사자는 적적했다. 성안에 있는 재물들도, 잘 어울리던 호랑이도, 그리고 주변의 다른 동물들도 사자의 외로움을 달래주지는 못했다. 그리던 어느 날 사자는 논에서 잡초를 뽑고 있는 농부의 딸을 보았다. 농부의 딸을 본 순간 사자는 머릿속에 아무런 생각도 들지 않았다. 그야말로 충격이었다. '헉! 저렇게 아름다운 아가씨가 있다니……. 내 평생 처음이야! 도대체 어느 집의 딸이지? 정말 궁금해서 미치겠군. 나를 한 번에 사로잡다니 이것이 말로만 듣던 운명 같은 사랑인 건가!' 성으로 돌아온 사자는 잠을 이룰 수가 없었다. 다음 날 사자는 수소문 끝에 그 아가씨가 옆 마을 농부의 딸이라는 것을 알게 되었다. 사자는 곧바로 농부를 찾아갔다. "제가 장인어른이라고 불러도 될까요?! 따님에게 한눈에 반했습니다!" 이 말을 듣고 농부는 어이가 없었다. 농부는 속으로 다음과 같이 생각했다. '소문을 들어보니 꽤나 잘사는 사자인 것 같던데. 마음이 조금 흔들리기는 하는군. 그러나 내 딸은 이미 나의 친구의 아들과 결혼시키기로 약속을 했는데 내가 그 약속을 저버릴 수야 없지.' 그리고 다음과 같이 사자에게 말했다.

"내 딸은 자네처럼 어금니와 발톱이 날카로운 사내를 싫어한다네. 그렇게 알고 돌아가게!"

이 말을 들은 사자는 "그럼, 제가 어금니와 발톱을 뽑는다면 따님을 저와 결혼하도록 허락하시는 겁니까?"라고 농부에게 물었다.

농부는 '제 까짓게 설마 그렇게야 하겠어.' 하는 마음에서 "좋네, 자네가 어금니와 발톱을 뽑아 온다면 결혼을 허락해 주겠네."라고 답했다.

다음 날 사자는 농부의 말대로 어금니와 발톱을 뽑고 다시 왔다. 그러나 농부는 그런 사자를 매정하게 쫓아 보냈다. 비록 약속을 지킨 사자에게 호감도 들었지만 20년 전에 친구와 한 약속을 저버려 친구와의 사이가 멀어질 수는 없었기 때문이다.

그날 이후로 사자는 계속해서 농부의 집에 찾아왔다. 도무지 농부의 딸에 대한 사랑을 포기할 수가 없었기 때문이다. 그렇게 몇 날 며칠 문 앞에 사자가 버티고 앉아 있으니 농부의 친구 아들은 청혼을 하러 올 수가 없었다. 한편 이 사실을 모르는 농부는 계속해서 사자를 외면했다.

이런 대치 상황에서 매우 어려운 처지에 처한 건 농부의 딸이었다. 결국 참다못한 농부의 딸은 야심한 밤에 집을 나와 사자의 성에 찾아갔고 사자와 결혼을 하였다. 얼마 후 결혼식 날 사자와 농부의 딸이 입맞춤을 하자마자 사자가 왕자로 변했다는 소문이 온 마을에 퍼지기 시작했다.

	가치 윤리학의 관점
바꾼 우화 간략 해설	가치 윤리학의 관점에 따르면 인간은 자기가 추구하는 가치에 의해서 행위의 동인을 얻는다. 이 우화는 미녀와 야수의 모티브를 활용하여 가치 윤리학의 관점을 드러내기 위해 만들어 본 것으로, 사자는 자기가 지향하는 '사랑'이라는 가치를 실현하기 위해 노력하는 인물로 설정해 보았고, 농부는 딸보다 자기 친구와의 우정이라는 가치를 지향하며 살아가는 인물로 설정해 보았다. 그리고 농부의 딸은 사자와 농부의 대립 속에서 피해를 받는 인물로 그려보았다. 학생들은 이 우화를 통해 각 개인이 각자 지향하는 가치가 다를 경우 발생할 수 있는 삶의 갈등 상황을 만날 수 있고, 이런 갈등 상황을 해결할 수 있는 방법에 대해서 생각해 볼 수 있는 기회를 얻을 수 있을 것이다.

노중일

행위의 잘잘못 따져보기				
1. 행위	사자가 한 행위	사자는 인간 여자를 사랑하여 청혼을 했다.	농부가 한 행위	농부는 사자를 속이고 사자를 쫓아냈다.
2. 잘함	사자가 잘한 점	사자는 자신의 사랑을 증명하기 위해 자신의 이빨과 발톱을 뽑았다.	농부가 잘한 점	농부는 꾀를 내어 사자를 속이고 딸을 지켰다.
3. 잘못함	사자가 잘못한 점	사자는 농부의 딸에게 직접 청혼하지 않았다.	농부가 잘못한 점	농부는 딸에게 사자를 어떻게 생각하는지 의사를 묻지 않았다.
4. 물음	사자에게 바람직한 다른 행위는?	사자에게 그 행위가 바람직한 이유는?	농부에게 바람직한 다른 행위는?	농부에게 그 행위가 바람직한 이유는?
5. 답변				
관점 1 도가 윤리	사자는 농부와 딸을 잡아먹어야 한다.	사자에게 인간은 먹이다.	농부는 처음부터 사자를 쫓아내야 한다.	사자는 인간이 아니다. 사자의 이야기를 듣고 있을 필요가 있겠는가?
관점 2 유교 윤리	사자는 농부의 딸을 포기하고 다른 암사자를 찾아야 한다.	양반과 천민이 결혼할 수 없듯이 동물과 인간은 결혼할 수 없다.	농부는 사자를 속이지 말고 인간과 사자는 맺어질 수 없음을 처음부터 밝혀야 한다.	농부가 사자를 두려워하여 거짓말을 하는 것은 자기를 속이는 짓이기 때문이다.
관점 3 불교 윤리	사자는 농부의 딸을 포기하고 다른 암사자를 찾아야 한다.	사자가 인간을 사랑하는 것은 사자의 헛된 망상이고 욕심이다.	농부는 사자에게 다른 암사자를 찾아주어야 한다.	농부가 비록 사자에게 딸을 내어주지 못하더라도 다른 방식으로 '보시'는 해야 한다.

관점 4 가치 윤리학	사자는 농부의 딸에게 직접 구혼해야 한다.	사랑의 가치를 지향하는 자에게는 국경이나 종차는 중요하지 않다.	농부는 딸의 의견을 물어야 한다.	딸의 의견조차 묻지 않는 것은 사랑이라기보다는 간섭이고 집착이기 때문이다.
관점 5 기독교 윤리	사자는 사람들에게 맞아 죽어야 한다.	사자가 사람들의 폭력 앞에서 도망치는 것은 사자가 농부의 딸을 사랑하지 않음을 뜻할 수 있다.	농부는 이빨과 발톱을 뺀 사자를 사위로 받아들여야 한다.	자신을 희생해서까지 사랑을 보여 준 사자를 공격하는 것은 사랑의 행위가 아니기 때문이다.

이솝 우화 바꿔 쓰기

도가 윤리의 관점

있을 수 없는 일이 일어났다. 사자가 여인을 사랑하게 된 것이다. 사람을 사랑하게 되자 이 사자는 사람의 말도 쓸 수 있게 되었다. 사자는 여인을 찾아갔다. 자신의 사랑을 보여 주며 끊임없이 구혼했다. 동료 사자들은 인간은 먹이일 뿐이라며 사자를 질책했다. 여인의 가족과 친척들은 매일 찾아오는 사자 때문에 공포에 떨었다.

하지만 사자의 진심을 여인은 결국 받아들였다. 여인과 사자의 종족을 뛰어넘는 위대한 사랑 이야기는 곧 세상으로 퍼졌다.

보아라,
먹는 자와 먹히는 자의 아름다운 사랑을.
피로 물든 인간과 맹수의 역사는
사랑으로 가득 차리라!

시인들은 이 위대한 사랑을 노래했고, 화가들은 그림으로, 조각가들은 조각으로 이 사랑을 찬양했다. 다른 마을에서는 곰과 사람이, 또 다른 마을에서는 호랑이와 사람이 결혼을 했다는 소식들이 들렸다. 세상이 아름다워진 것 같았다.

몇 년이 지났다. 지독한 가뭄이 찾아왔다. 가뭄은 끝날 기미가 보이지 않았다. 흉작이 계속되었다. 인간도 동물도 배가 고팠다. 위대한 사랑의 주인공인 사자도 가뭄에서 자유로울 수 없었다. 사랑하는 여인을 위해 먹이를 필사적으로 찾아다녔다.

그러던 어느 날이었다. 그 날도 사자는 하루 종일 먹이를 찾아다녔다. 그러다 너무 힘들어 잠시 정신을 잃고 쓰러졌다. 얼마가 지났을까. 누군가가 자신을 흔들어 깨웠다. 사자가 눈을 뜨자 그의 눈앞에 나약한 짐승 한 마리가 있었다. 그 동물은 사자에게 무언가 말을 하는 것만 같았다. 하지만 사자는 모르는 말이었다.

실은 이 나약한 동물은 사자의 여인이었다. 여인은 사자가 걱정되어서 찾으러 나왔던 것이다. 그러나 깨어난 사자는 더 이상 자기의 말을 이해하지 못하는 것 같았다. 여인에게도 사자의 말이 '어흥'으로 밖에 들리지 않았다. 배고픔이 사자의 야성을 깨운 것이다. 사자는 여인을, 아니 먹이를 맛있게 먹었다.

그 이후로도 가뭄이 계속되었다. 인간과 결혼했던 동물들이 인간을 잡아먹었다는 흉흉한 소문이 돌기 시작했다. 가뭄이 끝날 무렵 더 이상 인간과 동물 간의 사랑이야기를 들을 수 없었다.

바꾼 우화 간략 해설	도가 윤리의 관점
	우리는 사랑이 영원할 것이라고 생각한다. 사랑이라는 가치에 절대성을 부여한다. 사랑에는 나이도 없고 남녀도 없고 국경도 없다. 이 이야기에서는 사랑이 드디어 종(種) 간의 차이도 뛰어넘었다. 사자와 인간이 사랑을 한다! 사자와 인간이 사랑을 하다니, 사랑이라는 가치는 정말 모든 것을 뛰어넘는 것처럼 보인다. 그런데 『장자』에는 다음과 같은 취지의 이야기가 있다. 사람은 아름다운 여인을 보고 좋아하지만 물고기들에게 인간이란 자신들을 잡아먹는 존재일 뿐이라는 것이다. 사자에게 인간은 먹이이고 인간에게 사자는 맹수다. 사자와 인간이 사랑이라니……. 그것은 자연(自然)이 아니다.

이관희

행위의 잘잘못 따져보기				
1. 행위	사자가 한 행위	사자는 농부의 딸을 좋아하여 농부에게 결혼 허락을 받고자 했다.	농부가 한 행위	농부는 자기의 딸을 사자에게 주기 싫어서, 사자로 하여금 이빨과 발톱을 빼게 한 후 쫓아냈다.

2. 잘함	사자가 잘한 점	농부의 말을 듣고 신뢰를 얻기 위해 자기의 이빨과 발톱을 뺐다.	농부가 잘한 점	사자의 위협을 우려해 힘의 근원인 이빨과 발톱을 빼도록 했다.
3. 잘못함	사자가 잘못한 점	농부의 딸을 얻고 싶어서 농부의 말을 따라 자기의 이빨과 발톱을 뺐다.	농부가 잘못한 점	자기의 딸을 위해 다른 생명의 생존 무기를 없애버렸다.
4. 물음	사자에게 바람직한 다른 행위는?	사자에게 그 행위가 바람직한 이유는?	농부에게 바람직한 다른 행위는?	농부에게 그 행위가 바람직한 이유는?
5. 답변				
관점 1 도가 윤리	사자는 농부의 딸을 아내로 맞이하지 않고 친구로서 지낸다.	인간과 사자가 결혼하는 것은 자연의 이치에 맞지 않기 때문이다. 그러나 사자와 농부의 딸이 동일한 생명으로서 서로의 차이를 이해하고 상생하는 것은 자연의 이치에 맞다.	농부는 사자의 욕심을 꾸짖으면서 사자에게 딸과 친구로 지내도록 조언한다.	인간과 사자가 결혼하는 것은 자연의 이치에 맞지 않기 때문이다. 그러나 사자와 농부의 딸이 서로의 차이를 이해하고 상생하는 것은 자연의 이치에 맞다.
관점 2 유교 윤리	사자는 농부의 딸에 대한 자기의 사랑이 올바른 것인지 아니면 과도한 욕심인지 생각한다.	사자는 농부의 딸이 자기를 원하는지 원하지 않는지도 모르면서 혼자만의 감정을 고려하여 농부에게 딸을 아내로 달라고 요구하기 때문이다.	농부는 자신의 딸에게 사자에 대해 어떤 생각을 가지고 있는지를 물어본다.	딸과 사자의 관계를 고려하여 딸의 의견을 존중해야 하기 때문이다.
관점 3 불교 윤리	사자는 농부의 딸을 소유할 생각을 버린다.	타자에 대한 존중과 사랑에 앞서 타자를 소유하고자 하는 것은 불교 윤리에 비춰볼 때 바람직하지 않기 때문이다.		

관점 4 가치 윤리학	사자는 농부의 딸에 대한 자기의 사랑의 마음을 농부에게 전하기보다 농부의 딸에게 직접 전한다.	사자는 자신이 지향하는 사랑의 가치를 상대방에게 직접 표현해야 하기 때문이다.	없다.	
관점 5 기독교 윤리	사자는 자신이 바라는 것 없이 농부의 딸에 대한 마음을 농부의 딸 곁에 머무르면서 행복할 수 있도록 만들어 준다.			

이솝 우화 바꿔 쓰기	기독교 윤리의 관점
	어느 날, 마을에 내려왔던 사자가 지나가는 한 농부의 딸을 만났다. 그녀의 아름다움에 마음을 빼앗긴 사자는 마침내 사랑에 빠지게 되었다. 그러던 어느 날, 사자는 농부의 집에 찾아가 청혼을 했다. "저는 댁의 따님을 사랑하고 있습니다. 부디 제 아내가 되게 해 주세요." 느닷없이 사자의 청혼을 받게 된 농부는 깜짝 놀랐다. 귀여운 자기 딸을 사자에게 시집보낸다는 것은 생각할 수도 없는 일이었다. 그렇다고 섣불리 청혼을 거절할 수도 없어, 속으로는 떨면서도 겉으로는 태연하게 말했다. "오, 그런 문제는 그리 급하게 결정할 수 없지 않는가. 내 자네의 뜻을 알았으니 생각을 좀 해 보겠네. 그러니 여유를 좀 주게나." 농부의 말에 사자는 말없이 돌아갔다. 그리고 사자는 생각했다. '농부가 당황한 것은 어떻게 보면 당연해. 자신의 딸을 인간도 아닌 사자에게 주다니! 내가 너무 내 생각만 한 것 같군.' 사자는 자신이 욕심을 낸 것이라는 생각에 농부의 딸에 대한 마음을 지우려 했지만 오히려 그럴수록 더욱더 선명하게 농부의 딸의 모습이 자신에게 다가왔다. 사자는 식음을 전폐했다. '아! 생각하지 않으려 할수록 더욱더 농부의 딸이 생각나는구나!' '나는 왜 사자로 태어나서 농부의 딸과 정상적인 사랑을 할 수 없는 걸까?'

'흑흑흑. 농부의 딸은 이런 내 마음을 알까? 왜 알아주지 않는 거지? 속상하다! 어흥!'

사자는 이렇게 신세한탄을 하고 자신을 알아주지 않는 농부의 딸을 미워하는 감정도 생기게 되었다. 그러나 곧 마음을 고쳐먹고 다시 생각했다.

'아니야. 이건 다 내 마음 때문에 생긴 일이야. 괜히 다른 이유를 들어 탓한다고 해결되지 않아.'

사자는 곰곰이 자신의 마음을 어떻게 정할지 생각해 보았다.

아무리 생각해도 농부의 딸과 결혼하면 정상적인 생활을 못할 것 같았다. 그래서 자신의 마음을 포기하고 농부에게 자신의 청혼을 사과하고 대신 친구로서 지내도 되는지를 물어보았다. 농부는 결혼이 아니기에 흔쾌히 받아들이고 사자와 농부의 딸은 서로 좋은 친구 관계를 유지했다. 친구를 하면서 사자와 농부의 딸은 서로 좋은 감정을 가지는 사이로 발전했다. 사자는 농부의 딸을 인간의 관점에서 행복하게 해 줄 수 없다는 것을 알기에 자신의 행복을 포기한 채 농부의 딸의 행복이 무엇일지만 생각하게 되었다.

이솝 우화 바꿔 쓰기

그렇게 세월이 지나 농부의 딸은 다른 남자와 결혼을 하게 되었고 아기도 갖게 되었다. 사자는 그런 농부의 딸을 사냥을 통해서 식량도 갖다 주고 밤에는 짐승들로부터 보호도 하면서 물심양면으로 도와주었다. 농부의 딸은 그런 사자가 고마웠다. 농부의 딸의 기쁜 모습을 본 사자는 행복했다.

그러던 어느 날 아이는 부모님이 잠깐 집에 없는 사이 장난을 치다가 그만 불을 내고 말았다. 불길은 점점 커졌다. 그때 다른 일을 하고 있었던 사자는 농부의 딸의 집에서 불이 나는 것을 보고 부리나케 달려갔다. 사자가 집에 도착하니 집은 거의 다 타버렸고 창문 너머로 농부의 딸의 아이가 보였다. 사자는 불타는 집으로 들어갔다. 들어가서 몇십 초 지나자 집이 무너져 버렸다. 마을 사람들이 모여 불을 껐고 불은 진화가 되었다. 돌아온 농부의 딸은 자신의 집이 불이 난 것을 보고 망연자실했다. 그리고 사자가 자신의 아이를 구하러 갔다는 것을 마을 사람들에게 들었다. 폐허 속에서 구조를 하는데, 사자가 미소를 지으며 검게 타서 웅크리고 죽어 있었다. 더 놀라운 것은 웅크린 사자 밑에 아이가 가냘픈 숨을 쉬고 있었다. 마을 사람들은 사자를 가여워하면서 사자의 사랑을 안타까워했다. 농부의 딸도 눈물을 흘리며 사자의 죽음을 슬퍼했다.

바꾼 우화 간략 해설	기독교 윤리의 관점
	이야기는 사자가 농부의 딸을 사랑하는 마음에서부터 시작된다. 사자는 농부의 딸을 사랑하지만 제약이 많다는 것을 보고 좌절한다. 하지만 다시 마음을 고쳐먹고 다른 방식으로 자신의 사랑을 농부의 딸에게 전할 수 있을 거라는 걸 믿게 된다. 그러면서 자신의 행복보다 농부의 딸의 행복을 더 중요시하고 우선시하였고, 그렇게 함으로써 그러면서 오히려 자신의 행복도 생기게 된다는 것을 느낀다. 여기서 우리는 기독교 윤리에서의 아가페적 사랑을 알 수 있게 된다. 그렇게 모든 힘을 쏟으면서 사자는 농부의 딸에게 사랑을 쏟았고 마지막에는 자신을 희생하면서 아이의 생명까지 구하고 죽는다. 사자가 마지막에 미소를 띤 것은 자기가 사랑했던 사람을 위해서 죽음으로써 행복하게 생을 마감할 수 있었기 때문이다.

전영호

행위의 잘잘못 따져보기				
1. 행위	사자가 한 행위	사자는 농부의 딸에게 반해서 농부에게 딸을 달라고 재촉하다가 농부의 말을 듣고 송곳니와 발톱을 모두 뽑아버렸다.	농부가 한 행위	농부는 딸을 달라는 말을 듣고 고민하다가 사자가 송곳니와 발톱을 뽑게 만들고 몽둥이로 쫓아버렸다.
2. 잘함	사자가 잘한 점	사자는 자신의 사랑을 위해 아픔을 참고 송곳니와 발톱을 모두 뽑아버렸다.	농부가 잘한 점	농부는 딸을 사자에게 보내지 않기 위해 지혜를 써서 사자의 송곳니와 발톱을 뽑게 하고 내쫓았다.
3. 잘못함	사자가 잘못한 점	사자는 농부에게 딸을 달라고 계속해서 재촉하고 위협했다.	농부가 잘못한 점	농부는 딸에게 사자에게 시집을 갈 것인지 의사를 묻지 않았으며, 사자에게 거짓말을 하여 송곳니와 발톱을 뽑게 했다.

4. 물음	사자에게 바람직한 다른 행위는?	사자에게 그 행위가 바람직한 이유는?	농부에게 바람직한 다른 행위는?	농부에게 그 행위가 바람직한 이유는?
5. 답변				
관점 1 도가 윤리	사자는 농부에게 딸을 진심으로 사랑한다고 말하고 청혼한다.	사자의 마음이 가는 대로 행하는 것이 자연스러운 것이기 때문이다.	농부는 사자에게 시집을 갈 것인지 딸이 직접 결정하게 한다.	사자의 청혼에 대해 농부가 아닌 딸이 결정하게 하는 것이 자연스러운 일이기 때문이다.
관점 2 유교 윤리	사자는 농부에게 딸을 사랑하게 되었다고 하면서 고민을 이야기하고 조언을 구한다.	사자는 자신이 사자로서 마땅히 해야 하는 일이 있고 지켜야 할 도리가 있는데 다른 사자가 아닌 인간을 사랑하게 된 것은 그 도리에 어긋나는 것이기 때문에 농부에게 조언을 구한다.	농부는 사자의 고민을 듣고 해결책을 찾기 위해서 같이 고민한다.	고민을 호소하는 사자를 보고 가여움을 느끼고 사자를 위해 같이 해결책을 찾아주는 것이 농부에게는 인(仁)을 행하는 것이기 때문이다.
관점 3 불교 윤리	사자는 농부에게 딸을 달라고 하다가 이내 그것이 농부의 딸이 가진 한때의 아름다움에서 온 한순간의 욕구임을 깨닫고 더 이상 집착하지 않고 농부에게 사과한다.	사자는 농부의 딸이 가진 미모에 한순간 혹해서 온 욕심이 허상임을 깨닫고 집착하지 않는 것이 불교의 공(空) 사상을 행하는 것이기 때문이다.	농부는 사자의 집착을 버리는 행위를 본 후 지금까지 자신이 사자는 모두 흉악하고 탐욕스러운 짐승이라는 선입견에 빠져 있었음을 반성한다.	농부에게는 사물을 바라볼 때 선입견을 버리고 세상을 바르게 보는 것이 해탈에 이르는 수행 방법 중 하나인 정견(正見)이기 때문이다.

관점 4 공리주의	사자는 농부의 딸에게 반해서 농부에게 딸을 달라고 하지만 대답을 회피하자 그러면 자신과 짝을 이룰 암사자를 알아봐 달라고 '부탁'한다.	사자와 짝을 이룰 암사자를 찾으면 사자는 자신의 짝을 찾을 수 있어서 이롭고, 농부에게는 자신의 딸을 사자에게 시집보내지 않아도 되므로 서로에게 이익이 된다(여기서 주의해야 하는 것은 사자의 '부탁'이 협박이나 강제가 되어서는 안 된다는 점이다.).	농부는 사자의 딸을 달라는 말에는 거절하지만, 사자의 암사자를 같이 알아봐 달라는 '부탁'을 듣고 암사자를 찾아서 사자와 짝을 지어준다.	농부와 사자 모두에게 이로운 일이기 때문이다.
관점 5 기독교 윤리	사자는 농부의 딸을 보고 반했지만 자신이 딸을 달라고 부탁할 때 솔직하게 이야기하면서 미안하다고 하는 농부를 보고, 자신이 농부를 힘들게 하고 있음을 깨닫고는 농부에게 사과한 후 다시는 청혼하러 오지 않는다.	타인을 돕거나 이롭게 하는 것이 적극적 사랑을 행하는 일이라면, 타인을 힘들게 하는 일을 피하는 것 역시 기독교 윤리에서 소극적 사랑을 행하는 일이기 때문이다.	농부는 딸을 달라고 하는 사자의 말에 대답을 회피하거나 속임수를 쓰지 않고 솔직하게 말한다.	타인을 대할 때는 항상 거짓 없이 진실하게 대해야 하기 때문이다.

이솝 우화 바꿔 쓰기

불교 윤리의 관점

어느 날, 마을에 내려왔던 사자가 지나가는 한 아가씨를 만났다.

'야, 정말 아름다운 아가씨구나!'

아가씨의 아름다움에 마음을 빼앗긴 사자는 마침내 사랑에 빠지게 되었다. 그러던 어느 날, 사자는 농부의 집에 찾아가 청혼을 했다.

"저는 댁의 따님을 사랑하고 있습니다. 부디 제 아내가 되게 해주세요."

느닷없이 사자의 청혼을 받게 된 농부는 깜짝 놀랐다. 귀여운 자기 딸을 사자에게 시집보낸다는 것은 생각할 수도 없는 일이었다. 그렇다고 저 사자의 탐욕스러운 눈을 보고 있자니, 섣불리 청혼을 거절할 수도 없어 속으로는 떨면서도 겉으로는 태연하게 말했다.

"오, 그런 문제는 그리 급하게 결정할 수 없지 않는가. 내 자네의 뜻을 알았으니 생각을 좀 해보겠네. 그러니 여유를 좀 주게나."

농부의 말에 사자는 말없이 돌아갔다. 하지만 사자의 마음속에는 반드시 농부의 딸을 자신의 아내로 만들겠다는 욕심이 가득했다. 그날 밤에도 사자는 농부의 딸을 차지할 생각을 하다가 잠이 들었다.

다음 날 아침, 사자는 농부를 다시 찾아가서 물어보았다.

"생각해 보셨습니까? 이제 제게 따님을 주시겠습니까?"

그러자 어제와는 다르게 농부가 갑자기 흔쾌히 대답을 하는 것이 아닌가?

"알았네, 우리 딸을 그렇게 아내로 맞이하고 싶다면 그렇게 하게나."

이렇게 말하며 농부는 딸을 불러내서 사자에게 보냈다. 사자는 갑작스러운 농부의 태도 변화에 의아해했지만 너무 기뻐서 농부에게 감사하다는 말을 연신하고는 신부를 데려갔다.

"으하하하! 이렇게 아름다운 신부를 갖게 되다니! 당장 집으로 데려가자!"

신이 난 사자는 마치 한줄기 바람처럼 신부를 등에 태우고 달려갔다. 그런데 이게 어찌된 일인지, 사자가 한 발짝 한 발짝 뗄 때마다 신부의 얼굴에 하나 둘 주름이 생기기 시작하는 게 아닌가? 물론 등 뒤를 볼 수 없는 사자는 그걸 알 턱이 없었다. 사자는 바람같이 달려가고, 신부는 바람같이 늙어갔다.

잠시 후, 집에 도착한 사자는 등에 태운 신부를 내리고 얼굴을 들여다보았다.

"헉, 웬 쭈그렁 할망구가 여기 있는 거야! 내 신부를 어디로 빼돌렸어!"

그러자 이미 폭삭 늙어버린 농부의 딸이 사자에게 말했다.

	"사자님, 제가 그 농부의 딸이랍니다. 벌써 제 얼굴을 까먹으셨나요?" "내가 이런 못생긴 할망구랑 살아야 한다고? 이건 말도 안 돼에에에~." "이건 말도 안 돼! 헉!" 사자가 정신을 차려보니 아직 채 동이 트지도 않은 새벽이었다. 사자는 한참을 어리둥절해하다가, 그게 꿈이었다는 것을 알아차렸다. '아, 꿈이었구나. 아름다운 꽃도 시간이 지나면 결국 시들어버리듯 젊고 아름다운 신부 역시 다만 한때에 불과한 것이었구나!' 사자는 그렇게 신부의 아름다움에 한순간 혹했던 자신을 반성하며 동이 트자마자 다시 농부를 찾아갔다. 농부는 사자가 또 재촉을 하러 온 것인 줄 알고 식은땀을 흘리고 있었다. 그러나 사자는 이렇게 말했다. "제가 일순간 따님의 아름다움에 혹해 당신과 따님을 괴롭힌 것 같습니다. 용서해 주실 수 있으신가요?" 갑작스러운 사자의 사과에 농부는 어안이 벙벙했다. 그러나 사자의 청명해진 눈을 보고 사자의 진심을 이해하게 되었다. "난 지금까지 사자는 전부 탐욕스러운 짐승인 줄 알고 있었는데, 그게 내 착각이었다는 걸 이제야 깨달았네. 자네가 이렇게 이야기하니 오히려 지금껏 잘못된 생각을 가졌던 내가 부끄럽구먼." 이렇게 사자는 한순간의 욕심이 덧없는 것임을 깨닫고 함부로 남의 것에 욕심내지 않고 살았으며, 농부는 그 이후 항상 타인을 대할 때 선입견을 갖는 것을 경계하며 살아가게 되었다. 사자와 농부가 막역한 벗이 되었다는 것은 두말할 것도 없는 이야기다.

	불교 윤리의 관점
비꾼 우화 간략 해설	사자는 처음에 젊고 아름다운 농부의 딸(세속적 가치)을 보고 탐욕을 가지게 된다. 그리고 딸을 얻기 위해서 농부에게 요구한다. 그러나 사자는 그날 밤, 꿈을 통해서 농부의 딸을 얻지만(세속적 성취) 그녀가 한순간 늙어서 그 아름다움이 사라지는 것을 겪으며 그것이 찰나에 불과하다는 것과 집착과 욕망을 버려야 하는 것(공(空) 사상)을 깨닫게 된다. 여기서 사자의 꿈은 사자의 깨달음을 이루기 위한 '돈오(頓悟)'의 과정이다. 한편, 농부는 사자의 깨달음을 얻은 모습을 보면서 지금까지 자신이 사자에 대해 가졌던 생각이 편견과 선입견이었다는 것을 깨닫고 모든 사물을 바로 볼 수 있는 '정견(正見)'을 가져야 함을 알게 된다.

정주은

행위의 잘잘못 따져보기				
1. 행위	사자가 한 행위	농부의 딸에게 반하여 농부의 집에 찾아가 청혼을 했다.	농부가 한 행위	사자의 청혼을 생각해 보는 척하다가 꾀를 써 사자를 쫓아냈다.
2. 잘함	사자가 잘한 점	농부의 딸을 진심으로 좋아했다.	농부가 잘한 점	자기의 딸을 지켰다.
3. 잘못함	사자가 잘못한 점	분수에 넘치는 욕심을 부렸다.	농부가 잘못한 점	청혼을 허락할 수 없는 이유를 솔직하게 말하지 않고, 꾀를 써 사자를 쫓아냈다.
4. 물음	사자에게 바람직한 다른 행위는?	사자에게 그 행위가 바람직한 이유는?	농부에게 바람직한 다른 행위는?	농부에게 그 행위가 바람직한 이유는?
5. 답변				
관점 1 도가 윤리	농부의 딸을 좋아하지만, 사람과 사자는 다름을 알고 참으며 살아간다.	자연의 흐름에 따라 살아가는 것이 도가의 윤리이기 때문이다.	사자에게 자연의 흐름에 위배되기 때문에 허락할 수 없다고 말해 주고, 청혼을 거절한다.	자기의 딸과 동물의 결혼은 자연의 흐름에 위배되기 때문이다.
관점 2 유교 윤리	농부의 딸을 좋아하지만, 자기가 어떤 위치에 있는지 파악하고 자기절제를 한다.	원하는 것을 요구하기 전에 자기 자신을 돌아보고 절제하는 것이 유교의 윤리이기 때문이다.	사자의 청혼이 어떤 의미를 가지는지를 설명해 주고, 청혼을 거절한다.	도리를 아는 사람으로서, 도리를 깨우쳐 주는 것이 군자의 할일이기 때문이다.
관점 3 불교 윤리	농부의 딸을 좋아하지만, 농부가 자기를 좋아하지 않음을 알고 물러난다.	억지로 가지려 하지 않는 것이 무욕과 무소유의 정신을 실천하는 것이기 때문이다.	사자의 진심을 알아보고, 청혼을 허락한다.	사자의 진실한 마음을 배려하는 것이 자비를 베푸는 것이기 때문이다.

관점 4 가치 윤리학	농부에게 쫓겨났지만, 계속해서 농부를 찾아가 청혼을 한다.	사자는 사랑이라는 가치를 추구하기 때문이다.		
관점 5 기독교 윤리	농부의 딸을 좋아하지만, 농부와 딸을 배려하여 물러난다.	내가 원하는 것보다 남을 배려하여 실천하는 것이 기독교의 윤리이기 때문이다.	아버지의 입장에서 청혼을 허락할 수 없는 이유를 솔직하게 말해 주고, 직접 자기의 딸과 만나 이야기해 보도록 한다.	상대방을 정직하게 대하고, 기회를 주는 것이 사랑을 실천하는 것이기 때문이다.

이솝 우화 바꿔 쓰기

불교 윤리의 관점

화창한 봄날, 마을에 내려온 사자는 지나가는 한 아가씨를 만났다.

'와, 정말 아름다운 아가씨구나!'

아가씨의 아름다움에 마음을 빼앗긴 사자는 밤마다 마을에서 보았던 아가씨의 꿈을 꿨다. 사자는 자기의 이런 상태가 사랑에 빠졌기 때문이라는 것을 알게 되었다. 그래서 사자는 자신의 마음을 전하기 위해 농부의 집에 찾아가 청혼을 했다.

"아버님, 저는 마을에 내려왔다가 따님을 보게 되었습니다. 보자마자 저의 마음은 떨리기 시작했습니다. 집으로 돌아와서도 그 떨림은 멈추질 않았습니다. 저는 댁의 따님을 사랑하고 있다고 확신합니다. 부디 제 아내가 되게 해주세요."

느닷없이 사자의 청혼을 받게 된 농부는 깜짝 놀랐다. 귀여운 자기 딸을 사자에게 시집보낸다는 것은 생각할 수도 없는 일이었다.

"사자군, 미안하네. 자네에게 내 딸을 보낼 수가 없네. 솔직하게 말해 보면 자네는 사자이지 않은가. 나의 소중한 딸이 다칠까 염려가 되네."

사자는 딸을 소중히 대할 것이라고 설명했지만, 농부는 허락하지 않았다. 결국 사자는 다시 집으로 돌아왔다. 사자는 왜 자신의 마음을 몰라주는지에 대해 고민을 시작했다. 그러던 중 사자는 자기의 감정을 앞세우는 것보다는 사랑하는 이의 가족의 생각과 감정을 배려하는 것이 또 다른 사랑의 실천이라는 것을 깨달았다. 그래서 사자는 더 이상 농부의 집을 찾아가지 않았다.

어느 날, 농부는 일을 하던 중 친구에게서 이야기를 들었다. 사자가 많이 아프다는 소식이었다. 그 이유를 듣자 하니, 마을에서 만난 한 아가씨에게 마음을 빼앗겨 그리 되었다는 것이다. 일을 마치고 집에 돌아와 농부는 생각을 했다.

'아, 그 사자가 진심이었구나. 한순간의 감정인 줄 알았는데 그것을 몰라주었구나.'

다음 날, 농부는 사자를 찾아갔다.

"사자군, 내 자네의 진심을 몰라봤네. 많이 수척해졌군. 어서 먹고 기운을 차리게나. 자네의 청혼을 허락하겠네."

이리하여 사자는 그리고 그리던 아가씨와 만나게 되었다.

	불교 윤리의 관점
바꾼 우화 간략 해설	사자는 아가씨에게 사랑에 빠졌지만 그 사랑을 강요하지 않았다. 자기가 가진 힘으로 아가씨를 얻을 수도 있었지만, 타인을 배려하고 그 배려 속에서 무욕과 무소유의 정신을 실천하려 애쓰는 모습을 보여주었다. 또한, 그것이 사랑의 끝이 아닌 사랑의 다른 모습이라는 것도 깨우치게 된다. 농부는 처음에는 사자의 청혼을 거절한다. 큰 몸집과 포악한 성격에 자기의 소중하고 귀여운 딸이 다칠 것을 염려했기 때문이다. 하지만 시간이 흘러 사자의 말과 행동이 진실이었음을 알게 된다. 그래서 사자를 찾아가 사자의 진실한 마음을 받아들인다. 이것이 불교의 자비를 나타내주고 있다고 생각한다.

천홍주

행위의 잘잘못 따져보기				
1. 행위	사자가 한 행위	사자는 농부의 딸을 얻고자 농부에게 청혼을 했다. 사자는 농부의 꾀에 빠져 자기의 송곳니와 손톱을 모두 뽑았다.	농부가 한 행위	농부는 송곳니와 손톱을 모두 뽑은 사자를 몽둥이를 들고 쫓아냈다.

2. 잘함	사자가 잘한 점	사자는 사랑을 위해서 고통을 감수하고 이빨과 손톱을 모두 뽑았다.	농부가 잘한 점	농부는 꾀를 내어 사자가 자기의 딸과 결혼하는 것을 막았다.
3. 잘못함	사자가 잘못한 점	사자는 농부의 잔꾀와 거짓말에 속았다.	농부가 잘못한 점	농부는 거짓말로 사자를 속였다.
4. 물음	사자에게 바람직한 다른 행위는?	사자에게 그 행위가 바람직한 이유는?	농부에게 바람직한 다른 행위는?	농부에게 그 행위가 바람직한 이유는?
5. 답변				
관점 1 도가 윤리	사자는 아가씨를 포기하고 다른 암사자와 결혼해야 한다.	사자는 자연의 일부분으로서 자연의 섭리에 순응하고 자연과 조화를 이루어야 한다. 사자가 인간과 결혼하는 것은 자연의 흐름이 아니라 사자의 욕심이기 때문에 사사는 아가씨를 포기해야 한다.	농부는 거짓말로 사자를 속이지 않고, 청혼에 관한 문제를 딸의 결정에 맡긴다.	농부는 인위적인 노력을 하기보다 딸의 결정에 따라야 한다. 또한 자연 속에 존재하는 생명을 존중해야 하기 때문에 거짓말로 사자에게 해익을 가해시는 안 된다.
관점 2 유교 윤리	사자는 아가씨를 포기해야 한다.	사자가 농부의 딸과 결혼하는 것은 농부의 딸이 아버지에게 불효하는 것과 동일하기 때문이다.	농부는 사자에게 거짓말을 하지 않고 솔직히 이야기한다.	거짓말로 타자를 속이는 것은 군자의 행위가 아니기 때문이다.
관점 3 기독교 윤리	사자는 아가씨를 포기한다.	자신의 욕심만을 생각한 사자의 마음은 진정한 사랑이 아니라 욕심이기 때문에 아가씨를 포기해야 한다.	농부는 사자에게 거짓말을 하지 않고 솔직하게 이야기 한다.	거짓말을 하지 않는 것은 십계명 중 하나이며, 거짓말로 사자에게 해를 가하는 것은 생명을 경시하는 행위이기 때문이다.

불교 윤리의 관점

이솝 우화 바꿔 쓰기

어느 날, 마을에 내려왔던 사자가 지나가는 한 아가씨를 만났다.

'야, 정말 아름다운 아가씨구나!'

아가씨의 아름다움에 마음을 빼앗긴 사자는 사랑에 빠지게 되었다. 그러던 어느 날, 사자는 농부의 집에 찾아가 청혼을 했다.

"저는 댁의 따님을 사랑하고 있습니다. 부디 제 아내가 되게 해주세요."

느닷없이 사자의 청혼을 받게 된 농부는 깜짝 놀랐다. 귀여운 자기 딸을 사자에게 시집보낸다는 것은 생각할 수도 없는 일이었다. 그렇다고 섣불리 청혼을 거절할 수도 없어, 속으로는 떨면서도 겉으로는 태연하게 말했다.

"오, 그런 문제는 그리 급하게 결정할 수 없지 않는가. 내 자네의 뜻을 알았으니 생각을 좀 해 보겠네. 그러니 여유를 좀 주게나."

농부의 말에 사자는 말없이 돌아갔다. 그러나 사자는 다음 날도, 또 그 다음 날도 농부의 집에 나타나서 거듭 재촉했다.

"생각해 보셨습니까? 언제쯤이 되어야 따님을 제 아내가 되게 해 주시겠습니까?"

그럴 때마다 농부는 좀 더 생각해 봐야겠다면서, 사자를 달래서 돌려보내느라고 진땀을 뺐다. 큰 근심에 밤잠을 못 이루던 농부는 어느 날 문득 좋은 생각을 해냈고 사자가 오기를 기다렸다. 이윽고 사자가 나타났다.

"생각해 보셨는지요?"

사자의 이 물음에 농부는 기회를 놓치지 않고 말했다.

"그동안 내가 깊이 생각해 보았는데, 자네처럼 성실하고 용맹한 사자라면 내 사윗감으로 나무랄 데가 없네. 다만 한 가지 걱정거리만 해결된다면 말일세."

그 말에 기분이 좋아진 사자는 침을 삼키며 말했다.

"한 가지 걱정이라니, 그것이 무엇인지요?"

농부는 말을 꺼내기가 괴로운 듯이 머뭇거렸다.

"말씀을 해 주십시오. 걱정거리라면 제가 해결해야지 누가 하겠습니까?"

안달이 난 사자가 간절히 부탁했다.

"내 딸아이가 자네의 그 송곳니와 발톱을 너무나 무서워한다네. 그러니 송곳니와 발톱을 모두 빼버릴 수는 없는지……."

"그, 그야…… 어렵지 않습니다."

농부의 딸에게 마음을 몽땅 빼앗긴 사자는 아픔을 참고 농부의 말대로 송곳니와 발톱을 모두 뽑아 버렸다. 다음 날 사자는 농부의 집을 찾아갔는데, 이게 웬일인가? 농부가 몽둥이를 들고 사자를 쫓아버리는 게 아닌가.

"이 고얀 녀석아, 썩 물러가지 못하겠느냐?"

사자는 하는 수 없이 숲 속으로 도망치고 말았다. 송곳니와 발톱이 없는 사자를 무서워할 동물은 아무도 없었다. 숲 속에서 가장 작고 약한 다람쥐마저 사자를 무시하고 놀려댔다. 사자는 결국 사냥도 못하고 떠돌다 굶어죽고 말았다.

시간이 흐른 뒤, 농부는 땔감을 구하러 숲 속으로 갔다. 그곳에서 농부는 슬피 울고 있는 사자를 보았다. 그 사자는 얼마 전 농부 때문에 죽게 된 사자의 어미였다.

"너를 죽게 만든 농부를 생각하면 당장 달려가 복수하고 싶지만, 난 단지 복수심 때문에 사람을 해칠 수가 없구나."

멀리서 어미 사자의 말을 들은 농부는 사자를 죽음으로 몰고 간 자신의 행동을 후회했다.

'내 자식만을 생각한 내 행동이 어리석었구나. 짐승도 생명을 소중히 여기는데 나는 나의 이기심 때문에 사자를 죽게 만들다니…….'

농부는 진심으로 후회하여 사자를 위해 비석을 세웠다. 농부는 비석 앞에서 사자의 명복을 기원했다.

비꾼 우화 간략 해설	불교 윤리의 관점
	농부는 잠시 자신의 욕심에 눈이 멀어 사자를 죽음에 이르게 했지만 결국에는 자신의 잘못을 반성하고 사람의 생명뿐 아니라 동물의 생명까지도 소중히 여기는 마음을 갖게 된다. 불교는 "이것이 있음으로 저것이 있고, 저것이 있음으로 이것이 있다. 이것이 없으면 저것도 없고, 저것이 없으면 이것도 없다."는 연기설을 바탕으로 모든 생명은 유기체처럼 서로 뗄 수 없는 관계를 지니고 있다고 본다.

홍철민

행위의 잘잘못 따져보기				
1. 행위	사자가 한 행위	아가씨의 아버지에게 찾아가 청혼을 했다.	농부가 한 행위	꾀를 내어 사자의 청혼을 물리쳤다.
2. 잘함	사자가 잘한 점	용기를 내어 자기의 사랑을 표현했다.	농부가 잘한 점	꾀를 내어 어려운 상황을 슬기롭게 헤쳐나갔다.
3. 잘못함	사자가 잘못한 점	자신의 분수를 지각하지 못하고 행동했다.	농부가 잘못한 점	속마음과 다른 언행을 보였다.
4. 물음	사자에게 바람직한 다른 행위는?	사자에게 그 행위가 바람직한 이유는?	농부에게 바람직한 다른 행위는?	농부에게 그 행위가 바람직한 이유는?
5. 답변				
관점 1 도가 윤리	사자는 인간이 아닌 다른 사자를 사랑의 대상으로 만난다.	인간과의 사랑은 자연의 순리를 어기는 것이기 때문이다.	농부는 사자를 잘 타이르면서 다른 사자를 사랑의 대상으로 삼도록 설득한다.	인간과의 사랑은 자연의 순리를 어기는 것이기 때문이다.
관점 2 유교 윤리	사자는 쑥과 마늘을 먹어 인간으로 변신한 다음 정상적인 인간 생활을 영위한다.	인간으로 변신할 경우 농부의 딸과 대등한 인간관계를 가질 수 있기 때문이다.	농부는 인간으로 변한 사자의 출세를 돕는다.	한 가정을 이룬 사람이 사회생활을 성공적으로 하도록 돕는 것은 유교적 삶의 방식에 합치하기 때문이다.
관점 3 불교 윤리	사자는 농부의 딸의 입장을 생각해 보고 사랑을 단념한다.	이것이 농부의 딸을 배려하는 것이기 때문이다.		

	도가 윤리의 관점
이솝 우화 비꿔 쓰기	어느 날, 마을에 내려왔던 사자가 지나가는 농부의 딸을 만났다. '야, 정말 아름다운 아가씨구나!' 그녀의 아름다움에 마음을 빼앗긴 사자는 사랑에 빠지게 되었다. 그러나 그 순간 사자는 자신의 모습을 되돌아보았다. '농부의 딸이 나 같은 사자를 좋아할 리가 없어. 그렇지만 저렇게 아름다운 농부의 딸과 만나서 이야기라도 한번 해 보고 싶구나.' 사자는 이런 작은 소망을 가지고 산신령에게 찾아갔다. "산신령님, 안 되는 건 알지만 하루만 멋진 남자가 되게 해 주세요." 산신령은 사자의 이야기를 듣고 딱히 여겨 사자의 소원을 들어주었다. 남자로 변신한 사자는 마을로 내려가 농부의 딸과 만나서 이런저런 이야기를 나누게 되었다. 사자는 이야기를 나누면서, 농부의 딸도 자기에게 호감을 갖고 있다는 것을 느꼈다. 길지 않은 시간이었지만 너무 행복했다. 그러던 중, 농부의 딸이 사자에게 질문을 하나 했다. "그런데 실례지만 직업이 어떻게 되세요?" 사자는 이 질문을 받고 당황했다. 순간 생각해 보니, 자기는 지금까지 사냥을 해서 먹고 살고 있었다. 사자는 얼떨결에 '사냥꾼'이라고 대답했다. 그런데 그 대답을 들은 농부의 딸은 그 이후로 말수도 적어지고, 사자에 대한 관심도 점점 사라졌다. 사자는 그런 농부의 딸의 모습을 보고 너무 슬퍼졌다. 그러고는 혼자 생각에 빠졌다. '내가 인간의 모습을 해도 농부의 딸의 마음을 얻기가 정말 어렵구나. 하물며 내가 사자라는 것을 알면 나를 좋아할 리가 있겠나.' 이런 생각으로 혼자 괴로워하던 사자는 알고 지내는 친구 사자에게 찾아가서 자기의 고민을 털어놓았다. 고민을 들은 친구 사자는 사자에게 이렇게 말했다. "인간들은 학벌과 직업과 같은 인위적인 기준을 가지고 사람을 판단하는 경향이 있어. 잘못된 인식을 갖고 사는 동안 어느새 본질을 잃어버리곤 하지. 참 안타까운 현실이야. 친구야, 게다가 우리는 사자야. 옛말에 "뱁새가 황새 쫓아가려다가 다리 찢어진다."라는 말이 있듯이, 우리 같은 사자가 인간을 좋아하는 것은 순리에 어긋나는 일이고 이루어질 수도 없어. 내가 다른 좋은 암사자를 소개해 줄게. 한번 만나보지 않을래?" 사자는 친구 사자가 소개해 준 암사자를 만났다. 같은 사자끼리 만나니 훨씬 편하고 좋았다. 더욱이 그 암사자는 농부의 딸처럼 직업이나 가정환경 등에 대해서도 묻지 않았다. 두 사자는 서로 사랑하게 되었고, 행복하게 살았다.

비꾼 우화 간략 해설	도가 윤리의 관점
	노자는 사회 혼란의 원인을 인간의 잘못된 인식과 가치관, 그리고 인위적으로 만들어진 사회제도에서 찾으려 했다. 그는 사회가 혼란하지 않으려면 인간이 인위적인 가치관과 사회제도에서 벗어나야만 한다고 생각했다. 우리 사회에서 사람들은 가정환경이나 학벌, 직업을 가지고 다른 사람들을 판단하려는 경향이 있다. 사람들은 대접받기 위해, 사회에서 인정받기 위해서 남들보다 좋은 대학을 가려고 기를 쓰고 공부하며, 남들보다 더 벌려고 기를 쓰고 경쟁한다. 그러다 자신의 목표를 이루지 못하면 실패감에서 좀처럼 헤어나오지 못하고, 패배의식과 피해의식에 사로잡히게 된다. 이야기 속의 사자는 이러한 인위적인 관점이나 제도에서 벗어나서 사자로서의 삶의 본질과 자연의 순리를 따르는 삶을 살아가고 있다.

이아람

행위의 잘잘못 따져보기				
1. 행위	사자가 한 행위	사자는 한 여자에게 반하여 여자의 아버지에게 결혼 승낙을 받고자 했지만 아버지인 농부의 꾀에 속아 쫓겨났다.	농부가 한 행위	농부는 자신의 딸에게 반한 사자를 꾀로 속여 쫓아냈다.
2. 잘함	사자가 잘한 점	사자는 자기의 마음을 솔직히 고백하고 농부에게 정중하게 부탁했다.	농부가 잘한 점	농부는 꾀를 사용하여 자기의 딸을 사자에게 시집보내지 않았다.
3. 잘못함	사자가 잘못한 점	사자는 농부에게 허락을 받기 전 자신이 반한 농부의 딸에게 직접 자신의 마음을 이야기하지 않았다.	농부가 잘못한 점	농부는 자기의 딸의 의사를 묻지 않고 사자를 쫓아 보냈고, 사자를 쫓은 방법이 정당하지 못했다.

4. 물음	사자에게 바람직한 다른 행위는?	사자에게 그 행위가 바람직한 이유는?	농부에게 바람직한 다른 행위는?	농부에게 그 행위가 바람직한 이유는?
5. 답변				
관점 1 도가 윤리	사자는 자기가 사자이고 농부의 딸은 인간임에 개의치 않고 직접 자기의 마음을 전한다.	사자인 자기와 인간인 농부의 딸을 구분짓는 것은 도의 관점에서 볼 때 무의미한 것이기 때문이다.	농부는 사자와 자신의 딸이 직접 만나도록 한다.	인간과 사자의 경계를 임의적으로 결정짓는 것은 도의 원리에 어긋나기 때문이다.
관점 2 유교 윤리	사자는 농부의 딸에 대한 연모의 정을 버린다.	사자가 인간을 사랑하는 것은 사회적 · 도덕적으로 인정되지 않기 때문이다.	농부는 사자의 요청을 수용할 수 없을 때 사자를 속이지 않고 예를 다하여 거절한다.	타자를 예를 다하여 대우하는 것은 유교 윤리에 합치하기 때문이다.
관점 3 불교 윤리	사자는 농부의 딸에 대한 이루어질 수 없는 연모의 정을 버려야 한다.	농부의 딸에 대한 이루어질 수 없는 사랑이 마음을 혼란하게 할 수 있기 때문에 이 마음을 버리는 자기 수양에 정진해야 한다.	농부는 자기의 딸이 사자에 대하여 어떻게 생각하는지를 딸에게 직접 묻는다.	농부는 다 성장한 자기의 딸에 대한 지나친 소유욕을 버려야 하기 때문이다.
관점 4 가치 윤리학	사자가 사랑의 가치를 가장 우위에 두고 있다면 농부의 딸에 대한 사랑을 적극적으로 표현하여 사랑을 성취하고자 노력해야 한다.	자신이 지향하는 가치를 위한 노력은 마땅히 해야 할 일이기 때문이다.	농부가 가족애의 가치를 가장 우위에 두고 있다면 자신의 딸의 의사를 묻고 딸이 자기의 의사에 따라 스스로 행위하도록 허락한다.	모든 인간은 자기가 지향하는 가치를 실현해야 하기 때문이다.
관점 5 기독교 윤리	사자는 농부의 딸에 대한 사랑을 접는다.	기독교에서는 인간과 짐승 사이의 사랑을 금하고 있기 때문이다.	농부는 자신의 딸에 대한 사자의 접근을 막는다.	기독교에서는 인간과 짐승 사이의 사랑을 금하고 있기 때문이다.

가치 윤리학의 관점

인간의 마을을 어슬렁거리던 사자는 우연히 한 농부의 딸을 보았다.

'와…… 꿈속에서 그리던 이상형! 딱 그대로구나!'

사자는 농부의 딸의 모든 것이 좋았다. 얼굴, 걸음걸이, 몸동작 하나까지 사자는 모든 것이 너무 좋았다. 농부의 딸에게 마음을 빼앗긴 사자는 마침내 사랑에 빠지게 되었다. 자신이 사자이고 농부의 딸은 인간인 것이 못내 마음에 걸렸지만 농부의 딸에 대한 마음을 꺾을 수는 없었다. 사자는 용기를 내어 그녀의 집으로 향했다.

집에 도착한 사자는 초인종을 눌렀다. 그녀의 아버지인 농부가 나왔다. 농부에게 사자는 정중한 목소리로 말했다.

"저는 댁의 따님을 사랑하고 있습니다. 부디 한 번 만날 수 있도록 허락해 주십시오."

느닷없이 사자의 말을 들은 농부는 깜짝 놀랐다. 금이야 옥이야 하는 자기의 딸을 무섭기로 소문난 사자와 만나게 하고 싶지 않았다. 하지만 그렇다고 정중히 부탁하는 사자의 청을 섣불리 거절할 수도 없었다.

이솝 우화 바꿔 쓰기

"오, 그런 문제는 그리 급하게 결정할 수 없지 않는가. 내 자네의 뜻을 알았으니 생각을 좀 해 보겠네. 그러니 여유를 좀 주게나."

농부의 말에 사자는 말없이 돌아갔다. 사자는 다음 날도, 또 그 다음 날도 농부의 집에 찾아왔다.

"생각해 보셨습니까? 언제쯤이 되어야 따님을 만나보게 해 주시겠습니까?"

그럴 때마다 농부는 좀 더 생각해 봐야겠다면서, 사자를 달래서 돌려보냈다. 농부의 딸은 이 상황을 보고 있었다. 매일같이 찾아오는 사자의 모습에 진심이 느껴져 그녀도 사자에게 호감이 갔다. 하지만 평소 자기를 끔찍이 사랑해 주시는 아버지가 사자를 탐탁지 않게 생각하시는 것 같아 잠자코 있었다.

어떻게 하면 좋을지 고민하던 농부는 어느 날 문득 좋은 생각을 해냈고 사자가 오기를 기다렸다. 다음 날 사자가 나타났다.

"생각해 보셨는지요?"

사자의 물음에 농부는 기회를 놓치지 않고 말했다.

"그동안 내가 깊이 생각해 보았네, 자네의 정성에 나도 우리 딸과의 만남을 허락할 생각이 있네. 다만…… 한 가지 걱정거리가 있는데……."

이제까지와 다른 호의적인 농부의 말에 사자는 뛰는 가슴을 진정시키며 물었다.
"한 가지 걱정이라니, 그것이 무엇인지요?"
농부는 말을 꺼내기가 괴로운 듯이 머뭇거렸다.
"말씀을 해 주십시오. 걱정거리라면 제가 해결해야지 누가 하겠습니까?"
안달이 난 사자가 간절히 부탁했다.
"내 딸아이가 자네의 그 송곳니와 발톱을 너무나 무서워한다네. 그러니 내 딸을 위해 송곳니와 발톱을 모두 빼버릴 수는 없는지……."
평소에 자신의 용맹스러운 송곳니와 발톱을 자랑스러워하던 사자였지만 자기가 사랑하는 농부의 딸을 얻을 수 있다면 그따위 것쯤 없어도 대수가 아니라고 생각했다.
"그런 것이라면 걱정하지 마십시오. 잠시만 기다려 주십시오."
사자는 그 길로 집으로 돌아가 농부의 말대로 송곳니와 발톱을 모두 뽑아 버리고 농부의 집으로 향했다. 농부의 집에 도착하자 농부가 몽둥이를 들고 사자를 기다리고 있었다.
"이 고얀 녀석아, 어찌 금쪽 같은 내 자식을 너와 만나게 하겠느냐! 썩 물러가라!"
어안이 벙벙해진 사자는 멍하니 서 있었다. 그때 사자의 그녀, 농부의 딸이 문을 열고 나왔다. 그녀는 몽둥이를 잡아든 아버지의 손을 감싸며 말했다.
"아버지, 전 이제까지 제게 이토록 진실되게 온 마음을 다하는 사람을 본 적이 없어요. 사자님이 비록 인간이 아니지만 저에 대한 사랑만큼은 어떤 사람보다도 더 진실된 것 같아요. 전 사자님을 만나 보고 싶어요."
갑작스러운 딸의 등장과 말에 농부는 잠시 할말을 잃었다. 하지만 곧 딸의 말에도 일리가 있음을 깨닫고 딸의 행복을 빌며 둘의 만남을 허락했다.

	가치 윤리학의 관점
비꾼 우화 간략 해설	바꾼 우화에서 사자는 사랑의 가치를 지향한다. 때문에 자신이 짐승인 것과 관계없이 농부의 딸에 대한 사랑을 적극적으로 표현하고 성취하려 노력한다. 반면에 농부는 가족애를 자신의 가치로 상정하고

있다. 그는 무서운 사자와 자기의 딸의 만남이 딸에게 해로울 것이라고 생각한다. 그래서 그는 사자를 상대로 어쩌면 위험할 수도 있는 꾀를 써서 사자를 멀리 쫓으려 한다. 이때 등장하는 농부의 딸이자 사자의 그녀는 사자와 마찬가지로 사랑의 가치를 지향하는 인물이다. 그녀는 사자가 보여 준 정성과 진심에 감동하여 사자에게 마음을 열게 된다. 결국 가족애를 지향하는 농부는 딸의 행복을 위해서 딸이 원하는 선택을 한다.

양아름

행위의 잘잘못 따져보기				
1. 행위	사자가 한 행위	사자는 자신과 다른 종족인 인간의 딸을 사랑하고 결혼하게 해달라고 농부를 협박했으나 농부의 꾀에 넘어가 자기의 바람을 채우지 못하고 도망갔다.	농부가 한 행위	농부는 자신의 딸을 달라고 하는 사자의 말을 듣고 꾀를 내어 사자에게 송곳니와 발톱을 뽑으라고 했으며, 사자가 자신을 죽일 수 없게 되자 사자를 쫓아 보냈다.
2. 잘함	사자가 잘한 점	사자는 자신의 욕심을 이루기 위해 농부를 죽이고 딸을 빼앗아 간 것이 아니라, 농부의 허락을 받으려고 노력했다.	농부가 잘한 점	농부는 자기의 딸을 부인으로 달라고 하는 사자의 요구에 지혜를 발휘하여 이 요구를 거절하고 사자를 쫓아냈다.
3. 잘못함	사자가 잘못한 점	사자는 자기가 농부에게 위협이 되는 것을 알면서도 농부의 딸과 결혼하고 싶은 욕심만 채우려고 했다.	농부가 잘못한 점	사자의 진실한 마음을 저버리는 속임수를 사용하여 위기를 모면했다.

4. 물음	사자에게 바람직한 다른 행위는?	사자에게 그 행위가 바람직한 이유는?	농부에게 바람직한 다른 행위는?	농부에게 그 행위가 바람직한 이유는?
5. 답변				
관점 1 도가 윤리	사자는 자신이 사자로서 사는 것과 인간으로서 사는 것이 다르다는 것을 깨닫고 본래 자기의 자연스러운 삶으로 돌아가야 한다.	자연의 질서를 그르치고 헛된 욕심을 부려 자신에게 맞지 않는 삶을 살아가는 것은, 사자의 타고난 본성을 억누르는 인위적인 삶의 방식이기 때문이다.	농부는 사자가 인간의 딸과 결혼하여 인간으로서 살아가는 것이 자연에 합치하지 않는 삶의 방식임을 깨닫게 해준다.	자연의 질서를 그르치고 헛된 욕심을 부려 자신에게 맞지 않는 삶을 살아가는 것은, 사자의 타고난 본성을 억누르는 인위적인 삶의 방식이기 때문이다.
관점 2 유교 윤리	사자는 아무리 농부의 딸을 사랑하여 결혼을 하고 싶어도 자기를 절제하며 참고 숲 속으로 돌아간다.	사자가 인간과 결혼하는 것은 자기의 본분을 훼손하는 행위이며, 정당하지 못한 방법으로 자신의 욕심만 채우는 것은 인간으로서 떳떳한 행위가 아니기 때문이다.	농부는 발톱과 송곳니 때문에 사자가 두렵더라도, 사자에게 떳떳한 도리란 무엇인지 깨닫게 해주어야 한다.	삶 속에서 위기나 위험을 마주한다 할지라도 남을 속이는 행위는 하지 않아야 하기 때문이다.
관점 3 불교 윤리	사자는 농부의 딸과 결혼하고 싶은 욕심을 버리고 숲으로 들어가 수행을 하여 마음의 평안을 찾는다.	사자가 농부의 딸과 결혼하고 싶어 하는 것은 집착과 욕심에서 비롯된 허상으로서 이러한 이기심을 버려야지만 무아의 경지에 도달할 수 있기 때문이다.	농부는 사자를 속여서 쫓아낼 것이 아니라, 사자 스스로 욕심에서 벗어나 깨달음을 얻도록 도와준다.	사자와 농부는 서로 인연이 닿은 똑같은 생명이기 때문에 서로 속이는 것이 아니라 함께 깨달음에 이를 수 있도록 노력해야 한다.

관점 4 가치 윤리학	사자는 농부의 딸과 결혼하고 싶은 마음에 매일 농부의 집을 찾아감으로써 농부와 친밀한 신뢰의 관계를 맺게 되고, 딸을 줄 수 없다는 농부의 마음을 이해하게 되어 딸과의 결혼을 단념한다.	사자는 농부와 친분을 쌓으면서 형성한 '신의'라는 가치를 존중하기 때문이다.	농부는 매일 얼굴을 보면서 친해진 사자에게 솔직하게 자기의 마음을 이야기하고 사자가 좋은 암사자를 만나도록 도와준다.	농부는 사자와의 친분을 쌓으면서 형성한 '신의'라는 가치와 타자에 대한 '정직'이라는 가치를 지향하기 때문이다.

이솝 우화 비꿔 쓰기

도가 윤리의 관점

사자는 모든 동물의 왕이다. 모든 동물은 사자를 무서워하면서도 잘 따랐고, 사자는 원하는 모든 것을 이룰 수 있었다. 그러던 어느 날, 사자가 마을에 내려왔다가 지나가는 한 농부의 딸을 만났다.

'야, 정말 아름다운 농부의 딸이구나!'

단번에 농부의 딸의 아름다움에 마음을 빼앗긴 사자는 사랑에 빠지게 되었다. 며칠을 끙끙 상사병을 앓던 사자는 마침내 농부의 집에 찾아가 청혼을 했다.

"저는 댁의 따님을 사랑하고 있습니다. 부디 제 아내가 되게 해주세요."

느닷없이 사자의 청혼을 받게 된 농부는 깜짝 놀랐다. 귀여운 자기 딸을 사자에게 시집보낸다는 것은 생각할 수도 없는 일이었다. 그렇다고 섣불리 청혼을 거절할 수도 없어, 농부는 속으로는 떨면서도 겉으로는 태연하게 말했다.

"오, 그런 문제는 그리 급하게 결정할 수 없지 않는가. 내 자네의 뜻을 알았으니 생각을 좀 해 보겠네. 그러니 여유를 좀 주게나."

농부의 말에 사자는 말없이 돌아갔다. 사자는 지금까지 그래왔던 것처럼 이번에도 자신이 원하는 것을 모두 이룰 수 있을 것이라고 생각했다. 그러나 다음 날도, 또 그 다음 날도 농부는 아직 준비가 안 됐다며 대답을 미루기만 했다. 사자는 점점 더 애가 탔다.

그날도 사자는 농부의 집에 갔다.

"생각해 보셨습니까? 언제쯤이 되어야 따님을 제 아내가 되게 해 주시겠습니까?"

사자의 이 물음에 농부는 다른 때와 달리 웃으며 말했다.

"그동안 내가 깊이 생각해 보았는데, 자네처럼 성실하고 용맹한 사자라면 내 사윗감으로 나무랄 데가 없네. 다만 한 가지 걱정거리만 해결된다면 말일세."

그 말에 기분이 좋아진 사자는 침을 삼키며 말했다.

"한 가지 걱정이라니, 그것이 무엇인지요?"

농부는 말을 꺼내기가 괴로운 듯이 머뭇거렸다.

"말씀을 해 주십시오. 걱정거리라면 제가 해결해야지 누가 하겠습니까?"

안달이 난 사자가 간절히 부탁했다.

자네가 사람들이 함께 모여 사는 마을에 살면 모든 사람들이 자네를 두려워하고, 이상하게 생각할 거네. 그러니 자네가 앞으로 여기서 살아가려면 사람처럼 행동해야 되지 않겠나……?"

"그, 그야…… 어렵지 않습니다."

"그럼 내가 오늘부터 사람이 해야 할 아주 기본적인 것들을 가르쳐 주도록 하겠네."

농부의 딸에게 마음을 몽땅 빼앗긴 사자는 매일 매일 사람이 되기 위한 것들을 배우러 농부의 집에 갔다.

"사람이란 자고로, 글을 읽고 쓸 줄 알아야 하네. 이 책들을 모두 가져가서 익히도록 하게."

농부는 두꺼운 책을 건네주었다. 그 후로 3개월 동안 사자는 책을 공부했지만 도무지 뜻을 알 수 없었다. 겨우겨우 책을 읽을 수 있게 되자 농부는 또 말했다.

"사람이란 자고로, 예의범절이 있어야지. 제사를 지내는 법, 어른들께 인사를 올리는 법 등 가장 기본적인 예절을 가르쳐 주겠네."

사자는 절을 하면서 다리가 아파 죽을 것 같았다. 마고자, 두루마기 등 이름도 알지 못하는 옷을 겹겹이 입는 것도 너무나 불편했다. 다시 3개월이 지나고, 사자가 예절을 어느 정도 익히고 나자 농부는 또 말했다.

"사람이란 자고로……."

"아니 그렇게 하고도 또 배울 것이 남았단 말입니까?"

"아직 시작일 뿐일세. 자네가 숲에서처럼 하고 싶은 것을 다 하고 자유롭게 살 수는 없는 노릇이지 않는가?"

"사람이란 뭐 이리 해야 할 것도 많고, 신경 써야 할 것도 많습니까? 도대체 마음대로 할 수 있는 일이 뭐가 있습니까? 나는 그 '사람'이 되는 것을 도저히 못 하겠습니다."

사자는 농부가 또 무슨 말을 할까 봐 재빨리 숲 속으로 도망치고 말았다. 그리고 숲 속에서 자신이 원하는 대로 자유롭고 자연스럽게 사는 삶이 너무나 행복하다는 것을 깨닫게 되었다.

바꾼 우화 간략 해설

도가 윤리의 관점

도가 윤리는 인위적인 관념이나 제도의 고착화를 반성하는 실천적 동기에서 출발했다. 도가 윤리의 관점에서 '무위'는 자연법칙에 따라 행위하고 인위적인 작위를 하지 않는 것이다. 유가는 목적 추구의 의식적 행위인 유위를 제창하였으나, 도가는 이를 인간의 후천적인 위선과 미망이라 하여 이를 부정하는 무위를 제창하였다.

우화에서 사자는 자기의 자연법칙을 어기고 인간과 결혼을 하고자 하였다. 그러나 사자는 농부의 말을 통해 인간으로서 살아가는 인위적인 삶이 얼마나 힘들고 고달픈 것인지 깨닫게 된다. 인간들이 만들어낸 관념이나 제도가 사자의 자유로운 삶을 제약하고, 이는 '무위자연'에 반하는 행위이기 때문이다.

제4교시 나의 물건을 남에게 주기에 너무 아까울 때는 어떻게 할까?

이솝 우화

구두쇠와 금덩이

돈을 쓸 줄은 모르고 모을 줄만 아는 구두쇠 영감이 있었다. 구두쇠 영감은 자기가 평생 모은 돈을 모두 금화로 바꾸어서 아무도 모르게 땅속에 묻어 두었다. 그러고는 하루에 한 번씩 그곳을 파서 돈을 확인한 뒤 다시 묻어 두곤 했다.

어느 날, 마을에 사는 젊은이가 그 구두쇠 영감의 행동을 수상하게 여겨 뒤를 따라가서 그 영감이 금화 자루를 캐냈다가 다시 묻어 두는 것을 보게 되었다. 이후 그 젊은이는 구두쇠 영감의 돈을 몽땅 꺼내고 그 속에 돌멩이를 가득 넣어 두었다. 다음 날, 돈이 없어진 것을 알게 된 구두쇠는 기절할 듯 놀랐다.

"어떤 녀석이야? 내가 평생 모은 돈을 하룻밤 사이에 가로채 훔쳐 가다니, 천벌을 받을 것이다!"

아무리 소리쳐도 돈을 찾을 길이 없자, 구두쇠 영감은 절망하여 슬피 울었다. 그때, 그곳을 지나가던 사람이 구두쇠 영감에게 우는 이유를 물었다.

"내 말 좀 들어 보시오. 이렇게 분한 일이 세상에 또 어디 있겠소?"

구두쇠 영감은 자기가 평생 모은 돈을 묻어 두었는데, 누군가가 그것을 꺼내고 돌멩이만 넣어 두었다는 사실을 이야기하고 마지막에 이렇게 덧붙였다.

"나는 그 돈을 모으기 위해 단 한 푼도 쓰지 않았다오."

그러자 그 사람은 껄껄 웃으며 다음과 같이 말했다.

"노인장, 그렇다면 그다지 슬퍼할 일도 아니군요."

그러자 구두쇠 영감은 화를 내며 소리쳤다.

"왜 슬프지 않단 말이오? 내가 평생 모은 돈이 없어졌는데……."

"노인장께서는 어차피 그 돈을 어디엔가 쓰실 것이 아니고, 들여다보기만 할 것이 아니었습니까? 그렇다면 거기 묻혀 있는 것이 금화든 돌멩이든 무슨 상관이 있겠습니까?"

다 함께

행위의 잘잘못 따져보기				
1. 행위	구두쇠가 한 행위	금화 뭉치를 땅에 묻어 두고 이를 가끔 꺼내 보다가 이를 엿본 젊은이에게 도둑맞았다.	젊은이가 한 행위	구두쇠가 사랑하는 금화 뭉치 자루에서 금화를 도둑질하고 대신 돌멩이를 담아 두었다.
2. 잘함	구두쇠가 잘한 점		젊은이가 잘한 점	
3. 잘못함	구두쇠가 잘못한 점	금화를 삶 속에서 적절히 이용하지 않고 땅에 묻어 두고 가끔 꺼내보기만 했다.	젊은이가 잘못한 점	남의 금화를 도둑질했다.

4. 물음	구두쇠에게 바람직한 다른 행위는?	구두쇠에게 그 행위가 바람직한 이유는?	젊은이에게 바람직한 다른 행위는?	젊은이에게 그 행위가 바람직한 이유는?
5. 답변				
관점 1 칸트 윤리학	자기의 금화를 이용하여 타자를 위한 사랑의 실천으로서 어려운 이들에게 자선사업을 한다.	자기도 어려워지면 누군가의 도움과 자선을 필요로 할 수 있기 때문이다.	금화를 꺼내갈 때 자루 속에 그 금화를 자선사업에 쓰겠다는 편지를 넣어두고 실제로 그렇게 한다.	구두쇠 대신 젊은이가 자선사업을 하는 것이 되기 때문이다.
관점 2 공리주의	금화를 은행에 맡겨서 그 금화를 타인들에게 빌려주게 하고, 자기는 이자를 받는다.	은행에서 금화를 빌려 쓰는 사람에게도 이익이 되고, 이자를 받는 구두쇠에게도 이익이 되기 때문이다.	나중에 금화는 물론 이자까지 갚겠다는 편지를 자루 속에 넣어둔다.	누구도 손해가 되지 않고 모두에게 이익이 되기 때문이다. 그러나 이 경우도 근본적으로 도덕의 관점에서 정당화될 수 없다.
관점 3 불교 윤리	금화에 대한 욕망과 애착을 버리고 금화를 가난한 사람들에게 고루 나누어 준다.	물질에 대한 욕망에서 벗어나 많은 사람들과 즐거움을 나누는 것이 더 큰 즐거움이 되기 때문이다.	금화를 땅속에 보관하지 말고 이웃들과 사회를 위하여 사용하라는 충고의 편지를 자루 속에 넣어둔다.	구두쇠에게 도난당하는 고통을 주지 않고, 금화의 사용 목적을 생각하게 할 수 있기 때문이다.
관점 4 가치 윤리학	사람들에게 금화를 나누어 주고 구두쇠라는 이름보다 자선사업가라는 이름을 얻는다.	재산보다 명예가 더 가치 있는 일이기 때문이다.	구두쇠를 찾아가, 얼마나 많은 재물을 소유하는가보다 어떻게 재물을 쓰는가가 더 가치 있는 일이 된다고 설득한다.	남의 금화 자루에 손대지 않으므로 자신의 명예도 지키고, 구두쇠가 명예를 얻는 방법을 알려 주는 것이 되기 때문이다.
관점 5 유교 윤리와 기독교 윤리	관청이나 사회단체에 돈을 맡기고 빈민구제에 쓸 것을 요구한다.	곤궁에 처해 있는 이웃을 위한 행위이기 때문이다.		

이솝 우화 바꿔 쓰기	불교 윤리의 관점
	돈을 쓸 줄은 모르고 모을 줄만 아는 구두쇠 영감이 있었다. 구두쇠 영감은 자기가 평생 모은 돈을 모두 금화로 바꾸어서 아무도 모르게 땅속에 묻어 두었다. 그러고는 하루에 한 번씩 그곳을 파서 돈을 확인한 뒤 다시 묻어 두곤 했다. 어느 날, 마을에 사는 젊은이가 그 구두쇠 영감의 행동을 수상하게 여겨 뒤를 따라가서 영감이 금화 자루를 캐냈다가 다시 묻어 두는 것을 보게 되었다. 다음 날 그 젊은이는 편지를 써서 금화 자루 속에 넣어 두었다. 그리고 구두쇠 영감은 자루 속의 편지를 발견하고 읽게 되었다. "영감님 여기에 금화 자루가 있는 것을 어쩌다가 알게 되었습니다. 이것을 가져가 버리면 영감님께 고통을 주게 되어 차마 그리 못하고 편지를 씁니다. 누구나 고통받는 것을 싫어하지만, 그럼에도 가난으로 고통받는 이들이 많지요. 그들을 위해 이 금화를 쓰면, 대자대비를 베푸는 일이 되고, 그로 인해 얻는 즐거움은 이 금화 자루에 비할 바가 못 되지요." 구두쇠 영감은 금화 자루를 잃어버렸을 때 자기가 겪을 수 있는 고통을 생각하며 젊은이가 자기에게 큰 자비를 베풀었음을 깨달았다. 그날부터 영감은 이 마을 저 마을을 돌면서 저녁밥을 지을 때가 되어도 굴뚝에서 연기가 피어오르지 않는 집들을 눈여겨보았다. 그러고는 새벽 일찍 그런 집의 마루에 금화 한 닢을 던져 놓곤 했다 금화를 얻은 사람들은 놀라며 서로들 말했다. "부처님이 몰래 다녀가셨어. 대자대비하신 부처님이 말이야."

바꾼 우화 간략 해설	불교 윤리의 관점
	타인을 사랑하며 그들과 함께 고통과 즐거움을 함께 나누는 것이 자비의 윤리학에 합치한다. 모든 종교와 윤리는, 타인에 대한 존중의 의무와 사랑의 의무를 실행할 것을 우리에게 요구한다. 예를 들어 기독교 윤리, 불교 윤리, 유교 윤리 등 종교에 기초한 규범 윤리학뿐만 아니라 칸트 윤리학과 자연법 윤리학 등도 명백하게 모든 인간들에게 타인에 대한 존중의 의무와 사랑의 의무를 실행할 것을 요구한다. 하지만 이 도덕적 요구를 실행에 옮기는 일은 매우 어렵다.

김다예

행위의 잘잘못 따져보기				
1. 행위	구두쇠가 한 행위	자기가 평생 모은 돈을 땅에 묻고 매일 돈이 그곳에 있는지 확인했다.	젊은이가 한 행위	구두쇠의 돈을 훔쳤다.
2. 잘함	구두쇠가 잘한 점		젊은이가 잘한 점	구두쇠에게 돈의 가치를 깨닫게 할 수 있는 계기를 마련해 주었다.
3. 잘못함	구두쇠가 잘못한 점	돈의 가치를 알지 못한 채 절약 생활에만 몰두하여 결국 돈을 도둑맞았다.	젊은이가 잘못한 점	다른 사람의 돈을 훔쳤다.
4. 물음	구두쇠에게 바람직한 다른 행위는?	구두쇠에게 그 행위가 바람직한 이유는?	젊은이에게 바람직한 다른 행위는?	젊은이에게 그 행위가 바람직한 이유는?
5. 답변				
관점 1 도가 윤리	구두쇠는 평생 모은 돈을 가난한 사람들을 위해 사회에 기부하고 속세를 떠나서 산다.	세속적인 돈에 얽매이지 않는 삶이 도가 윤리가 지향하는 삶이기 때문이다.	젊은이는 구두쇠의 돈을 도둑질하려던 계획이 무산되자 세속적인 것에 대한 욕심을 버리고 살기로 결심한다.	세속적인 돈에 얽매이지 않는 삶이 도가 윤리가 지향하는 삶이기 때문이다.
관점 2 공리주의	구두쇠는 자기는 물론 다른 많은 사람들을 위해 돈을 쓸 방안을 모색한다.	나를 포함한 대다수 타인의 이익과 복지에 합치하는 것이 좋은 것이기 때문이다.	젊은이는 구두쇠에게 돈을 마을에 기부하여 가난한 많은 사람들을 도와주라고 제안한다.	젊은이의 제안은 많은 사람들의 이익과 복지를 위한 것이기 때문이다.

관점 3 불교 윤리	구두쇠는 자기가 평생 모은 돈을 가난한 학생들을 돕기 위한 장학재단을 세우는 데 사용한다.	다른 이를 위해 베푸는 행위는 사랑의 실천이기 때문이다. 또한 돈에 대한 소유욕을 버림으로써 무소유를 실천하고 있다.	젊은이는 구두쇠가 기부한 장학재단에서 공부하여 성공한 후 그 역시 큰 돈을 벌어 장학재단에 기부한다.	타인이 베푼 사랑에 감사할 줄 알고, 자기 역시 타인을 위해 베푸는 행위는 사랑의 실천이기 때문이다.
관점 4 유교 윤리	구두쇠는 평생 모은 돈을 가난한 사람들을 위해 사회에 기부한다.	자기의 이익을 위해 사는 것이 아니라 남에게 베풀며 사는 행위는 이(利)를 지양하고 의(義)를 지향하는 유교 윤리를 반영하고 있기 때문이다.	젊은이는 구두쇠의 행위에 감동을 받고 자기도 열심히 노력하여 번 돈을 남을 위해 사용한다.	타인의 현명하고 올바른 태도를 본받아 실천하는 행위 역시 의로운 행위라고 볼 수 있기 때문이다.

이솝 우화 바꿔 쓰기	불교 윤리의 관점
	돈을 쓸 줄은 모르고 모을 줄만 아는 구두쇠 영감이 있었다. 그 구두쇠는 돈이 없어 제대로 교육받지 못하였고 그 사실에 한이 맺혀 평생 돈을 모으기만 하고 살아온 것이다. 구두쇠 영감은 자기가 평생 모은 돈을 모두 금화로 바꾸어서 아무도 모르게 땅속에 묻어 두었다. 그러고는 하루에 한 번씩 그곳을 파서 돈을 확인한 뒤 다시 묻어 두곤 했다. 어느 날 마을에 사는 젊은이가 그 구두쇠 영감의 행동을 수상하게 여겨 뒤를 따라가서 영감이 금화 자루를 캐냈다가 다시 묻어 두는 것을 보게 되었다. 젊은이는 그날 밤 구두쇠의 돈을 훔치기로 마음먹었다. 우연히도 같은 날 그 구두쇠는 자기가 모은 돈을 도둑맞을까 두려워 결국 그 돈을 좋은 일에 쓰기로 결심했다. 구두쇠는 자기처럼 돈이 없어서 배우지 못한 학생들을 가르치기 위해 장학재단을 세우기로 결심했다. "그래, 나처럼 돈이 없어 배우지 못한 학생들을 위해 베푸는 거야. 그럼 더 이상 돈 때문에 두려워할 필요도 없고 내 마음이 한결 가벼워지겠지?"

그 사실을 몰랐던 젊은이는 힘들게 땅을 팠으나 거기에는 돈이 없었다. 구두쇠의 돈을 훔치려던 계획이 무산되자 젊은이는 좌절했다.

"아니, 이게 어떻게 된 일이지? 분명 아까 돈이 있었는데⋯⋯ 그 돈으로 이번 학기 학비에 보태려고 했는데⋯⋯ 결국 학교도 못 다니게 되었구나."

신세 한탄을 하던 젊은이는 우연히 어떤 장학재단을 알게 되었고 그 장학재단의 후원으로 학교에 다닐 수 있게 되었다.

젊은이는 헝그리 정신으로 열심히 공부하여 성공하였고, 자기를 후원한 장학재단에 고마움을 표현하기 위해 그 장학재단을 찾았다. 그런데 거기서 젊은이는 장학재단을 세운 사람이 바로 그 구두쇠였다는 사실을 알게 되었다. 젊은이는 한때 남의 돈을 훔치려고 했던 자기 자신의 잘못을 반성하고, 또 구두쇠가 베푼 사랑에 감동을 받았다. 그리고 젊은이는 구두쇠의 뒤를 이어 자기가 번 돈을 장학재단에 모두 기부했다. 이들의 훈훈한 이야기를 알게 된 많은 사람들이 그 장학재단에 많은 돈을 기부했고 더 많은 가난한 학생들이 후원을 받아 학교에 다닐 수 있었다.

바꾼 우화 간략 해설

불교 윤리의 관점

바꾼 우화에서 구두쇠는 돈에 대한 소유욕을 버리고 장학재단을 세움으로써 많은 사람들에게 사랑을 실천하고 있다. 이는 사랑과 자비의 윤리학과 동일시될 수 있을 뿐만 아니라 동시에 무욕과 무소유의 윤리학인 불교 윤리학의 관점을 반영하고 있는 것이다. 또한 구두쇠가 만든 장학재단의 후원으로 성공하게 된 젊은이가 돈을 기부한 행위는 타인이 베푼 사랑에 감사할 줄 알고 그도 역시 다른 많은 이들에게 사랑을 베풂으로써 더 큰 사랑을 실천하고 있는 것이다.

김두영

행위의 잘잘못 따져보기				
1. 행위	구두쇠가 한 행위	돈을 쓰지 않고 모으기만 했다.	젊은이가 한 행위	구두쇠의 돈을 훔쳤다.
2. 잘함	구두쇠가 잘한 점	돈을 열심히 모았다.	젊은이가 잘한 점	

3. 잘못함	구두쇠가 잘못한 점		젊은이가 잘못한 점	구두쇠의 돈을 훔쳤다.
4. 물음	구두쇠에게 바람직한 다른 행위는?	구두쇠에게 그 행위가 바람직한 이유는?	젊은이에게 바람직한 다른 행위는?	젊은이에게 그 행위가 바람직한 이유는?
5. 답변				
관점 1 칸트 윤리학	돈을 열심히 모은 구두쇠는 그 돈을 가난한 사람들을 돕는 데 사용한다.	어려움에 처해 있는 타인을 돕는 것은 인간의 당연한 의무이기 때문이다.	젊은이는 구두쇠의 돈을 훔치기보다는 스스로 근검절약하여 돈을 열심히 모은다.	남의 돈을 훔치는 행위는 옳은 행위가 아니기 때문이다.
관점 2 공리주의	구두쇠는 모은 돈을 학교를 짓는 데 사용한다.	학교를 짓는 것은 많은 사람들의 복지에 기여하기 때문이다.		
관점 3 불교 윤리	구두쇠는 모은 돈을 마을 사람들에게 나누어 준다.	자비의 실천이기 때문이다.	금화가 묻혀 있다는 것을 알고 난 뒤 그 마을을 떠나야 한다.	무욕의 방식으로 살아가는 것이기 때문이다.
관점 4 가치 윤리학	구두쇠는 재화 가치를 대표하는 돈에 대한 지나친 사랑과 열망을 극복해야 한다.	물질 가치나 재화 가치에 대한 지나친 사랑은 우리로 하여금 이 가치들보다 더 높은 가치들에 대하여 눈을 멀게 하기 때문이다.		
관점 5 유교 윤리	구두쇠는 지금까지 모은 많은 돈으로 학교를 세워 학생들의 교육에 기여한다.	학교를 세워 학생들을 교육하는 것은 유교가 중시하는 학문에 기여하는 것이기 때문이다.	젊은이는 구두쇠의 근검절약하는 삶의 태도를 배워야 하며, 젊은 시절에는 자기 수양에 더욱 정진해야 한다.	유교의 삶의 방식에 합치하기 때문이다.

<table>
<tr><td></td><td>가치 윤리학의 관점</td></tr>
<tr><td>이솝 우화 바꿔 쓰기</td><td>옛날 어느 마을에 매우 근검절약하여 돈을 모으기만 하고 쓰지는 않는 노인이 있었다. 그는 평생을 근검절약이라는 생활신조를 가지고 살았다. 젊었을 적에는 매우 가난했지만 그렇게 살아온 결과 많은 금화를 모으게 되었다.
노인은 금화가 많아지자 어떻게 보관을 해야 할지 고민을 하다가 땅속에 묻었다. 그러고는 자신의 생활신조가 흔들릴 때마다 금화를 보며 마음을 다잡았다.
어느 날, 소문난 의적인 홍길동이란 젊은이가 그 광경을 보게 되었다.
'저 노인은 돈을 모으기만 할 뿐 사용하지 않으니 내가 저 돈을 훔쳐 가난한 사람들에게 나누어 주면 더욱 저 돈을 가치 있게 사용할 수 있겠군.'
홍길동은 그날 밤 노인이 묻어 두었던 금화의 절반을 훔쳐 마을 사람들에게 나누어 주고 그 마을을 떠났다.
다음 날 마을의 가난한 사람들이 금화를 들고 기뻐하는 모습을 보고서 이를 이상하게 여긴 노인은, 자신이 금화를 묻어 두었던 곳에 가보고는 절반의 금화가 없어진 것을 알게 되었다. 곧 홍길동의 소행이란 것에 생각이 미치자 매우 화가 났다.
그러나 곧 마음을 고쳐먹었다. 어차피 금화는 자신의 생활태도가 흔들릴 때마다 잡아주었을 뿐이었다. 절반의 금화가 없어졌지만 그 양은 중요하지 않았다. 앞으로도 계속하여 다시 모으면 되는 것이었다. 오히려 이번 기회에 자신의 금화가 가난한 사람들에게 도움이 될 수 있다는 것을 알게 된 노인은 열심히 금화를 모은 뒤 매년 자신의 금화의 절반을 마을의 가난한 사람들에게 나누어 주며 살게 되었다.</td></tr>
</table>

김예슬

<table>
<tr><td colspan="5">행위의 잘잘못 따져보기</td></tr>
<tr><td>1. 행위</td><td>구두쇠가 한 행위</td><td>모은 돈을 쓰지 않고 땅속에 묻어 두기만 했다.</td><td>젊은이가 한 행위</td><td>구두쇠 영감의 자루에서 돈을 꺼내 간 뒤 그 자리를 돌로 채워 넣었다.</td></tr>
<tr><td>2. 잘함</td><td>구두쇠가 잘한 점</td><td></td><td>젊은이가 잘한 점</td><td></td></tr>
</table>

3. 잘못함	구두쇠가 잘못한 점	돈의 사용 가치에 눈이 멀었기 때문에 돈을 제대로 사용하지 못했다.	젊은이가 잘못한 점	구두쇠 영감이 한평생 모든 돈을 훔쳤다.
4. 물음	구두쇠에게 바람직한 다른 행위는?	구두쇠에게 그 행위가 바람직한 이유는?	젊은이에게 바람직한 다른 행위는?	젊은이에게 그 행위가 바람직한 이유는?
5. 답변				
관점 1 칸트 윤리학	구두쇠는 돈에 대해 지나친 욕심을 버리고 돈을 곤경에 처해 있는 사람들을 위하여 사용한다.	곤경에 처해 있는 사람을 돕는 것은 우리의 도덕적 의무이기 때문이다.		
관점 2 공리주의	구두쇠는 자기가 지금까지 모은 돈의 일부를 자기가 속해 있는 마을 공동체의 복지를 위하여 기부한다.	공동체의 이익과 복지 및 행복에 합치하기 때문이다.	젊은이는 구두쇠가 도움이 필요한 많은 사람들을 위해 금화를 쓰도록 설득한다.	도움이 필요한 사람에게 돈을 사용하는 것이 최대 다수의 이익을 실현하는 것이기 때문이다.
관점 3 불교 윤리	구두쇠는 그동안 재화 가치에 지나치게 집착했던 자기의 삶의 방식을 반성하고 재화 가치로서의 돈에 대한 집착을 떨쳐내도록 노력한다.	물질이나 재화에 대한 지나친 집착은 불교의 삶의 방식에 합치하지 않기 때문이다.	젊은이는 재화 가치를 대표하는 금화에 대한 욕심을 버리고 노력하여 자기의 생계에 필요한 재화 가치로서의 돈을 마련해야 한다.	불교의 삶의 방식에 합치하기 때문이다.
관점 4 유교 윤리	구두쇠는 자기가 모은 금화를 적절한 방식으로, 그리고 가치 있는 방식으로 사용해야 한다.	이익을 추구하는 데는 반드시 의(義)가 전제되어야 하기 때문이다.	젊은이는 구두쇠가 금화를 숨긴 것을 알았지만 훔치지 않는다.	수단과 방법을 가리지 않고 정당하지 않은 방법으로 이익을 좇는 것은 유교에서 추구하는 바람직한 행위가 아니기 때문이다.

관점 5 기독교 윤리	구두쇠는 모은 돈을 불우한 이웃을 돕는 일, 즉 이웃 사랑의 실천에 사용한다.	기독교 윤리의 핵심이기 때문이다.		

이솝 우화 바꿔 쓰기	기독교 윤리의 관점
	어느 마을에 구두쇠라고 불리는 노인이 살고 있었다. 마을 사람들은 구두쇠 노인이 돈을 쓸 줄도 모른다며 비난했다. 그런 비난에도 구두쇠 노인은 묵묵히 자기의 일을 하며 열심히 돈을 모았다. 구두쇠 노인의 옆집에는 한 젊은이가 살고 있었는데 그 젊은이는 구두쇠 노인이 번 돈을 과연 어디에 쓰는지 궁금해서 구두쇠 노인의 행동을 엿보기로 했다. 밤이 되자 집안에서 나와 뒷마당으로 간 구두쇠 노인은 옆집의 젊은이가 엿보고 있다는 것도 모른 채 땅을 파 그 속에서 더러운 자루를 하나 꺼내었다. '저기에 뭐가 있기에 이 늦은 밤에 땅을 파는 거야?' 젊은이는 구두쇠 노인의 행동에 호기심을 느껴 눈을 더 크게 뜨고 지켜보았다. 구두쇠 노인이 마침내 자루를 열었을 때 그 안에는 눈부신 금덩어리들이 들어있었다. 금덩이를 본 젊은이는 너무나 놀라 넘어질 뻔하였다. 한편 자루에 금덩이가 잘 들어있는지 확인한 구두쇠 노인은 혼잣말로 이렇게 말하였다. "어느새 내가 모은 금이 이만큼이나 되었구나. 그동안 참 열심히 살았지. 그러나 가족도 없는 내가 이 돈을 쓰면 얼마나 쓰겠어. 아마도 열심히 모은 이 돈을 가장 가치 있게 쓸 수 있는 방법은 도움이 필요한 사람들을 위해서 쓰는 일이겠지." 말을 마친 구두쇠 노인은 자루를 다시 땅속에 묻은 뒤 집으로 돌아갔다. 멀리서 구두쇠 노인을 지켜보고 있던 젊은이는 한동안 생각에 잠겼다. '구두쇠 노인에게 저렇게 많은 금이 있는 줄 몰랐는데……. 혼자 사는 노인네가 돈 쓸 일이 어디 있다고 악착같이 돈을 모으는지 모르겠군. 저 금덩이는 앞날이 창창한 내가 쓰는 것이 훨씬 더 바람직한 일일 거야.'

	젊은이는 구두쇠 노인이 묻어 놓은 금덩이를 꺼내어 가져가버렸다. 다음 날 다시 금덩이를 확인하러 온 구두쇠 노인은 돌덩이로 가득 차 있는 자루를 보고 크게 상심하여 몸져 눕게 되었다. 구두쇠 노인의 소식은 온 마을에 퍼졌고, 사람들은 고소하다며 아무도 노인을 걱정하지 않았다. 그러나 그 일이 자기 때문이라는 것을 아는 젊은이는 죄책감을 느꼈다. '그 금덩이를 훔쳐온 것이 이렇게 마음의 짐이 될 줄은 몰랐어. 이 금을 내가 가지고 있는 것이 옳은 일일까?' 며칠 동안 죄책감에 시달린 끝에 젊은이는 구두쇠 노인을 찾아갔다. "영감님, 고백할 게 있습니다. 며칠 전에 없어진 금덩이는 제가 가지고 갔어요. 잠깐의 욕심에 흔들렸던 저를 용서해 주세요." 젊은이의 고백을 들은 구두쇠 노인은 젊은이의 용기를 칭찬하며 고맙다고 말했다. 그 뒤 자리에서 일어난 노인은 평생을 모아온 돈을 마을과 불우한 이웃을 위해 쓰며 살아갔다.

	기독교 윤리의 관점
바꾼 우화 간략 해설	원본에서 노인은 돈을 쓸 줄 모르는 지독한 구두쇠였지만, 바꿔 쓴 우화에서 노인은 모은 돈으로 불우한 사람을 도와 이웃 사랑을 실천하는 사람으로 변하였다. 노인이 타인을 위하여 자기 것을 베푸는 행위는 인간에 대한 사랑의 실천으로 기독교에서 지향하는 삶의 방식이다. 바꿔 쓴 우화에서도 젊은이는 구두쇠 노인의 금을 훔친다. 젊은이는 자신의 양심을 속이고 기독교에서 금하는 절도 행위를 저지른 것이다. 그러나 젊은이는 자기의 행위로 인해 죄책감을 느끼고 결국 자기의 죄를 솔직하게 고백한다. 젊은이의 이 행위는 선한 양심을 가지고 선한 행위를 할 것을 추구하는 기독교 윤리의 관점에서 바람직한 행위인 것이다.

김찬우

행위의 잘잘못 따져보기				
1. 행위	구두쇠가 한 행위	평생 번 돈을 땅속에 몰래 묻어두었다.	젊은이가 한 행위	구두쇠의 행위를 보고 구두쇠의 돈을 훔쳤다.
2. 잘함	구두쇠가 잘한 점	과소비를 지양하며 재물을 절약했다.	젊은이가 잘한 점	없다.
3. 잘못함	구두쇠가 잘못한 점	수단으로서의 돈이 아닌 목적 그 자체로서의 돈을 추구했다.	젊은이가 잘못한 점	타인이 평생 노력하여 번 재산을 훔쳤다.
4. 물음	구두쇠에게 바람직한 다른 행위는?	구두쇠에게 그 행위가 바람직한 이유는?	젊은이에게 바람직한 다른 행위는?	젊은이에게 그 행위가 바람직한 이유는?
5. 답변				
관점 1 칸트 윤리학			재물을 함께 나누어 쓰기를 청한다.	훔치는 행위를 하는 대신 상대에게 선의를 기대하는 것이기 때문이다.
관점 2 공리주의	자신이 쓸 만큼의 돈을 제외하고 나머지 돈을 어려운 이웃에게 나누어 준다.	공리주의가 추구하는 '최대 다수의 행복'을 지향하는 행위이기 때문이다.	구두쇠 영감이 필요한 돈을 제외하고 나머지 돈은 이웃에게 나누어 준다.	공리주의가 추구하는 '최대 다수의 행복'을 지향하는 행위이기 때문이다.
관점 3 불교 윤리	물질에 대한 어리석은 집착을 지양하고, 이웃에게 그 돈을 베푼다.	불가에서는 현세의 물질에 집착하는 행위로 인해 인간의 고뇌가 시작된다고 본다. 그러므로 이러한 행위를 지양하고, 이웃에게 베풀며 사랑을 실천하는 행위가 옳다.		

관점 4 가치 윤리학	자신의 주변에 있는 어려운 이웃들에게 돈을 나누어 주어 사랑을 실천한다.	사랑이라는 가치를 추구하는 행위는 올바르기 때문이다.	구두쇠 영감의 돈이 탐날지라도 욕심을 절제하고 돈을 훔치지 말아야 한다.	타인의 재물을 탐내지 않고 자신의 양심을 지키는 올바른 가치, 즉 '정의'를 추구하는 행위는 옳기 때문이다.
관점 5 유교 윤리	재물 축적에 노력을 쏟는 행위를 지양하고 청렴결백하게 살아야 한다.	재물에 집착하고 자신만을 위해 사는 행위는 소인배와 다를 바 없기 때문이다.	구두쇠 영감의 재물에 대한 욕심을 절제하고 청렴한 마음을 유지한다.	타인의 재물을 탐하고 그것을 훔치는 행위는 소인배의 행위이기 때문이다.

이솝 우화 바꿔 쓰기	불교 윤리의 관점
	돈을 쓸 줄은 모르고 모을 줄만 아는 구두쇠 영감이 있었다. 구두쇠 영감은 자기가 평생 모은 돈을 아무도 모르게 산속 자신만의 비밀 장소에 묻어 두었다. 그러고는 하루에 몇 번씩 그곳을 파서 돈을 확인한 뒤 다시 묻어 두곤 했다. 그런 구두쇠 영감에게는 한시라도 편한 날이 없었다. 밭을 갈다가도, 밥을 먹다가도, 심지어 잠을 자는 중에도 자신이 숨겨둔 돈을 확인하러 돈을 묻어둔 산을 오르락내리락 했다. 이런 구두쇠 영감에겐 이웃의 눈이 두려울 수밖에 없었다. 시도 때도 없이 산속에 묻어 둔 돈을 확인하러 산을 오르락내리락 하다가 이웃 사람들이 자기의 행동을 눈치 챌까 봐 걱정했기 때문이다. 어느 날 구두쇠 영감이 살고 있는 마을에 큰 홍수가 났다. 거세게 내리는 비를 보며 자신이 묻어 둔 돈을 걱정하고 있었다. 그러던 와중 구두쇠 영감의 아들이 심한 열병으로 앓아눕게 되었다. 매순간 간호가 필요한 심한 열병이었다. 구두쇠 영감은 자신이 아끼는 아들을 정성껏 간호했다. 그러나 한편으로는 묻어 둔 돈이 비에 떠내려갈까 걱정이 태산이었다. 그래서 어느 날 아들의 간호를 잠시 그만둔 채 묻어 둔 돈을 확인하러 산으로 향했다. 거센 물살을 헤치며 자신의 비밀장소에 겨우 도착하여 돈이 무사한 것을 확인한 구두쇠 영감은 집으로 돌아왔다. 그러나 구두쇠 영감이 산으로 간 동안 열병으로 쇠약해진 아들은 숨

을 거두고 말았다. 구두쇠 영감은 뒤늦게 돌아와 싸늘하게 식은 아들의 시신을 보며 땅을 치고 후회했다.

"아이고 내 아들아! 내 어리석은 욕심 때문에 너 가는 길도 못 보고 저승으로 보내는구나! 이렇게 나처럼 어리석은 놈이 어디 있단 말이냐!"

이렇게 아들을 잃은 구두쇠 영감은 그 후 자신도 앓아눕게 되었다. 그리고 구두쇠 영감은 자리에 누워 자신의 행동을 후회하며 눈물로 여러 날을 보냈다.

'아! 나의 재물에 대한 집착이 이웃과 아들을 잃게 하고 나의 건강마저 해쳤구나. 나는 너무 어리석다.'

이러기를 여러 날, 구두쇠 영감은 자기를 괴롭게 하는 돈에 대한 집착을 끊기로 결심했다. 그래서 구두쇠 영감은 병든 몸으로 산으로 올라가 모아둔 돈을 절벽 밑으로 던져 버렸다. 그러자 신기하게도 마음이 홀가분해지고 병이 다 나았다.

바꾼 우화 간략 해설	불교 윤리의 관점
	구두쇠 영감은 물질에 집착하는 전형적인 탐욕스러운 인간이다. 불가에서는 인간이 고뇌를 겪는 이유 중 하나를 현세에 대한 집착으로 꼽는다. 이러한 자신의 집착과 탐욕 때문에 아들을 잃게 되고 자신의 행위를 크게 후회하며 괴로워하는 구두쇠 영감은 전형적인 중생이라 할 수 있다. 이렇게 괴로움으로 가득 찬 중생의 길을 자신이 모아둔 돈을 절벽에 던져버림으로써 끝을 낸다. 즉, 현세에 대한 집착을 끊어 불가의 도에 한 발 더 다가갔다 할 수 있다.

김창규

행위의 잘잘못 따져보기				
1. 행위	구두쇠가 한 행위	평생 모은 돈을 금화로 바꾸어 땅속에 묻고 하루에 한 번씩 확인했다.	젊은이가 한 행위	구두쇠가 땅속에 금화를 숨겨 놓은 것을 알아내고 몰래 금화를 가져갔다.
2. 잘함	구두쇠가 잘한 점	없다.	젊은이가 잘한 점	없다.

3. 잘못함	구두쇠가 잘못한 점	돈을 모으기만 하고 사용하지 않은 것과 돈을 더 안전하게 보관하지 않아 도난당했다.	젊은이가 잘못한 점	구두쇠의 금화를 훔쳤다.
4. 물음	구두쇠에게 바람직한 다른 행위는?	구두쇠에게 그 행위가 바람직한 이유는?	젊은이에게 바람직한 다른 행위는?	젊은이에게 그 행위가 바람직한 이유는?
5. 답변				
관점 1 칸트 윤리학	구두쇠는 모은 금화를 어려운 이웃을 돕는 데 사용한다.	어려운 이웃을 돕는 것은 마땅한 의무이기 때문이다.	젊은이는 구두쇠의 금화를 훔치지 않는다.	남의 것을 훔치지 않는 것은 인간의 의무이다.
관점 2 공리주의	구두쇠는 모은 돈을 경제적으로 어려운 사람들에게 아주 저렴한 이자로 빌려준다.	경제적으로 어려운 사람들의 경우 구두쇠에게 돈을 빌림으로써 어려움에서 벗어날 수 있고, 구두쇠의 경우에는 땅에 금화를 묻어 두는 것보다 빌려준 후 이자를 받는 것이 더 이익이 되기 때문이다.	젊은이는 은행 관계자에게 구두쇠를 소개시켜 주고, 구두쇠가 모은 돈을 은행에 예금하도록 도운 후 사례금을 받는다.	젊은이의 경우에는 죄를 저지르지 않으면서 이익을 얻게 되며, 은행 관계자의 경우에는 은행의 보유액을 늘릴 수 있는 기회가 되기 때문에 긍정적이다. 또 구두쇠에게는 돈을 안정적으로 보관하면서 이자까지 받을 수 있는 이익을 확보할 수 있기 때문이다.
관점 3 불교 윤리	구두쇠는 도난당한 금화에 대한 미련을 버리고 세속에 초연한 삶을 산다.	금화에 대한 소유욕으로 자기가 고통을 받고 있다는 사실을 깨닫고 이러한 상황에서 벗어나도록 하는 것이 불교에서 말하는 무소유의 가르침이다.	젊은이는 구두쇠의 금화를 훔치지 않는다.	남의 재물을 훔치는 악업을 쌓으면, 그 악업이 자기에게로 돌아오기 때문이다.

관점 4 기독교 윤리	구두쇠는 자기의 금화를 훔쳐간 사람이 죄를 뉘우치고 새사람이 되기를 기도한다.	비록 자기의 재물을 훔쳐갔지만, 그 사람에 대한 사랑의 마음에서 그 사람이 변화하기를 바라는 것이 기독교의 가르침이기 때문이다.	젊은이는 자기의 잘못을 뉘우치고 구두쇠에게 금화를 돌려준다.	인간은 불완전한 존재이기 때문에 죄의 유혹에 빠질 수 있지만, 결국 자기의 잘못을 회개함으로써 새사람이 될 수 있다고 믿는 것이 기독교의 가르침이다.

	공리주의의 관점
이솝 우화 바꿔 쓰기	한 마을에 돈을 엄청나게 모은 구두쇠가 있었다. 한평생 돈을 모으느라 결혼도 하지 못했고, 또 주위 사람들에게 한 번도 베풀지 않아 친구도 한 명 없는 외로운 인생이었다. 구두쇠는 자기가 모은 돈을 보면서 외로움을 달래곤 했다. 점차 돈이 모이고, 모인 돈을 주체하기 어려워진 구두쇠는 모은 돈 전부를 금괴로 바꾸었다. 그리고 이 금괴들을 자기 집 마당에 묻어 두고 하루에 한 번씩 확인하기 시작했다. 이것이 구두쇠의 새로운 취미가 되었다. 한편, 이 마을에는 할일 없이 빈둥대는 젊은이 한 명이 살고 있었다. 남는 게 시간뿐인 이 젊은이는 마을 사람들 한 명 한 명을 살피며 시간을 보내는 것이 하루의 일과였다. 그러던 중 젊은이는 구두쇠가 매일 밤 앞마당으로 나가는 것을 보았다. '저 영감은 매일 밤 9시에 앞마당에서 삽질을 하던데…… 왜 그런 거지? 혹시, 돈이라도 숨겨 놓은 건가?' 궁금해진 젊은이는 나무 위에 올라가 구두쇠가 하는 일을 지켜보았다. 그런데 정말로 자기가 생각했던 것처럼 삽으로 땅을 판 후 땅속에 묻힌 금괴를 보며 헤죽헤죽 웃고 있는 것이 아닌가! 젊은이는 고민에 휩싸였다. '아! 이제 나도 부모님께 효도할 때가 되었어. 저 영감의 금괴를 스리슬쩍해서 이제껏 못한 효도를 하고 말리라!'라는 나쁜 마음과 '아니지, 지금껏 없이 살아도 내 양심에 거리끼는 일은 하지 않았다는 자신감에 살아왔는데 지금 와서 죄를 지을 수는 없어!'라는 선한 마음 사이에 젊은이는 갈팡질팡했다.

결국, 젊은이는 양심을 지키는 것을 택했다. 그래도 구두쇠의 그 많은 금괴가 눈앞에서 아른거리는 것은 어쩔 수 없었다. 그러던 차에 젊은이는 이웃 마을 은행이 보유고가 충분치 않아 곤욕을 치르고 있다는 소식을 들었다.

곧바로 그 은행의 장과 만난 젊은이는 자기 마을의 구두쇠 이야기를 해 주며 자기가 구두쇠로 하여금 이 은행에 돈을 예금하도록 설득할 터이니 그 대가로 사례금을 달라고 이야기했다. 어려워진 은행 상황에 많이 힘들었던 은행장은 그렇게 하겠노라고 했다. 젊은이는 이 말을 듣고 바로 구두쇠에게 찾아가서 다음과 같이 말했다.

"어르신, 안녕하신가요. 제가 우연히 어르신께서 땅속에 금괴를 묻은 것을 보고야 말았습니다. 만약 저같이 그 사실을 안 사람이 나쁜 마음을 먹고 그 금괴를 훔치려 했다면 어쩌실 뻔 했습니까! 그 많은 금괴를 땅속에 묻으시다니 참으로 현명하지 못한 선택이신 것 같습니다."

이 말을 들은 구두쇠는 매우 당황했다. 젊은이는 구두쇠의 안색을 살핀 후 다시 말을 이었다.

"그러니, 옆 마을 ○○은행에 돈을 맡기시는 것이 어떻습니까? 많은 돈을 맡기자니 선뜻 마음이 내키지 않으실 것입니다. 그러나 그 은행의 장을 제가 알고 있는데 신용하나로 지금까지 살아오신 분이랍니다. 적절한 이자도 보장되고 말이죠. 그분께서 특별히 어르신의 돈을 잘 맡아 주실 겁니다. 그러니 한번 맡겨 보시지요."

구두쇠는 이 말을 듣고 마음이 흔들렸다. 그리고 속으로 다음과 같이 생각했다.

'그래, 이놈도 보았는데 다른 사람한테 들키지 않으리라는 보장도 없고, ○○은행이라면 괜찮은 은행이기도 한데 한번 맡겨 볼까나?'

잠시 고민하는 구두쇠를 보며 청년이 다시 말했다.

"○○은행에서 이자를 받으시고, 이 이자를 경제적으로 어려움에 처한 마을 사람들에게 낮은 이자로 또 빌려주시면, 마을 사람들이 어르신을 다시 보게 될 것입니다. 그러니 저랑 이 길로 ○○은행에 가시죠."

이 말을 들은 구두쇠는 은행에 돈을 맡기기로 마음먹었다.

그렇게 구두쇠가 돈을 맡긴 후 젊은이는 약속대로 많은 사례금을 받게 되었고, ○○은행은 구두쇠의 돈을 기반으로 안정적인 은행 업무를 할 수 있게 되었다. 그리고 구두쇠가 은행에서 받은 이자를 다시 주위의 어려운 사람들에게 낮은 이자율로 빌려주면서 구두쇠에 대해 안 좋았던 평판이 좋아지기 시작했다. 그렇게 구두쇠가 돈을 은행에 예금함으로써 많은 사람들이 이익을 얻게 되었다고 한다.

	공리주의의 관점
바꾼 우화 간략 해설	공리주의에 따르면 인간 행위의 옳고 그름의 분별 기준은 최대 다수의 최대 행복이다. 다시 말해서 행위의 의도가 어찌되었던 간에 결과적으로 많은 사람들이 이익을 얻게 되면 그 행위는 바람직한 행위가 되는 것이다. 이 우화는 원작에는 없는 은행의 예를 제시하여 구두쇠, 젊은이 그리고 은행이 모두 이익이 되는 방향으로 이야기를 꾸며 보았다. 구두쇠는 금괴를 잃어버릴 걱정을 할 필요도 없고, 은행으로부터 이자를 받아 어려운 이웃에게 낮은 이자율로 돈을 빌려줌으로써 자기의 평판이 좋아지는 결과를 얻게 되는 인물로 설정되었다. 그리고 젊은이는 자기의 양심을 지키면서 물질적 이익도 얻고, 그리고 은행은 업무를 지속하여 이익을 얻을 수 있다는 방향으로 이야기가 재구성되었다. 결국 구두쇠가 은행에 돈을 예금하는 행위는 구두쇠, 젊은이, 은행 그리고 구두쇠 주위의 어려운 사람들 모두에게 이익이 되었으므로, 공리주의의 관점에서 바람직한 행위가 된다.

노중일

행위의 잘잘못 따져보기				
1. 행위	구두쇠가 한 행위	구두쇠는 평생 모은 돈을 금화로 바꾼 뒤 땅속에 묻었다.	젊은이가 한 행위	구두쇠가 묻어 둔 금화를 훔쳤다.
2. 잘함	구두쇠가 잘한 점		젊은이가 잘한 점	
3. 잘못함	구두쇠가 잘못한 점	돈을 금화로 바꾼 뒤 사용하지 않고 보기만 했다.	젊은이가 잘못한 점	구두쇠의 금화를 훔쳤다.

4. 물음	구두쇠에게 바람직한 다른 행위는?	구두쇠에게 그 행위가 바람직한 이유는?	젊은이에게 바람직한 다른 행위는?	젊은이에게 그 행위가 바람직한 이유는?
5. 답변				
관점 1 칸트 윤리학	구두쇠는 평생 모은 돈을 금화로 바꾸지 않고 불우한 이웃들을 돕는 데 사용해야 한다.	곤경에 처한 사람들을 돕는 것은 당연한 도덕적 의무이기 때문이다.	젊은이는 구두쇠에게 금화를 돌려주어야 한다.	남의 물건을 훔치지 않는 것은 우리의 도덕적 의무이기 때문이다.
관점 2 공리 주의	구두쇠는 모은 돈 중 일부만 금화로 바꾸고 나머지는 자기가 속해 있는 사회 공동체 속에서 사용해야 한다.	돈을 모으기만 하고 쓰지 않으면 사회의 경제가 제대로 운용되지 않는다. 이것은 공동체에 해악이 된다.	젊은이는 훔친 금화를 열심히 사용해야 한다.	젊은이가 구두쇠에게 훔친 금화를 돌려준다고 해도, 구두쇠는 금화를 사용하지 않을 것이다. 그렇다면 젊은이라도 훔친 금화를 사용하여 공동체의 경제에 도움이 되도록 해야 한다.
관점 3 불교 윤리	구두쇠는 지나가는 사람의 말을 귀담아 듣고 아무 일도 없었다는 듯이 다시 인생을 살아야 한다.	空手來空手去. 애초에 구두쇠의 소유물이란 없었다. 억울해할 이유가 없다.	젊은이는 구두쇠를 찾아가 금화가 어디에 묻혔는지 알고 있다고 사실을 말해야 한다.	젊은이가 금화를 훔치지 않는다면, 금화에 대한 관심과 욕심으로부터 자유로울 수 없을 것이다. 그러므로 젊은이는 자기가 금화의 위치에 관하여 알고 있다는 사실을 구두쇠에게 말을 해서 자신의 물욕을 잠재워야 한다.

관점 4 가치 윤리학	구두쇠는 평생 모은 돈을 금화로 바꾸지 않고 부자와 가난한 자 사이의 평등을 위하여 사용해야 한다.	구두쇠는 자기의 삶에서 평등의 가치를 추구하기 때문이다.	젊은이는 구두쇠에게 금화를 돌려주어야 한다.	정의의 원칙에 합치하기 때문이다.
관점 5 기독교 윤리	구두쇠는 평생 모은 돈을 금화로 바꾸지 않고 불우한 이웃들을 돕는 데 사용해야 한다.	'네 이웃을 내 몸같이 사랑하라.' 이것이 예수의 가르침의 핵심이다.	젊은이는 구두쇠에게 금화를 돌려주어야 한다.	'도둑질을 하지 말라.' 십계명 중 여덟 번째 계명이다.

	공리주의의 관점
이솝 우화 바꿔 쓰기	어느 마을에 돈을 쓸 줄은 모르고 모을 줄만 아는 구두쇠 영감이 있었다. 구두쇠 영감은 자기가 평생 모은 돈을 모두 금덩이로 바꾸어서 아무도 모르게 깊은 숲의 땅 밑에 숨겨 두었다. 그러고는 하루에 한 번씩 그곳을 파서 금덩이를 확인한 뒤 다시 묻곤 했다. 구두쇠 영감은 금덩이를 보며 삶의 기쁨을 느꼈다. 그날도 여느 때와 같이 구두쇠 영감은 깊은 산 속으로 향했다. 그런데 매일 깊은 숲 속을 오가는 구두쇠 영감의 행동을 이상하게 여긴 한 젊은이가 있었다. '저 구두쇠가 도대체 왜 매일같이 깊은 숲 속을 오가는 것일까? 손해를 보기 싫어하는 저 늙은이가 아무 이유도 없이 저러지는 않을 텐데.' 이렇게 생각한 젊은이는 구두쇠 영감의 뒤를 좇았다. 그리고 그는 결국 금덩이를 손에 들고 기뻐하는 탐욕스러운 구두쇠 영감의 얼굴을 보게 되었다. '참으로 탐욕스러운 늙은이로다. 지난 해 가뭄으로 마을이 어려웠고, 올해도 마을에 굶어 죽어가는 사람이 넘쳐나는데 저 늙은이는 쓰지도 않을 금덩이를 보며 기뻐한단 말인가…….' 젊은이는 구두쇠 영감이 돌아가자 금덩이를 몰래 가져다가 마을 사람들에게 구두쇠 영감의 이름으로 나누어 주었다. 대신 금덩이가 담겼던 항아리에는 돌멩이 하나와 다음과 같은 편지를 남겨 두었다. "쓰지도 않을 금덩이와 쓰지도 못할 돌멩이가 무슨 차이가 있겠는가? 앞으로 이 돌멩이를 금으로 생각하며 즐거워하라. 대신 당신의 금은 마을 사람들에게 나누어 주었으니 돌멩이를 보는 기쁨과 함께 사람들에게 사랑받는 기쁨도 누리게 될 것이다."

	이 사실을 안 구두쇠 영감은 미칠 것 같았지만, 그렇다고 자신에게 매일같이 찾아와 고마움을 표시하는 마을 사람들에게 금덩이를 내놓으라고 할 수는 없었다. 구두쇠의 금덩이 덕에 그 마을은 가뭄의 고통을 잘 넘길 수 있었고, 그 이후로도 마을 사람들은 구두쇠의 고마움을 잊지 않고 그를 기리는 동상을 세워 마을 대대로 존경했다고 한다. 이런 일을 꾸민 젊은이에 관한 이야기는 전해내려오지 않는다.

	공리주의의 관점
바꾼 우화 간략 해설	위의 이야기에서 젊은이의 행위가 도덕적으로 반드시 올바르다고 할 수는 없을 것이다. 젊은이가 곤경에 처한 마을 사람들에게 금을 나누어 준 것은 마을 사람들에게 좋은 일이지만 젊은이는 금덩이를 훔치는 나쁜 행위를 저질렀기 때문이다. 그런데 젊은이는 구두쇠의 이름으로 자선을 한다. 따라서 구두쇠는 재물을 잃었지만 명예를 얻게 되었다. 그리고 자손 대대로 존경받는 집안이 되었을 것이다. 이렇게 결과적으로 마을 사람들도 좋고 구두쇠도 좋으니 공리주의식으로 이익 계산을 할 경우 구두쇠가 불이익을 당했다고는 볼 수 없다. 그리고 그런 결과를 만들어낸 젊은이를 마을 사람들이 단죄하기는 힘들 것이다. 이것은 다음과 같은 함의를 지니고 있다. 공리주의에 기초한 도덕적 사고에 따르면 삶과 행위의 결과와 상황에 따라 도덕적 선악이 달라질 수밖에 없다.

이관희

행위의 잘잘못 따져보기				
1. 행위	구두쇠가 한 행위	자기가 평생 모은 재산을 땅에 묻어 두었다.	젊은이가 한 행위	구두쇠의 돈을 훔쳤다.
2. 잘함	구두쇠가 잘한 점	돈을 열심히 모았다.	젊은이가 잘한 점	사회에서 순환하지 않는 구두쇠의 돈을 훔쳐 순환하도록 했다.
3. 잘못함	구두쇠가 잘못한 점	모아둔 돈을 쓰지 않았다.	젊은이가 잘못한 점	구두쇠의 돈을 훔쳤다.

4. 물음	구두쇠에게 바람직한 다른 행위는?	구두쇠에게 그 행위가 바람직한 이유는?	젊은이에게 바람직한 다른 행위는?	젊은이에게 그 행위가 바람직한 이유는?
5. 답변				
관점 1 유교 윤리	구두쇠는 주변 사람들에게 재물을 베풀며 산다.	구두쇠가 재물을 모으는 것은 구두쇠의 어리석음을 증가시킨다. 따라서 구두쇠가 어리석음에서 벗어나 군자가 되려면 재물에서 초탈해야 한다.	젊은이는 구두쇠의 돈을 훔치지 않고 그에게 베풂을 권유한다.	인(仁)에 따른 삶이기 때문이다.
관점 2 공리 주의	구두쇠는 주변 사람에게 재물을 베풀며 산다.	주변 사람들에게 재물을 베풀면 사람들은 재물을 통해 편리해지고 구두쇠는 사람들의 존경을 받는다. 그렇게 되면 구두쇠는 그 존경을 바탕으로 돈을 더 쉽게 모을 수 있다.	구두쇠의 돈을 훔치지 않고 그에게 사회 공동체 속의 타인을 위해 돈을 사용하기를 권유한다.	사회 공동체의 복지와 이익에 기여할 수 있기 때문이다.
관점 3 불교 윤리	구두쇠는 주변 사람에게 재물을 베풀며 산다.	재물에 대한 탐욕에서 벗어나 사는 방식이기 때문이다.	젊은이는 구두쇠의 돈을 훔치지 않고 그에게 재물에 대한 욕심과 탐욕에서 벗어날 것을 권유한다.	불교가 요구하는 삶의 방식이기 때문이다.
관점 4 도가 윤리	구두쇠는 주변 사람에게 재물을 베풀며 산다.	재화가 사회 공동체에서 순환하지 않는 것은 마치 물이 고여서 자연에서 순환하지 않는 것처럼 자연의 순리에 합치하지 않기 때문이다.	젊은이는 구두쇠의 돈을 훔치지 않고 구두쇠에게 자연의 흐름에 주의하여 타인에게 베푸는 삶을 살 것을 권유한다.	젊은이와 구두쇠 모두에게 자연의 순리에 합치하는 삶의 방식이기 때문이다.

관점 5 기독교 윤리	구두쇠는 주변 사람들에게 재물을 베풀며 산다.	사랑의 실천은 기독교 윤리에 합치하기 때문이다.	젊은이는 구두쇠의 돈을 훔치지 않고 구두쇠에게 사랑의 실천을 권유한다.	사랑의 실천은 기독교 윤리에 합치하기 때문이다.

	불교 윤리의 관점
이솝 우화 바꿔 쓰기	돈을 쓸 줄은 모르고 모을 줄만 아는 구두쇠 영감이 있었다. 구두쇠 영감은 자기가 평생 모은 돈을 모두 금화로 바꾸어서 아무도 모르게 땅속에 묻어 두었다. 그러고는 하루에 한 번씩 그곳을 파서 돈을 확인한 뒤 다시 묻어 두곤 했다. 어느 날, 마을에 사는 젊은이가 구두쇠 영감의 행동을 수상하게 여겨 뒤를 따라가서 그 영감이 금화 자루를 캐냈다가 다시 묻어 두는 것을 보게 되었다. 젊은이는 곰곰이 생각했다. '구두쇠 영감의 돈을 몽땅 꺼내고 그 속에 돌멩이를 가득 넣어 두면 난 부자가 될 텐데! 하지만 이렇게 하는 것은 도둑질이 아닌가?' 젊은이는 양심에 걸려서 도둑질은 못했지만 그 재물들이 그냥 묻혀 있는 것이 안타까웠다. '저 재물들이 다른 좋은 일에 쓰인다면 좋을 텐데. 구두쇠에게 좋은 일에 재물을 쓰도록 하는 방법이 없을까?' 젊은이는 깊게 생각하다가 꾀를 내고는 이를 실행했다. 이후 그 젊은이는 구두쇠 영감의 돈을 몽땅 꺼내고 그 속에 돌멩이를 가득 넣어 두었다. 다음 날 돈이 없어진 것을 알게 된 구두쇠는 기절할 듯 놀랐다. "어떤 녀석이야? 내가 평생 모은 돈을 하룻밤 사이에 가로채 훔쳐 가다니, 천벌을 받을 것이다!" 아무리 소리쳐도 돈을 찾을 길이 없자, 구두쇠 영감은 절망하여 슬피 울었다. 그때 그곳을 지나가던 사람이 구두쇠 영감에게 우는 이유를 물었습니다. "내 말 좀 들어보시오. 이렇게 분한 일이 세상에 또 어디 있겠소?" 구두쇠 영감은 자기가 평생 모은 돈을 묻어 두었는데, 누군가가 그것을 꺼내고 돌멩이만 넣어 두었다는 사실을 이야기하고 마지막에 이렇게 덧붙였다.

"나는 그 돈을 모으기 위해 단 한 푼도 쓰지 않았다오."

그러자 그 사람은 껄껄 웃으며 다음과 같이 말했다.

"노인장, 그렇다면 그다지 슬퍼할 일도 아니군요."

그러자 구두쇠 영감은 화를 내며 소리쳤다.

"왜 슬프지 않단 말이오? 내가 평생 모은 돈이 없어졌는데……."

"노인장께서 어차피 그 돈을 어디엔가 쓰실 것이 아니고, 들여다보기만 할 것이 아니었습니까? 그렇다면 거기 묻혀 있는 것이 금화든 돌멩이든 무슨 상관이 있겠습니까?"

구두쇠는 머리에 총을 맞은 것처럼 정신이 번쩍 들었다.

'내가 돈을 모았던 이유가 뭐지? 정말 그저 보려고만 모았던 것인가?'

구두쇠는 자신의 삶을 되돌아보게 되었다. 그동안 돈을 모으기 위해서 했었던 수많은 일들…… 그 속에는 가족간의 불화, 친구의 배신, 쓸쓸함 같은 것이 보였다. 그 모든 슬펐던 일들이 돈과 관련되어 벌어졌다는 것을 깨달았다. 구두쇠는 생각했다.

'난 좀 더 가족들과 행복하게 살려고, 친구들에게 도움이 되려고 이렇게 돈을 모았는데 그 돈에 내 눈이 멀어 정작 중요한 것을 보지 못했구나!'

그래서 헤어졌던 가족과 친구들을 찾기 시작했다. 가족과 친구들은 구두쇠에게 쉽게 마음을 열지 않았다. 그러나 구두쇠가 계속 진실한 마음을 보여 주자 서서히 마음을 열기 시작했다. 구두쇠는 돈을 모을 때와는 다른 느낌을 받았다. 누군가와 마음을 나누고 감정을 공유하고 도움을 받고 또 도움을 주는 것이 재물을 모을 때와는 다른 든든함을 주었다. 게다가 이 느낌은 재물을 가질 때보다도 오래가고 무엇보다 기분이 좋았다. 그러던 어느 날 돈을 가져갔던 젊은이가 구두쇠를 찾아왔다.

"어르신! 죄송합니다. 어르신의 재물을 제가 잠시 가지고 있었습니다. 어르신이 재물을 제대로 쓰시지 않는 것 같아서 가져갔었는데 이제는 제대로 쓰실 것 같아서 다시 가져왔습니다."

구두쇠는 젊은이에게 자초지종을 들었다. 이 모든 일은 가족과 친구들이 함께 계획한 것이었다. 구두쇠는 그들이 괘씸했지만 돈을 잃고 난 후 다시 찾게 된 가족과 친구들 때문에 매우 행복했다. 그리고 다시는 재물이 많았던 쓸쓸했던 상태로 돌아가고 싶지 않았다. 그래서 구두쇠는 그 재물을 주변 사람들에게 베풀면서 재물에 집착하지 않고 행복하게 살았다.

	불교 윤리의 관점
바꾼 우화 간략 해설	불교는 열심히 일해서 재물을 모으는 것을 부정하지는 않지만 '제행무상'이라는 가르침 아래 재물에 집착하지 않도록 우리에게 권고한다. 바꾼 우화에서 구두쇠가 모은 재산을 쓰지 않고 살아가는 것은 재물에 대한 집착을 의미한다. 재물은 인간의 삶 속에서 순환해야 그 가치를 발휘할 수 있는데 그저 묻혀 있다면 돌과 다름없는 존재이며 재물 본연의 가치는 드러나지 않는다. 게다가 구두쇠는 재물을 탐욕스럽게 모으기만 한 것이 화근이 되어 가족과 친구들을 잃게 되었고 소중한 것이 무엇인지 모르는 상태가 되었다. 이러한 삶의 상태에서 구두쇠는 재물을 잃게 되는데, 이것이 오히려 구두쇠로 하여금 자기의 소중한 것을 다시 찾게 하는 기회가 되었다.

전영호

행위의 잘잘못 따져보기				
1. 행위	구두쇠가 한 행위	구두쇠는 자기가 번 돈을 모두 금화로 바꾸어 묻어 두었다가 도둑맞았다.	젊은이가 한 행위	구두쇠가 금화를 숨겨 놓고 몰래보는 것을 엿보고는 금화를 훔쳤다.
2. 잘함	구두쇠가 잘한 점		젊은이가 잘한 점	
3. 잘못함	구두쇠가 잘못한 점		젊은이가 잘못한 점	구두쇠의 금화를 훔쳤다.
4. 물음	구두쇠에게 바람직한 다른 행위는?	구두쇠에게 그 행위가 바람직한 이유는?	젊은이에게 바람직한 다른 행위는?	젊은이에게 그 행위가 바람직한 이유는?
5. 답변				
관점 1 칸트 윤리학	구두쇠는 몰래 숨겨둔 금화를 꺼내서 어려운 사람들을 돕는 자선 사업을 하는 데 사용해야 한다.	어려운 처지에 있는 사람들을 돕는 것이 당연한 도덕적 의무이기 때문이다.	젊은이는 구두쇠가 금화를 숨겨 놓은 장소를 알지만 금화를 훔쳐가지 않는다.	남의 것을 훔치지 않는 것이 우리의 당연한 도덕적 의무이기 때문이다.

관점 2 공리주의	구두쇠는 자기의 돈을 가지고 기업을 세워 운영함으로써 많은 사람들의 이익에 기여한다.	사회 공동체의 복지와 이익에 합치하기 때문이다.	젊은이는 금화를 숨겨 놓은 곳에 이 돈으로 기업을 세우는 것이 바람직한 것이라는 제안을 담은 쪽지를 남기고 자신도 그 회사에 입사할 뜻을 밝힌다.	이렇게 함으로써 구두쇠와 젊은이는 사회 공동체의 복지와 이익을 창출할 수 있다.
관점 3 불교 윤리	구두쇠는 재물에 대한 집착을 버리고 어려운 사람들에게 금화를 나누어 준다.	재물에 대한 집착에서 벗어나 타인에게 자비를 베풀어야 한다는 불교의 가르침이기 때문이다.	젊은이는 금화가 숨겨진 곳에 어려운 사람들을 위해 이 금화를 사용할 것을 권유하는 쪽지를 남겨 놓는다.	이렇게 함으로써 구두쇠와 젊은이가 재물에 대한 욕심을 버리고 타인에 대한 자비를 베푸는 길로 갈 수 있기 때문이다.
관점 4 가치 윤리학	구두쇠는 몰래 숨겨 둔 금화를 꺼내서 어려운 사람들을 돕는 자선 사업을 하는 데 쓴다.	곤궁과 고통을 겪으며 살아가는 타인을 돕는 것은 정의의 원칙에 합치한다.	젊은이는 구두쇠가 금화를 숨겨 놓은 장소를 알지만 금화를 훔쳐가지 않으며, 오히려 구두쇠에게 사회적 약자를 위해 돈을 사용할 것을 권유한다.	정의의 원칙에 합치하기 때문이다.
관점 5 기독교 윤리	구두쇠는 몰래 숨겨 둔 금화를 꺼내서 어려운 사람들을 돕는 자선 사업을 하는 데 사용한다.	이웃 사랑의 방법이기 때문이다.	젊은이는 구두쇠가 금화를 숨겨 놓은 장소를 알지만 금화를 훔쳐가지 않는다.	'도둑질을 하지 말라'는 십계명의 하나를 따르는 것이기 때문이다.

이솝 우화 바꿔 쓰기	공리주의의 관점
	가난한 사람들이 모여 사는 어느 마을에 돈을 쓸 줄은 모르고 모을 줄만 아는 구두쇠 영감이 있었다. 그의 유일한 즐거움은 반짝거리는 금화를 감상하는 것이었다. 구두쇠는 지금까지 모아 온 돈을 금화로 바꾸어 아무도 모르게 자기 집 뒷산의 한 귀퉁이에 묻어 두고서 하루에 한 번씩 몰래 파내어 반짝거리는 그 금화를 그저 바라보는 일을 즐기곤 했다. 그러던 어느 날, 같은 마을의 한 젊은이가 구두쇠 영감이 매일 뒷산에 오르는 걸 보고는 호기심이 생겨서 따라가 보았다. 그런데 구두쇠 영감이 뒷산 한 귀퉁이에서 금화를 꺼내 보면서 희희낙락대는 것이 아닌가? 잠시 후 구두쇠 영감은 금화들을 다시 묻어 두고는 아무 일도 없었다는 듯이 산을 내려갔다. 그 광경을 전부 지켜보고 있던 젊은이는 금화를 묻어 둔 뒷산 한 귀퉁이로 가서 금화를 파내었다. '지독한 구두쇠 같으니라고! 돈을 한 푼도 안 쓰고 어딘가에 숨겨 놓는다더니 그 말이 정말 사실이었네! 가만 있자, 이걸 이제 어떻게 할까?' 젊은이는 금화를 파내고 나서 그걸 어떻게 할지 고민하기 시작했다. 자신이 이걸 전부 가져간다면 뜻하지 않은 횡재를 하게 되는 셈이지만, 그러기에는 구두쇠 영감이 불쌍하다는 생각이 들었다. 한참을 그렇게 생각하던 젊은이는, 갑자기 멋진 생각이 떠오른 듯 손가락으로 "딱!"소리를 내더니 금화를 다시 땅속에 묻으면서 쪽지를 하나 남기고 가벼운 발걸음으로 산을 내려왔다. 다음 날 평소처럼 금화를 보러간 구두쇠 영감은 뒷산에 금화와 함께 쪽지가 같이 묻혀 있는 것을 보고는 깜짝 놀라고 말았다. 그러곤 사시나무처럼 떨리는 손으로 쪽지를 읽어 내려갔다. 땅속 금화는 늘지도 줄지도 않는다네. 언제 누가 다녀갈지 아무도 모른다네. 하지만 땅 위 금화는 아무리 퍼내도 끊이지 않고 샘솟는 마법의 맷돌. 어떨까, 마법의 사업을 벌여보는 것은. 쪽지를 다 읽고 난 후, 불안과 초조로 떨리던 구두쇠 영감의 손은 어느새 더 이상 떨리지 않았다. 오히려 그의 얼굴에는 '이거다!' 하는 웃음이 걸려 있었다. 구두쇠 영감은 즉시 금화를 모두 파내서 집으로 가져왔다. 그러고는 그 금화를 자본금으로 큰 사업을 시작했다. 그리고

	마을 사람들에게 많은 일자리를 만들어 주었다. 이 덕분에 마을 사람들은 더 이상 가난하게 살지 않게 되었다. 사람들은 모두 일자리를 만들어 준 구두쇠 영감을 우러러보게 되었고, 사업은 날로 번창하여 구두쇠 영감은 결국 예전에 가졌던 금화보다 더욱 많은 돈을 벌 수 있게 되었다. 그리고 젊은이도 구두쇠 영감의 회사에 들어가서 열심히 일하며 행복하게 살았다.

	공리주의의 관점
바꾼 우화 간략 해설	공리주의는 최대 다수의 최대 행복을 중시한다. 이 우화에서는 구두쇠 영감과 마을 사람들을 부자와 가난한 사람들로 대비시키고 있다. 이 상황에서는 가난한 마을 사람들과 구두쇠 영감에게 이익이 되는 것이 공리주의의 원리에 합치한다. 구두쇠 영감이 젊은이가 남긴 쪽지를 보고 사업을 시작하여 일자리를 창출한 것은 결과적으로 마을 사람들이 일을 통해 지속적으로 재화를 얻을 수 있기 때문에 이익이 되며, 구두쇠 영감 역시 사업에 성공함으로써 지금까지 가지고 있던 것보다 더 많은 재물을 얻을 수 있고, 마을 사람들을 위해 일자리를 마련함으로써 마을 사람들의 존경까지 받을 수 있게 되어 모두에게 이익이 되었다.

정주은

행위의 잘잘못 따져보기				
1. 행위	구두쇠가 한 행위	구두쇠는 평생 모은 돈을 금화로 바꾸어 땅에 묻고 매일 보러갔다.	젊은이가 한 행위	젊은이는 구두쇠의 금화 자루를 훔쳤다.
2. 잘함	구두쇠가 잘한 점		젊은이가 잘한 점	
3. 잘못함	구두쇠가 잘못한 점	돈을 쓸 줄 모르고 모으기만 했다.	젊은이가 잘못한 점	구두쇠의 금화 자루를 훔쳤다.

4. 물음	구두쇠에게 바람직한 다른 행위는?	구두쇠에게 그 행위가 바람직한 이유는?	젊은이에게 바람직한 다른 행위는?	젊은이에게 그 행위가 바람직한 이유는?
5. 답변				
관점 1 칸트 윤리학	구두쇠는 평생 모은 돈을 사회에 기부한다.	공동체의 선을 위하는 것은 도덕적 의무이기 때문이다.	젊은이는 구두쇠에게 그 돈으로 함께 사업을 하자고 말한다.	사업을 통해서 젊은이와 구두쇠 모두 이익을 얻기 때문이다.
관점 2 공리주의	구두쇠는 평생 모은 돈을 은행에 맡긴다.	구두쇠는 이자를 받을 수 있고, 은행과 기업도 이익을 얻기 때문이다.	젊은이는 구두쇠에게 그 돈으로 함께 사업을 하자고 말한다.	사업을 통해서 젊은이와 구두쇠 모두 이익을 얻기 때문이다.
관점 3 불교 윤리	구두쇠는 모은 돈을 사회에 기부한다.	기부하는 것은 자비를 베푸는 것이고 무소유를 실천하는 것이기 때문이다.	젊은이는 돈을 탐내지 않고 자립하여 살아간다.	남의 것을 탐내지 않고 자립하는 것이 불교 윤리를 따르는 것이기 때문이다.
관점 4 유교 윤리	구두쇠는 돈을 쓰지 않고 모으는 것이 아니라 꾸준히 돈을 벌면서 사람들에게 베푼다.	물질에 집착하지 않고 오히려 베푸는 것이 군자의 도리이기 때문이다.	젊은이는 욕심을 내지 않고 스스로 돈을 번다.	자기가 할 수 있는 일을 찾아서 하고, 절제하는 것은 유교 윤리를 따르는 것이기 때문이다.

이솝 우화 바꿔 쓰기	불교 윤리의 관점
	돈을 쓸 줄은 모르고 모을 줄만 아는 구두쇠 영감이 있었다. 구두쇠 영감은 자기가 평생 모은 돈을 모두 금화로 바꾸어서 아무도 모르게 땅속에 묻어 두었다. 그러고는 하루에 한 번씩 그곳을 파서 돈을 확인한 뒤 다시 묻어 두곤 했다. 어느 날, 마을에 사는 젊은이가 구두쇠 영감의 행동을 수상하게 여겨 뒤를 따라가서 그 영감이 금화 자루를 캐냈다가 다시 묻어 두는 것을 보게 되었다. 그러면서 젊은이는 '저 돈이라면 나도 잘살 수 있을 텐데.'라는 생각을 하고 있었다. 이때, 영감은 젊은이가 자기를 뒤따라 왔다는 것을 알게 되었다. 구두쇠 영감은 금화 자루를 도둑맞을지도 모른다는 생각에 땅에 묻어 둔 금화 자루를 집으로 가지고 왔다.

구두쇠 영감은 이 금화 자루를 어떻게 하면 좋을지에 대해서 깊은 생각에 빠졌다. 하루가 지나고 이틀이 지나도 좋은 생각이 떠오르지 않았고, 결국 스트레스로 인해 병이 들게 되었다. 그것을 안타깝게 지켜보던 이웃집 친구가 영감을 찾아왔다.

"이보게, 친구. 자네가 평생을 모은 돈을 쓰지도 못하고 그렇게 자리에 누워 있으면 어떡하나. 그러지 말고 기부를 해 보는 것이 어떻겠나. 자네도 구두쇠라는 소리를 들어가며 돈을 모은 것은 어린 시절의 아픈 기억 때문이지 않는가?"

"그렇지. 내가 이렇게 된 것은 너무나 가난했던 어린 시절을 벗어나고 싶었던 생각 때문이지. 이렇게 자리에 누워 있으니 참으로 허망할 뿐이네. 친구, 고맙네. 이제라도 나를 다시 되돌아볼 수 있게 해 줘서."

그리하여 영감은 모은 돈을 사회에 기부했다.

이 소식을 들은 젊은이는 자신의 탐심을 뉘우치고 영감을 찾아가 용서를 구했다.

"영감님, 저는 한때 영감님의 돈을 탐냈습니다. 이런 저를 용서해 주세요. 그래서 저는 스스로 자립하여 살아보려 합니다. 영감님의 도움이 필요해요. 비결을 알려주실 수 있나요?"

"젊은이, 솔직하게 고백해 주어서 고맙네. 자네에게 도움이 될 수 있다면 기꺼이 알려 주겠네."

젊은이는 영감의 도움을 받아 돈을 벌 수 있는 방법을 알게 되었고, 영감을 본받아 베풀며 살았다.

바꾼 우화 간략 해설	불교 윤리의 관점
	이야기의 주인공인 영감은 처음에는 돈을 뺏길 것 같은 불안감으로 결국 병에 걸린다. 그러다가 친구의 도움을 통해서 자신을 되돌아보게 되고 사회에 돈을 기부함으로써 오랜 짐을 벗는다. 기부하는 것은 자비를 베푸는 것이고, 동시에 무소유를 실천하는 것이다. 또한, 그럼으로써 진정한 자신을 찾게 된다. 이러한 과정은 불교 윤리에서 도를 닦을 때 겪는 것과 비슷한 과정이라고 생각한다. 그리고 젊은이는 변한 영감에게 감동을 받고 자신의 잘못을 뉘우치는 모습을 보여 준다. 더 나아가서 자신이 번 것을 남에게 베풀며 살아가는 자비를 실천한다.

천홍주

	불교 윤리의 관점
이솝 우화 바꿔 쓰기	옛날 옛날에 돈을 쓸 줄은 모르고 모을 줄만 아는 구두쇠 영감이 살고 있었다. 구두쇠 영감은 자기가 평생 모은 돈을 모두 금화로 바꾸어서 아무도 모르게 땅속에 묻어 두었다. 그러고는 하루에 한 번씩 그곳을 파서 금화를 확인한 뒤 다시 묻어 두곤 했다. 구두쇠 영감은 땅속에 묻어 놓은 금화를 생각할 때마다 흐뭇했다. 금화를 꺼내 보는 시간은 영감의 하루 중 가장 행복한 시간이었다. '돈을 더 모아서 금화를 늘려야지!' 영감은 오직 금화만을 생각하며 더더욱 아껴 썼다. 영감은 신발이 닳을까봐 맨발로 다녔고, 걸어놓은 생선을 보며 반찬도 없이 맨밥만 먹었다. 그렇게 모은 돈으로 다시 금화를 사서 땅에 묻었다. 금화가 들어 있는 주머니는 점점 커졌지만 추운 겨울에도 맨발로 다니고 밥도 제대로 먹지 못한 영감의 몸은 점점 약해지고 있었다. 그러던 어느 날, 영감은 옆 동네에 사는 최 노인의 회갑 잔치에 초대를 받았다. 구두쇠 영감은 회갑 잔치에 가면 공짜로 맛있는 음식을 많이 먹을 수 있다는 것을 잘 알고 있었지만 옆 동네까지 갈 수가 없었다. 자신이 며칠 집을 비운 사이 누군가 금화를 훔쳐가지 않을까 걱정이 되었기 때문이다. 구두쇠 영감은 여행을 가려다 금화 때문에 다시 돌아왔던 적이 한두 번이 아니었다. 산책을 하다가도 갑자기 금화가 걱정되어 금화를 묻은 곳으로 발걸음을 옮겼고, 잠을 자다가도 금화가 걱정되어 몇 번씩 벌떡 일어났다. 어느 날부터인가 구두쇠 영감은 금화를 생각해도 더 이상 행복하지 않았다. 누군가 금화를 훔쳐가지 않을까 불안한 마음뿐이었다. 구두쇠 영감은 그제야 금화 때문에 자신의 몸은 더 약해졌으며 마음마저 병들었다는 것을 알게 되었다. '난 왜 금화를 모았을까? 땅속에 있기만 한 금화가 돌멩이와 무엇이 다르단 말인가?' 구두쇠 영감은 묻어둔 금화를 모두 꺼내어 불쌍한 사람들에게 나누어 주기 시작했다. 아파도 돈이 없어 병원에 가지 못하던 박 노인이 치료를 받을 수 있게 되었고, 삼십일 동안 아홉 끼밖에 먹지 못했던 이씨네 가족들이 배고픔을 잊게 되었다. 마을에 웃음이 끊이지 않게 되었고 마을 사람들 모두가 구두쇠 영감을 좋아하고 존경했다. 구두쇠 영감은 사람들이 기뻐하는 모습을 보면서 지난날 자신이 금화를 보며 느낀 행복보다 더 큰 행복을 느꼈다.

	불교 윤리의 관점
바꾼 우화 간략 해설	위의 이야기는 법정 스님의 『무소유』를 모티브로 하여 개작한 것이다. 불교 윤리의 특징 중 하나는 무소유의 윤리학이다. 구두쇠 영감은 자신이 원하던 금화를 많이 가지면 가질수록 행복할 것이라고 생각했지만 금화를 소유할수록 오히려 더 불행해졌다. 사람의 욕심은 끝이 없기 때문에 자신이 소유한 것에 만족하지 못하고 더 많은 것을 갖기 원하며 집착한다. 자신이 재화를 가졌다고 생각하지만 결국 그 재화에 속박당하는 것이다. 이야기의 마지막에서 구두쇠 영감은 자신이 평생 모았던 재산을 나누어 주면서 기쁨을 얻는다. 재화에 대한 소유욕에서 벗어나 크게 버릴 수 있는 사람만이 크게 얻을 수 있다는 교훈을 보여 주고 있다.

홍철민

행위의 잘잘못 따져보기				
1. 행위	구두쇠가 한 행위	금화를 땅속에 묻어 놓고 하루에 한 번씩 확인했다.	젊은이가 한 행위	영감의 금화를 모두 훔치고 그 대신 돌멩이를 넣어 두었다.
2. 잘함	구두쇠가 잘한 점		젊은이가 잘한 점	
3. 잘못함	구두쇠가 잘못한 점	돈을 쓸 줄 모르고 살아왔다.	젊은이가 잘못한 점	남의 돈을 훔쳤다.
4. 물음	구두쇠에게 바람직한 다른 행위는?	구두쇠에게 그 행위가 바람직한 이유는?	젊은이에게 바람직한 다른 행위는?	젊은이에게 그 행위가 바람직한 이유는?
5. 답변				
관점 1 칸트 윤리학	자기의 돈을 가난한 사람들을 위해 쓴다.	도덕적 의무이기 때문이다.	금화를 훔쳐가지 않는다.	도덕적 의무이기 때문이다.
관점 2 공리주의	금화를 은행에 저금해서 나오는 이자로 타인을 위해 사용한다.	모두에게 이롭기 때문이다.	훔친 금화를 영감 모르게 마을 사람들 모두에게 나누어 준다.	모두에게 이롭기 때문이다.

관점 3 불교 윤리	금화를 사회에 기부한다.	금화를 관리하는 것이 너무 신경 쓰이기 때문이다.	금화가 있는 것을 알면서도 관심을 두지 않는다.	무소유의 삶의 방식을 따르기 위해서다.
관점 4 가치 윤리학	재산을 사회에 환원한다.	'공동체의 복지'라는 가치를 최우선시하기 때문이다.	금화를 보고도 모른 체한다.	'정직'이라는 가치를 최우선시하기 때문이다.
관점 5 유교 윤리와 기독교 윤리	이웃을 사랑하고 남모르게 선행을 행한다.	삶의 가치를 깨달았기 때문이다.	금화를 보고도 모른 체하고 살아간다.	황금 보기를 돌같이 해야 하기 때문이다.

	기독교 윤리의 관점
이솝 우화 바꿔 쓰기	돈을 쓸 줄은 모르고 모을 줄만 아는 구두쇠 영감이 있었다. 구두쇠 영감은 자기가 평생 모은 돈을 모두 금화로 바꾸어서 아무도 모르게 땅속에 묻어 두었다. 그러고는 하루에 한 번씩 그곳을 파서 돈을 확인한 뒤 다시 묻어 두곤 했다. 어느 날, 마을에 사는 젊은이가 구두쇠 영감의 행동을 수상하게 여겨 뒤를 따라가서 그 영감이 금화 자루를 캐냈다가 다시 묻어 두는 것을 보게 되었다. 이후 그 젊은이는 구두쇠 영감의 돈을 몽땅 꺼내고 그 속에 돌멩이를 가득 넣어 두었다. 다음 날, 돈이 없어진 것을 알게 된 구두쇠는 기절할 듯 놀랐다. "어떤 녀석이야? 내가 평생 모은 돈을 하룻밤 사이에 가로채 훔쳐 가다니, 천벌을 받을 것이다!" 아무리 소리쳐도 돈을 찾을 길이 없자, 구두쇠 영감은 절망하여 슬피 울었다. 그는 자기의 인생을 되돌아보았다. 사는 동안 자기가 한 것은 오직 돈을 모으는 일뿐이었다. 그 돈이 없어지자 영감은 자신의 인생이 너무 허무하게 느껴졌다. 살아오면서 돈을 지키고 관리하는 데에만 집중했기 때문에, 주변에 친구들도 친한 사람도 없었다. '돈이 없어지니, 내가 평생 한 일이 아무것도 없구나.' 그때, 그곳을 지나가던 사람이 구두쇠 영감에게 우는 이유를 물었다. 구두쇠 영감은 자기가 평생 모은 돈을 묻어 두었는데, 누군가가 그것을 꺼내 가고 돌멩이만 넣어 두었다는 사실을 이야기하고 마지막에 이렇게 덧붙였다.

"앞으로 어떻게 살아야 할지 모르겠습니다."

그러자 그 사람은 다음과 같이 말했다.

"당신은 당신을 위하여 보물을 땅에다가 쌓아두지 마십시오. 땅에서는 좀이 먹고, 녹이 슬어서 망가지며, 도둑들이 뚫고 들어와서 훔쳐 갑니다. 그러므로 당신을 위하여 보물을 하늘에 쌓아두십시오. 거기에는 좀이 먹고 녹이 슬어서 망가지는 일이 없고, 도둑들이 뚫고 들어와서 훔쳐 가지도 못합니다."

구두쇠 영감이 말했다.

"어떻게 하는 것이 하늘에 보물을 쌓는 것이오?"

그 사람이 말했다.

"당신의 이웃을 당신의 몸과 같이 사랑하십시오. 그리고 남이 알지 못하게 선행하십시오."

그러자 구두쇠 영감이 물었다.

"왜 이러한 것들을 행해야 하오?"

그 사람이 대답했다.

"그리하면 남모르게 숨어서 보시는 하느님께서 당신에게 갚아주실 것입니다."

기독교 윤리의 관점

바꾼 우화 간략 해설

사람은, 살아가다가 삶의 위기를 맞이할 때 자신의 인생을 되돌아보게 된다. 그러고는 이런 질문을 던진다. '나는 지금 왜 살아가고 있는 것일까?' 어떤 경우에는 예수의 가르침이 이 질문에 대한 답을 주기도 한다. 구두쇠 영감은 자기의 전 재산을 잃게 됨으로써 삶의 위기를 맞이한다. 그는 더 이상 기존에 자기가 지녔던 가치관을 가지고 살아갈 수 없다. 그는 하루아침에 재산가에서 거지로 전락했다. 젊은 나이였더라면 재기할 가능성이 조금이라도 있겠지만, 영감에게는 그 가능성마저 전혀 없다.

이아람

행위의 잘잘못 따져보기				
1. 행위	구두쇠가 한 행위	구두쇠는 평생 모은 돈을 금화로 바꾸어 땅에 묻어 두었다.	젊은이가 한 행위	구두쇠가 땅에 묻어 둔 금화의 존재를 알아내어 금화를 가져가고 금화가 있던 자리에 돌멩이를 채워 놓았다.
2. 잘함	구두쇠가 잘한 점	구두쇠 스스로 지향하는 바를 위해 끊임없이 노력했다.	젊은이가 잘한 점	없다.
3. 잘못함	구두쇠가 잘못한 점	세상에는 분명 남을 위해서든 자기를 위해서든 돈을 써야 할 일이 있을 것인데 돈을 쓰지 않고 모으기만 했다.	젊은이가 잘못한 점	구두쇠가 어떤 사람이든 간에 구두쇠의 돈을 몰래 훔쳤다.
4. 물음	구두쇠에게 바람직한 다른 행위는?	구두쇠에게 그 행위가 바람직한 이유는?	젊은이에게 바람직한 다른 행위는?	젊은이에게 그 행위가 바람직한 이유는?
5. 답변				
관점 1 도교 윤리	구두쇠는 재산 모으기에 대한 열망을 버린다.	물욕은 허황된 것으로 안빈낙도의 자세가 사람을 진정으로 풍요롭게 할 수 있다.	젊은이는 구두쇠의 재산을 탐하지 않는다.	물욕, 특히 정당치 않은 물욕은 자연 상태에 위배되는 것이기 때문이다.
관점 2 공리 주의	구두쇠는 무조건 재산을 모으는 것이 아니라 적절한 소비를 병행한다.	공동체 사회에서 무조건적인 절약은 사회의 공공 이익에 반하는 것이기 때문이다.	젊은이는 구두쇠에게 금화의 존재를 자기가 알고 있음을 밝혀 구두쇠가 금화를 소비하도록 한다.	구두쇠가 스스로 금화를 소비하게 되면 이는 방법상 정당할 뿐만 아니라 공공 이익에도 합치한다.

관점 3 불교 윤리	구두쇠는 재산에 대한 집착을 버리고 자기의 재산으로 어려운 사람들을 돕는다.	사람은 비움으로써 채워질 수 있고, 어려운 이를 돕는 것은 그 생명을 귀하게 여기는 것으로 사람이 지향해야 하는 바이기 때문이다.	젊은이는 구두쇠의 금화에 대한 관심을 버리고 구두쇠에게 관심을 가짐으로써 구두쇠를 소유의 열망에서 벗어날 수 있도록 돕는다.	젊은이가 금화로 어려운 사람을 돕는다 하여도 목적으로 수단을 정당화하는 것은 바람직하지 않다. 구두쇠 안에도 부처가 있음을 믿고 구두쇠를 변화시키고자 노력하는 것이 옳다.
관점 4 가치 윤리학	구두쇠가 절제를 자신의 가치로 상정하고 있을 때, 구두쇠는 금화가 없어진 것에 굴하지 않고 다시 금화를 모은다.	자기가 지향하는 가치의 실현을 위한 노력은 바람직한 것이다.	젊은이가 공동체의 복지를 지향할 때, 젊은이는 구두쇠의 금화를 가져가 어려운 사람을 돕는다.	공동체의 일원으로서 공동체의 복지를 가치로 지향할 때, 그에 합치하는 행동은 가능하다.
관점 5 유교 윤리	구두쇠는 금화를 어려운 사람들을 위해 사용한다.	무릇 큰 사람은 어려운 일을 도울 줄 알아야 하며 또 도와야 한다.	젊은이는 구두쇠에게 예를 다하여 재산을 어려운 이들을 위해 써 줄 것을 설득한다.	정당한 목적을 위한 것이라 하여도 도둑질은 옳지 않다. 구두쇠에게 베풂 역시 인간의 도리임을 이야기하여 자발적으로 행동하도록 한다.

이솝 우화 바꿔 쓰기

불교 윤리의 관점

옛날 한 마을에 돈을 쓸 줄은 모르고 모을 줄만 아는 구두쇠 영감이 있었다. 구두쇠 영감은 자기가 평생 모은 돈을 모두 금화로 바꾸어서 아무도 모르게 깊은 숲 속 땅속에 묻어 두었다. 그러고는 하루에 한 번씩 그곳을 파서 돈을 확인한 뒤 다시 묻어 두곤 했다.

구두쇠와 같은 마을에 한 젊은이가 살았다. 이 젊은이는 영감이 매일 같이 숲에 가는 것을 수상히 여겼다. 그러던 어느 날, 젊은이는 호기심에 숲 속으로 들어가는 구두쇠를 뒤따라 들어갔다. 젊은이는 그 영감이 숲 속의 땅속에서 금화 자루를 캐냈다가 다시 묻어 두는 것을 보게 되었다.

이후 그 젊은이는 자나 깨나 그 금화 생각밖에 나지 않았다. 그 금화면 큰 집도 살 수 있을 것이고 평생 먹고 놀며 살 수 있을 것 같아 당장이라도 숲 속으로 달려가 금화를 훔치고 싶다가도, 도둑질을 할 것이라고 생각하니 마음이 무거워지고 찝찝해서 견딜 수가 없었다. 또한 훔친 돈으로 살아 갈 나날이 불안의 연속일 것 같은 생각도 들었다. 그러다 누군가 또 자신의 금화를 훔쳐 갈 수도 있다는 생각이 들자 마음속에 미움이 부글거렸다. 몇 날 며칠을 고민하던 젊은이는 갑자기 이런 생각이 들었다.

"있지도 않은 재산을 가질 생각만으로도 마음이 이렇게 불편한데 그 돈을 정말 가지게 되면 얼마나 불안할까? 구두쇠 영감님은 그 금화들로 정말 행복하실까?"

젊은이는 구두쇠에게 편지를 썼다. 자신은 누구이며 어떻게 금화가 있다는 것을 알게 되었고 그 후 어떠한 고민을 하게 되었으며 고민 끝에 영감님 생각이 났다는, 금화로 인한 고통을 덜어 드리고 싶다는 진실한 마음이 담긴 긴 편지였다.

편지를 받은 구두쇠 영감은 편지를 읽고 그 길로 젊은이에게 달려갔다. 이제까지 자기의 그런 고통을 헤아려 준 사람이 없었기 때문에 영감은 젊은이가 무척이나 고마웠다. 그간의 마음고생을 털어 놓으며 그 고통을 덜 수 있는 방법이 무엇이냐고 물었다.

"그 방법은 영감님의 금화를 어려운 사람들을 위해서 쓰는 것입니다."

영감님은 충격을 받은 듯 아무 말이 없었다. 자신이 피 땀 흘려 모은 돈을 남을 위해 쓰라니! 하지만 이내 영감님의 얼굴에 미소가 번졌다. 자기가 나누어 주는 돈으로 배불리 먹고 행복해할 사람들을 생각하니 자기도 모르게 미소가 흘렀다.

다음 날 영감님은 젊은이와 함께 숲 속으로 가서 금화를 파내어 어려운 사람들을 돕는 데 사용했다. 영감님의 의외의 모습에 사람들은 모두 영감님을 칭찬했다. 사람들은 그 마음 씀씀이에 모두 영감님을 좋아하게 되었다. 영감님은 더 이상 숲 속에 금화는 없었지만 젊은이와 마을 사람들을 친구로 얻게 되어 어느 때보다도 행복하고 풍요한 나날을 보냈다.

	불교 윤리의 관점
바꾼 우화 간략 해설	원작에서 젊은이는 구두쇠의 금화를 발견하고는 금화를 가져가고 그 자리에 돌멩이를 채워 둔다. 비록 그 금화가 '구두쇠'의 것이기는 하지만 남의 물건을 도둑질하는 것은 결코 바른 행동이 아니다. 구두쇠 역시 자기가 모은 금화가 사라진 것을 알고 억울해할 뿐이다. 이 이야기의 중심 화제는 물질적 욕심에 대응하는 우리의 자세에 있다고 생각한다. 바꾼 이야기에서는 젊은이가 금화의 존재를 알게 됨으로써 번뇌를 겪고, 물욕이 사람을 풍요롭게 하기보다는 피폐하게 할 수 있다는 것을 깨닫는다. 그 깨달음을 구두쇠 노인에게 전달함으로써 노인 역시 소유욕의 굴레에서 벗어날 수 있도록 도와주고 있다.

양아름

행위의 잘잘못 따져보기				
1. 행위	구두쇠가 한 행위	구두쇠는 모은 돈을 쓰기가 아까워서 땅에 묻어 두고 보기만 했다.	젊은이가 한 행위	젊은이는 돈을 땅에 묻어 두고 쓰지 않는 구두쇠를 보고, 그의 돈을 훔쳤다.
2. 잘함	구두쇠가 잘한 점	구두쇠는 자기가 가진 돈을 함부로 낭비하지 않았다. 그리고 남에게 피해를 주는 데 사용하지 않았다.	젊은이가 잘한 점	
3. 잘못함	구두쇠가 잘못한 점	구두쇠는 자기가 가진 돈을 남을 위해 베풀거나 쓸모 있게 이용하지 못하고 자기 만족의 수단으로만 사용했다. 구두쇠는 돈을 가치 있게 사용하지 못했다.	젊은이가 잘못한 점	젊은이는 남의 것을 함부로 탐내어 훔치는 비도덕적인 행위를 했다.

4. 물음	구두쇠에게 바람직한 다른 행위는?	구두쇠에게 그 행위가 바람직한 이유는?	젊은이에게 바람직한 다른 행위는?	젊은이에게 그 행위가 바람직한 이유는?
5. 답변				
관점 1 칸트 윤리학	구두쇠는 돈을 쓸모없이 땅에만 묻어 둔 자기의 행위를 반성하고 그 돈을 어려운 사람을 돕는 데 쓴다.	구두쇠가 돈을 땅에 묻어 두는 것은 돈이 가진 가치를 낭비하는 행위이므로 이를 반성한다. 상대방에게 선의를 베푸는 도덕적 의무를 이행해야 하기 때문이다.	젊은이는 구두쇠가 돈을 묻어 놓은 모습을 보았지만 그 돈을 훔치거나 욕심내지 않고 돈의 유용한 활용에 대해 이야기 하여 구두쇠를 깨우치게 한다.	젊은이는 남의 물건을 훔치면 안 된다는 보편적 도덕 의무를 이행하여, 구두쇠가 자기의 행위를 반성하도록 도와줘야 하기 때문이다.
관점 2 공리 주의	구두쇠는 자기가 묻어 두었던 돈을 꺼내 어려운 마을 사람들과 함께 공동 농원을 만들고, 존경을 받는 마을 유지가 된다. 그 마을은 주변 마을보다 더 부유한 마을이 되어 마을 사람들이 모두 배고픔을 걱정하지 않게 되었다.	구두쇠는 자기가 모은 돈을 혼자 보고 자기의 만족만을 추구했지만 마을 사람들과 나누면 훨씬 더 많은 사람들이 돈의 가치를 나누어 자기고 행복해할 수 있게 된다. 또 구두쇠는 물질적 부유함 외에 존경과 명예라는 질적 가치를 획득할 수 있다.	젊은이는 구두쇠에게 묻어 놓은 돈으로 얼마나 많은 사람들을 도울 수 있는지 이야기 한다. 그리고 그런 행위를 통해 어떤 존경과 명예를 얻을 수 있는지 말해 준다.	구두쇠가 마을 사람들 모두 돈을 벌 수 있는 공동 농원을 만들면 그 마을에 사는 젊은이도 이익을 볼 수 있기 때문이다.
관점 3 불교 윤리	구두쇠는 젊은이가 돈 대신 가져다 둔 돌덩이를 보고 자신의 욕심이 어리석음을 깨닫고 오히려 돈을 잃은 것을 다행으로 여기게 된다. 그리고 젊은이와 함께 그 돈으로 어려운 사람들을 돕는다.	돈에 대한 집착이라는 물욕에서 벗어나는 것이 무소유를 지향하는 행위이기 때문이다. 또한 자신의 깨달음을 젊은이에게 도전하는, 즉 다른 사람을 도와주는 것도 불교 윤리를 실천하는 자비로운 행위다.	젊은이는 무소유를 깨달은 구두쇠의 모습을 보고 자기도 깨우치고, 함께 그 돈으로 어려운 사람을 돕는다.	젊은이는 훔친 돈을 돌려줌으로써 물욕에서 벗어나고 무소유를 지향할 수 있기 때문이다.

관점 4 유교 윤리	구두쇠는 자기가 가진 돈을 마을이 어려운 일을 당했을 때 쓸 수 있도록 마을 공금으로 내놓는다.	자기가 가진 것에 지나친 욕심을 부리지 않고 다른 사람을 돕는 일에 솔선수범을 보이는 것은 바람직한 행위이기 때문이다.	젊은이는 자기의 것이 아닌 구두쇠의 재물을 보고도 전혀 탐을 내지 않고, 의연한 자세로 지나간다.	남의 것을 함부로 탐내는 것은 자기 절제가 부족한 행위이기 때문이다.
관점 5 가치 윤리	구두쇠는 자기가 가진 돈을 함부로 낭비하거나 묻어두지 않고 옳은 일에만 아껴서 사용한다.	구두쇠가 가진 것을 함부로 쓰지 않는 것은 자기의 삶에서 일관성 있게 '절약'의 가치를 추구하는 것이기 때문이다.	젊은이는 자신이 구두쇠의 돈을 탐내는 마음을 가졌다는 것을 솔직하게 이야기하고 구두쇠에게 용서를 구한다.	젊은이는 자신이 추구하는 '정직'이라는 가치에 따라 자신의 잘못된 생각에 대한 용서를 구해야 하기 때문이다.

이솝 우화 바꿔 쓰기	불교 윤리의 관점
	불교 윤리의 관점에서는 물욕에 얽매여 스스로를 속박하는 행위를 경계한다. 구두쇠 영감과 젊은이는 돈에 대한 물욕을 버리고 무소유를 추구하여 자유로운 마음을 가질 수 있게 되었다. 이 이야기는 원효대사의 '유심사상'의 관점으로도 바라볼 수 있다. 원효대사는 중국으로 유학가던 중 들렸던 동굴에서 목이 말라 바가지의 물을 먹었다가 사실은 그 바가지가 해골이었다는 것을 날이 밝은 후 알게 되었다. 마실 때는 아무렇지 않았던 물이 해골에 담긴 물이었다는 것을 알자 무척 역겹게 느껴졌다. 이를 통해 원효대사는 어떤 일도 마음 상태에 따라 다르게 느껴질 수 있다는 것을 깨달았다. 구두쇠 영감도 어차피 보기만 하고 쓰지도 않는 것임에도, 돈이라고 생각했을 때는 한없이 기뻤다가 돌멩이가 되었을 때는 슬퍼지는 자기의 마음이 이와 같다는 것을 깨달았다. 그리고 모든 것은 마음먹기에 달려 있다는 깨달음을 젊은이와 함께 나누었다. 두 사람은 물욕을 버리고 자신의 마음을 다스림으로써 다른 사람에게 자비를 베푸는 도덕적 행위를 실천할 수 있게 되었다.

제5교시 친구의 생활 방식이 나의 것과 너무 다를 때는 어떻게 할까?

	말과 멧돼지
이솝 우화	말과 멧돼지가 함께 살고 있었다. 말은 깔끔한 걸 좋아하고 멧돼지는 지저분한 걸 즐겼다. "멧돼지야, 좀 깨끗하게 지낼 수는 없니? 이거야 원 더러워서 있을 수가 없잖아." 말은 지저분한 멧돼지에게 좀 깨끗이 지내자고 말했다. "무슨 상관이야. 어떻게 지내든 마음 편하게 살면 되잖아." 멧돼지는 말이 이러쿵저러쿵 잔소리하는 걸 싫어했다. 그러고는 언제나 제멋대로였다. 말과 멧돼지의 먹이는 넓은 벌판에 있는 무성한 풀이었다. 그런데 멧돼지는 풀밭에서도 제 마음대로였다. 한 곳에서만 풀을 뜯는 것이 아니고 이곳저곳 다니며 풀을 뜯다가는 마구 짓밟고 더럽혔다. 골짜기 물을 마실 때에도 첨벙거리며 물을 흐리게 했다. 깨끗한 걸 좋아하는 말은 더 이상 참을 수가 없었다. 멧돼지를 한번 혼내 주어야겠다고 생각한 말은 사냥꾼을 찾아갔다. 그리고 멧돼지를 혼내 주는 데 힘을 빌려 달라고 했다. "좋아, 내가 네 소원을 들어주지. 그 대신 너는 재갈을 물고 나를 태워 줘야 해. 널 타고 빨리 뛰어야 멧돼지를 잡을 수 있으니까." 사냥꾼이 말했다. "좋아요. 그렇게 합시다." 말이 승낙했다. 사냥꾼은 말을 타고 멧돼지를 쫓아가서 창으로 멧돼지를 찔렀다. 멧돼지는 죽어가며 말했다. "이 비겁한 말아, 나는 너 때문에 죽게 되었지만 넌 영원히 노예가 될 거야!" 멧돼지의 말대로 사냥꾼은 말을 놓아주지 않았다. 사냥꾼은 재갈을 물린 채 말을 마구간으로 끌고 가서 고삐를 매고 마음대로 부려먹었다.

다 함께

행위의 잘잘못 따져보기				
1. 행위	말이 한 행위	제멋대로 더럽게 생활하는 멧돼지를 혼내주려고 사냥꾼의 도움을 청했다가 사냥꾼의 노예가 되었다.	멧돼지가 한 행위	말의 취향을 고려하지 않고 자기 멋대로 생활하다가 사냥꾼에게 죽임을 당했다.
2. 잘함	말이 잘한 점		멧돼지가 잘한 점	
3. 잘못함	말이 잘못한 점	사냥꾼에게 도움을 청해 멧돼지를 혼내려했다.	멧돼지가 잘못한 점	말의 조언과 요구를 무시하고 자기 멋대로 행동했다.
4. 물음	말에게 바람직한 다른 행위는?	말에게 그 행위가 바람직한 이유는?	멧돼지에게 바람직한 다른 행위는?	멧돼지에게 그 행위가 바람직한 이유는?
5. 답변				
관점 1 칸트 윤리학	사냥꾼의 도움에 의존하지 않고 대화와 설득의 방법으로 멧돼지의 행동을 고친다.	멧돼지 역시 말을 혼내기 위해 남의 도움과 힘을 이용할 수도 있기 때문이다.	말의 조언과 요구를 받아들이면서 자기의 행위를 절제하며 다스린다.	멧돼지의 자기 방종에서 나오는 행동은 모두가 따라할 만한 행동이 아니기 때문이다.
관점 2 도가 윤리	모든 동물은 자기 본성대로 살 수밖에 없음을 인정하고 멧돼지와 부딪히지 않으려고 노력하며 멧돼지의 삶의 방식에 관여하지 않는다.	모든 동식물의 본성은 인위적으로 바꿀 수 있는 것이 아니기 때문이다.	말의 본성을 이해하고, 말이 없는 경우에만 자기 멋대로 행동한다.	차이를 인정하고 상생하는 것이 자연의 이치이기 때문이다.
관점 3 가치 윤리학	대화를 통하여 생활 규칙을 합의한다.	자기 위주의 삶보다 함께 공존하는 삶이 더 가치 있는 삶이기 때문이다.	말에게 피해를 주어 미안하다고 말하면서 자신의 못된 성향에 대한 너그러운 이해를 부탁한다.	자신의 잘못을 인정하면서 상대에게 선의를 부탁하는 것이기 때문이다.

관점 4 유교 윤리	멧돼지에게 진지하게 조언하고, 그래도 안 고쳐지면 참아 넘긴다.	서로 다르면서도 화합함이 군자의 덕목이기 때문이다.	말의 조언을 받아들여 행동을 매우 조심한다.	자기가 서고 싶은 대로 남을 먼저 세워주라는 도덕 규범에 합치하기 때문이다.

	가치 윤리학의 관점
이솝 우화 바꿔 쓰기	말과 멧돼지가 함께 살고 있었다. 말은 깔끔한 걸 좋아하고 멧돼지는 지저분한 걸 즐겼다. "멧돼지야, 좀 깨끗하게 지낼 수는 없니? 이거야 원 더러워서 있을 수가 없잖아." 말은 지저분한 멧돼지에게 좀 깨끗이 지내자고 말했다. "무슨 상관이야. 어떻게 지내든 마음 편하게 살면 되잖아." 말은 멧돼지를 떠나야 할지도 모른다고 생각하면서 그와 진지하게 대화할 수 있는 날이 오기를 기다렸다. 어느 날 멧돼지가 먹이를 잔뜩 먹고 기분이 좋아 흥얼흥얼 노래를 부르고 있었다. 말은 이때다 싶어 다가가서 말했다. "멧돼지야, 죽은 사람 소원도 들어준다는데, 내 소원 좀 들어다오." 기분이 좋던 멧돼지가 흔쾌히 대답했다. "좋아, 말해봐. 무엇이든." "네게 이상하게 들리겠지만 사실 나는 잠자리가 깨끗해야 잠을 잘 자. 그리고 짓밟히지 않은 풀들을 먹어야만 맛을 느껴. 그래서 말인데 나의 잠자리와 나의 풀밭을 더럽혀지지 않도록 네가 조심해 주었으면 해." 멧돼지는 의아한 표정으로 말했다. "너의 잠자리와 너의 풀밭이 따로 정해져 있니? 아무 데서나 자고 먹으면 되지." "지금까지는 그랬지만, 우리끼리 합의하면 나의 잠자리와 나의 풀밭을 정할 수 있어." 멧돼지는 깨끗함을 좋아하는 친구가 주변에 있어야만 자신의 자유분방한 털털한 성격이 장점으로 잘 드러난다고 생각하고 말의 제안에 동의했다. 그렇게 서로는 헤어지지 않고 어울려 살았다.

바꾼 우화 간략 해설	가치 윤리학의 관점
	대화를 통한 합의가 민주주의적 가치

김다예

행위의 잘잘못 따져보기				
1. 행위	말이 한 행위	말은 멧돼지의 생활 방식이 마음에 들지 않아 사냥꾼과 협상하여 멧돼지를 죽였다. 그리고 사냥꾼의 노예가 되었다.	멧돼지가 한 행위	멧돼지는 말의 충고를 무시하고 제멋대로 살다가 사냥꾼에 의해 죽임을 당했다.
2. 잘함	말이 잘한 점		멧돼지가 잘한 점	
3. 잘못함	말이 잘못한 점	말은 멧돼지를 죽이기 위해 사냥꾼과 협상했다.	멧돼지가 잘못한 점	멧돼지는 말의 충고를 무시하고 제멋대로 살았다.
4. 물음	말에게 바람직한 다른 행위는?	말에게 그 행위가 바람직한 이유는?	멧돼지에게 바람직한 다른 행위는?	멧돼지에게 그 행위가 바람직한 이유는?
5. 답변				
관점 1 칸트 윤리학	말은 제멋대로 행동하는 멧돼지를 끝까지 설득하여 올바른 길로 인도한다.	바람직하지 못한 행동을 하는 다른 이를 올바른 길로 인도하는 것은 도덕적 의무이기 때문이다.	멧돼지는 말의 정성에 감동을 받고 자기의 옳지 못한 생활 태도를 고치려고 노력한다.	
관점 2 공리주의	말은 멧돼지에게 서로 조금씩 양보하면서 살자고 제안한다.	서로 양보하고 살아야 말과 멧돼지 모두 행복을 누릴 수 있기 때문이다.	멧돼지는 말의 제안을 받아들이고 자기의 생활 태도를 고치기 위해 노력한다.	서로 양보하고 살아야 말과 멧돼지 모두 행복을 누릴 수 있기 때문이다.

관점 3 도가 윤리	말은 멧돼지가 제멋대로 사는 것을 그냥 내버려두고 멧돼지가 스스로 자기의 행동을 고치도록 유도한다.	멧돼지의 행동에 대해 인위적으로 개입하지 않고 인내심을 가지고 기다리는 것이 올바른 행위이기 때문이다.	멧돼지는 제멋대로 행동하다가 주변의 자연을 더럽히게 되고, 후에 자연의 소중함을 깨닫고 자기의 생활 태도를 고친다.	만물의 근원으로서의 자연을 사랑하고 소중히 여기는 것이 도가의 윤리이기 때문이다.
관점 4 유교 윤리	말은 제멋대로 행동하는 멧돼지를 타이르기보다는 솔선수범하여 청결한 생활을 몸소 실천하고 멧돼지가 자기의 생활 태도를 반성하도록 유도한다.	올바른 행동을 타인에게 강요할 것이 아니라 자기가 솔선수범하여 올바른 행동을 타인에게 보여주는 것이 바람직한 행위이기 때문이다.	멧돼지는 말이 솔선수범하여 청결하게 생활하는 모습을 보고 자기의 태도가 옳지 못했음을 반성하여 태도를 고친다.	타인이 올바르게 행동하는 모습에서 자기의 태도를 반성하고 고치는 것은 군자의 행동을 통해 자기 태도를 반성하고 자기 수양을 하는 것과 일맥상통하기 때문이다.

이솝 우화 바꿔 쓰기

도가 윤리의 관점

옛날에 말과 멧돼지가 함께 살고 있었다. 말은 자연을 소중히 여겨 항상 청결하게 생활했지만, 멧돼지는 지저분한 걸 즐겼다.

"멧돼지야, 좀 깨끗하게 지낼 수는 없니? 너 때문에 주변에 있는 풀이 다 죽잖아."

말은 지저분한 멧돼지에게 좀 깨끗이 지내자고 말했다.

"무슨 상관이야. 어떻게 지내든 마음 편하게 살면 되잖아."

멧돼지는 말이 이러쿵저러쿵 잔소리하는 걸 싫어했다. 그러고는 언제나 제멋대로였다. 말과 멧돼지의 먹이는 넓은 벌판에 있는 무성한 풀이었다. 그런데 멧돼지는 풀밭에서도 제 마음대로였다.

한 곳에서만 풀을 뜯는 것이 아니고 이곳저곳 다니며 풀을 뜯다가는 마구 짓밟고 더럽혔다. 골짜기 물을 마실 때에도 첨벙거리며 물을 흐리게 했다.

말은 멧돼지에게 아무리 타일러도 소용이 없다는 것을 깨닫고 멧돼지의 행동을 변화시킬 방법을 모색하기 시작했다. 말은 더 이상 멧돼지를 타이르지 않고 묵묵히 멧돼지의 행동을 관찰했다.

'그래, 멧돼지가 스스로 태도를 고치도록 내버려두자.'

며칠 동안 말이 잔소리를 하지 않자 처음에 멧돼지는 이상하게 생각했지만, 잔소리를 듣지 않아서 기뻤다.

'매일매일 잔소리를 하더니 이제 포기했나 보지? 아~ 이제 정말 내 세상이다. 마음껏 놀아야지!'

말의 잔소리를 듣지 않게 된 멧돼지는 전보다 더 제멋대로 굴기 시작했다. 그러나 오랫동안 씻지 않은 멧돼지에게서 썩은 내가 나기 시작했고 멧돼지의 주변에 있던 동물들은 모두 떠나갔다.

'왜 다들 나를 떠나지? 흥, 오히려 잘됐어. 난 혼자가 더 편하니까~'

이렇게 자기의 태도를 고치려 하지 않던 멧돼지가 하루는 목이 말라 주변에 있던 골짜기 물을 마시기 위해 고개를 내밀었다. 그런데 멧돼지는 놀라지 않을 수 없었다. 골짜기의 물이 모두 썩어 있는 것이었다. 멧돼지는 당황한 나머지 뒤로 넘어졌고 몸이 땅에 닿은 순간 무성했던 풀이 모두 메말라 있는 것을 발견했다.

'아니 이게 어떻게 된 일이지? 내가 씻지 않았다고 자연이 이렇게 더러워진 건가? 이제 나는 뭘 먹고 살지…….'

망연자실한 멧돼지는 예전에 말이 잔소리했던 시절을 떠올리면서 자기의 생활 태도를 반성했고 자연의 소중함을 깨닫게 되었다. 그때 멧돼지를 관찰해 오던 말이 다가왔다.

"이제 너의 태도가 잘못되었다는 것을 깨달았지? 이곳에서 조금만 가면 깨끗한 물과 풀이 무성한 마을이 있어. 우리 거기서 자연을 소중히 여기면서 살자."

"말아, 고마워. 이제 나도 자연의 소중함을 알고 항상 청결하게 생활할 거야."

이렇게 말과 멧돼지는 깨끗한 자연 속에서 평화롭게 살았다.

바꾼 우화 간략 해설	도가 윤리의 관점
	도가 윤리에서는 인위적인 가치를 지양하고 물 흐르듯이 자연스러운 가치를 지향한다. 바꾼 우화에서는 말이 멧돼지의 행동에 인위적으로 개입하지 않고 내버려둠으로써 도가 윤리를 따르고 있다. 또한 말이 인내심을 갖고 멧돼지가 스스로의 행위를 고칠 때까지 겸허하게 기다리는 태도 역시 도가 윤리의 관점에서 올바른 행위라고 볼 수 있다. 그리고 멧돼지가 자연의 소중함을 알고 자연을 사랑하는 마음에서 자기의 생활 태도를 고침으로써 도가 윤리를 실천하고 있다.

김두영

행위의 잘잘못 따져보기				
1. 행위	말이 한 행위	자신과 생각이 다른 멧돼지를 혼내주었다.	멧돼지가 한 행위	친구의 말을 무시하고 자기가 하고 싶은 대로 했다.
2. 잘함	말이 잘한 점	대화를 통해 멧돼지와 문제를 해결하려 하였다.	멧돼지가 잘한 점	
3. 잘못함	말이 잘못한 점	친구를 혼내주기 위해 어리석은 선택을 하였다.	멧돼지가 잘못한 점	친구의 충고를 긍정적으로 들을 필요가 있었다.
4. 물음	말에게 바람직한 다른 행위는?	말에게 그 행위가 바람직한 이유는?	멧돼지에게 바람직한 다른 행위는?	멧돼지에게 그 행위가 바람직한 이유는?
5. 답변				
관점 1 칸트 윤리학	멧돼지와 대화를 통해 계속 충고를 해야 한다.	친구가 잘못된 행동을 하는 것에 대한 충고를 해야 하기 때문이다.	친구의 말이 옳음을 인식하고 그의 말에 따라 자신의 행동을 바꿔야 한다.	누군가 자신의 행동에 대해서 옳은 말을 해준다면 그 말을 따라야 한다.
관점 2 공리 주의	멧돼지와 대화를 통해 서로 각자의 길을 간다.	잔소리를 듣기 싫은 멧돼지와 멧돼지의 삶의 방식이 맘에 들지 않는 말은 구태여 함께 살 필요가 없기 때문이다.	서로 맞지 않음에도 함께 살기보다는 각자의 길을 찾는다.	잔소리를 듣기 싫은 멧돼지와 멧돼지의 삶의 방식이 맘에 들지 않는 말은 구태여 함께 살 필요가 없기 때문이다.
관점 3 도가 윤리	멧돼지를 인위적으로 바꾸려고 하지 않는다.	있는 그대로를 받아들이며 멧돼지가 더럽히면 자신이 깨끗하게 하고 멧돼지가 싫어하는 잔소리를 할 필요는 없다.		

관점 4 가치 윤리학	질서를 중요시하는 말은 멧돼지에게 질서를 지키지 않았을 경우 어떠한 벌을 가할지 미리 규칙을 정해 놓는다.	질서와 규칙을 중요시하는 말에게 그저 자유롭게 하고 싶은 대로만 하는 멧돼지의 행동은 무질서하게 보일 뿐이기 때문이다.	자유를 중요시하는 멧돼지는 말과의 생각이 다름을 깨닫고 떠난다.	자유롭게 살며 누구에게도 간섭받는 것을 싫어하는 멧돼지에게는 말의 잔소리와 규칙은 귀찮을 뿐이기 때문이다.
관점 5 유교 윤리	멧돼지에게 어떠한 점이 잘못되었는지 짚어주고 올바른 길로 갈 수 있도록 이끌어 준다.	이웃의 잘못된 행동은 옳은 길로 갈 수 있도록 충고해 주어야 하기 때문이다.	말의 얘기를 듣고 잘못된 행동을 고치도록 한다.	옳은 일을 권하는 이웃의 말을 흘려듣지 않고 소중히 생각해야 한다.

이솝 우화 바꿔 쓰기

공리주의의 관점

말과 멧돼지가 함께 살고 있었다. 그들은 함께 살기 싫었지만 자신들을 쫓아다니는 사냥꾼 때문에 함께 할 수밖에 없었다. 그러나 말은 깔끔한 걸 좋아하고 멧돼지는 지저분한 걸 즐겼다.

"멧돼지야, 좀 깨끗하게 지낼 수는 없니? 이거야 원 더러워서 있을 수가 없잖아."

말은 지저분한 멧돼지에게 좀 깨끗이 지내자고 말했다.

"무슨 상관이야. 어떻게 지내든 마음 편하게 살면 되잖아."

멧돼지는 말이 이러쿵저러쿵 잔소리하는 걸 싫어했다. 그러고는 언제나 제멋대로였다. 말과 멧돼지의 먹이는 넓은 벌판에 있는 무성한 풀이었다. 그런데 멧돼지는 풀밭에서도 제 마음대로였다.

한 곳에서만 풀을 뜯는 것이 아니고 이곳저곳 다니며 풀을 뜯다가는 마구 짓밟고 더럽혔다. 골짜기 물을 마실 때에도 첨벙거리며 물을 흐리게 했다. 깨끗한 걸 좋아하는 말은 더 이상 참을 수가 없었다.

"멧돼지야, 우리 그냥 따로 살자. 난 깨끗한 걸 좋아하고 넌 잔소리 듣는 걸 싫어하니 각자가 편하게 살 수 있는 방법을 찾는 게 좋을 것 같아."

멧돼지가 흔쾌히 승낙하자 말은 미련 없이 그 자리를 떠났다. 걷고 또 걷고 며칠을 헤매던 말은 멀리서 달려오는 한 무리의 말떼를 만나게 되었다.

	"이봐요, 저도 함께 하고 싶어요. 같이 다니면 안 될까요?" 무리의 승낙에 말은 이제 멧돼지와 함께 하지 않아도 사냥꾼을 두려워하지 않아도 된다는 생각에 매우 기뻤다. 그리고 한편으로는 멧돼지가 걱정이 되었다. 그러나 그 시각, 멧돼지 또한 한 무리의 멧돼지 떼를 만나서 안도의 한숨을 쉬고 있었다. 많은 시간이 흐른 후 그 두 무리는 냇가에서 만나게 되었는데 그때, 말과 멧돼지는 서로를 알아보고 자신들의 선택이 옳았다는 것을 알고 함께 기뻐하며 각자의 길을 갔다.

	공리주의의 관점
바꾼 우화 간략 해설	이 이야기에서는 말과 멧돼지가 서로 맞지 않음에도 불구하고 함께 다니려고 고집을 피우다 결국 불화가 생겨 서로의 목숨마저 빼앗는 극단적인 결과를 내게 되는데, 그것을 공리주의 관점에서 바꿔 서로에게 이익이 될 수 있는 이야기로 바꾸었다. 서로의 생활 태도와 잔소리가 맘에 들지 않았지만 사냥꾼 때문에 어쩔 수 없이 함께 지내던 말과 멧돼지는 서로 대화를 통해 자신의 뜻을 밝히고 새롭게 함께할 동료를 구하러 나선다. 결국 그들은 각자의 동료를 얻고 언젠가 그 무리의 이동에서 서로를 만난 후 기쁨의 재회를 하고는 다시 각자의 삶으로 돌아간다. 괜한 불화로 서로를 해하기보다는 대화를 통해 합의점을 찾아서 행복을 추구하는 것이 서로에게 이익이 되는 행동이다.

김예슬

행위의 잘잘못 따져보기				
1. 행위	말이 한 행위	말은 삶의 방식이 자기와 다른 멧돼지를 혼내주고자 사냥꾼의 힘을 빌렸다.	멧돼지가 한 행위	멧돼지는 말과 함께 살면서도 마음대로 사는 곳을 더럽히고, 제 마음대로 풀을 뜯었다.
2. 잘함	말이 잘한 점		멧돼지가 잘한 점	

3. 잘못함	말이 잘못한 점	문제 당사자가 아닌 타자의 힘을 빌려 멧돼지와의 문제를 해결하려고 했다.	멧돼지가 잘못한 점	말을 배려하지 않고 마음대로 살았다.
4. 물음	말에게 바람직한 다른 행위는?	말에게 그 행위가 바람직한 이유는?	멧돼지에게 바람직한 다른 행위는?	멧돼지에게 그 행위가 바람직한 이유는?
5. 답변				
관점 1 칸트 윤리학	말은 멧돼지에게 행동을 고쳐달라고 정중하게 요구한다.	타인의 인격을 무시하지 않고 이성적으로 대하는 것이 바람직한 행위이기 때문이다.	멧돼지는 말을 존중하여 피해가 가지 않게 행동한다.	멧돼지 자신처럼 말의 인격 가치 또한 존중되어야 하기 때문이다.
관점 2 공리주의	말은 멧돼지와 협상하여 사는 곳을 나눈다.	말과 멧돼지가 서로 다른 삶의 방식을 갖고 있으므로 각자의 공간을 갖는 것이 둘 다에게 이익이기 때문이다.	말은 멧돼지와 협상하여 사는 곳을 나눈다.	말과 멧돼지가 서로 다른 삶의 방식을 갖고 있으므로 각자의 공간을 갖는 것이 둘 다에게 이익이기 때문이다.
관점 3 도가 윤리	말은 멧돼지 나름대로의 삶의 방식을 인정하고 불평하지 않으며 살아간다.	인위적으로 다른 사람을 바꾸려고 하는 것은 자연스러운 덕을 강조하는 도가 윤리의 관점에서 옳지 않기 때문이다.	멧돼지는 자기의 자유로운 삶을 위하여 자연 속으로 들어간다.	도가에서 자유가 없는 삶은 '인위'라고 보기 때문이다.
관점 4 가치 윤리학	말은 멧돼지와 진지한 대화를 나누어 서로에게 피해를 주지 않고 함께 살 방법을 모색한다.	말은 멧돼지를 혼내주고자 했지만 그럼에도 멧돼지와 함께 조화를 이루어 살고자 하기 때문이다.	멧돼지는 말과 함께 사는 것을 포기하고 혼자 살기로 한다.	멧돼지는 누구의 간섭도 받지 않는 자유를 추구하기 때문이다.

관점 5 유교 윤리	말은 멧돼지와 사는 것이 힘들더라도 조금 양보하며 산다.	인간은 본래 남을 사랑하고 남에게 양보할 줄 아는 마음을 타고났기 때문이다.	멧돼지는 마음대로 하고 싶은 욕구를 이겨내고 말에 대한 예의를 지킨다.	공자가 강조한 극기복례에 따르면 사람은 자기의 욕망을 억제하고 예의범절을 따라야 하기 때문이다.

	유교 윤리의 관점
이솝 우화 바꿔 쓰기	말과 멧돼지가 함께 살고 있었다. 말은 깔끔한 걸 좋아하고 멧돼지는 지저분한 걸 즐겼다. "멧돼지야, 좀 깨끗하게 지낼 수는 없니? 이거야 원, 더러워서 있을 수가 없잖아." 말은 지저분한 멧돼지에게 좀 깨끗이 지내자고 말했다. "무슨 상관이야. 어떻게 지내든 마음 편하게 살면 되잖아." 멧돼지는 말이 이러쿵저러쿵 잔소리하는 걸 싫어했다. 말과 멧돼지는 같은 벌판에서 풀을 먹고 살았는데 멧돼지는 풀밭에서도 제 마음대로였다. 한 곳에서만 풀을 뜯는 것이 아니고 이곳저곳 다니며 풀을 뜯다가는 마구 짓밟고 더럽혔다. 골짜기 물을 마실 때에도 첨벙거리며 물을 흐리게 했다. 멧돼지의 지나친 행실에 지친 말은 당장이라도 그곳을 떠나고 싶은 마음뿐이었다. '너무나 힘들다. 어쩌다 저렇게 더러운 멧돼지와 함께 살게 된 것일까.' 멧돼지 또한 자기 마음대로 살고는 있지만 매일매일 말의 눈치를 봐야 하는 것이 싫었다. '왜 내가 저 지겨운 잔소리를 듣고 살아야 하는 거야.' 어느새 말과 멧돼지는 서로의 얼굴조차 보지 않으며 지내고 있었다. 그러는 동안 멧돼지는 그동안의 일들에 대해서 반성해 보게 되었다. '말과 나의 사이가 이렇게 틀어진 이유가 무엇일까? 그동안 나는 말을 신경 쓰지 않은 채 내 마음대로 하며 살아왔어. 함께 사는 말을 배려하지 않았던 건 예의에 어긋나는 짓이었을 거야. 그래서 말이 마음에 들어 하지 않았던 거고.' 멧돼지는 자기의 행동을 반성하며 앞으로 말에게 예의를 지켜 행동해야겠다고 생각했다.

말 역시도 멧돼지와 사이가 나빠진 것을 안타까워하며 앞으로 어떻게 해야 할지 고민했다.

'그동안 나는 멧돼지가 하는 것마다 싫어하며 잔소리를 했었지. 함께 사는 친구인데 내가 좀 양보하며 살 수도 있는 건데 말이야. 그래, 원래 멧돼지가 나쁜 애도 아닌데 이토록 싫어할 이유도 없지. 이제부터는 내가 양보하며 지내야겠다.'

각자 생각을 마친 말과 멧돼지는 약속이라도 한 듯이 함께 같은 장소로 오게 되었다. 지난 날 자기들의 행동이 부끄러워 아무 말도 못하고 있었던 차에, 멧돼지가 먼저 말을 꺼냈다.

"그동안 내가 너무 제멋대로 굴었던 것을 사과할게. 이제부터는 내 행동들을 자제하기로 했어."

멧돼지의 사과를 들은 말도 이야기를 꺼냈다.

"나도 사과할게. 내가 불편한 것만 생각하고 너에게 양보할 줄 몰랐어. 이젠 예전처럼 그러지 않을 거야."

이렇게 서로를 생각하게 된 말과 멧돼지는 그 뒤로도 오랫동안 함께 살았다.

비꾼 우화 간략 해설

유교 윤리의 관점

멧돼지는 말을 배려하지 않고 하고 싶은 대로 살고 있었다. 유교 윤리의 관점에서 보았을 때 이 행위는 예를 지키지 못한 것이기 때문에 멧돼지는 마음대로 하고 싶은 욕망을 억제하고 예를 지키는 삶을 살아야 한다.

멧돼지와 함께 살았던 말은 멧돼지로 인해 피해를 보기는 했지만, 자기의 불편함만을 생각하고 멧돼지에 대한 양보가 전혀 없었다. 그러나 인간은 본래 남을 공경하고 양보하는 마음을 타고났기 때문에 말은 자기의 불편함을 견디고 멧돼지에게 양보하며 살기로 한 것이다.

이렇게 말과 멧돼지가 서로를 배려할 수 있었던 것은 타고난 '인(仁)'의 마음에 바탕을 두고 있기 때문이다.

김찬우

행위의 잘잘못 따져보기				
1. 행위	말이 한 행위	멧돼지를 혼내주기 위해 사냥꾼에게 협조했다.	멧돼지가 한 행위	말의 충고를 귀찮아하고 무시했다.
2. 잘함	말이 잘한 점	없다.	멧돼지가 잘한 점	없다.
3. 잘못함	말이 잘못한 점	자신과의 갈등 끝에 결국 멧돼지를 죽음에까지 몰고 갔다.	멧돼지가 잘못한 점	말의 충고에 전혀 귀를 기울이려는 태도를 보이지 않았다.
4. 물음	말에게 바람직한 다른 행위는?	말에게 그 행위가 바람직한 이유는?	멧돼지에게 바람직한 다른 행위는?	멧돼지에게 그 행위가 바람직한 이유는?
5. 답변				
관점 1 칸트 윤리학	말은 멧돼지가 의견을 수용 할 때까지 진심으로 충고를 한다.	진심으로 충고를 하는 행동은 우정을 위한 것이고, 우정을 지향하는 행위는 옳기 때문이다.	멧돼지는 진심으로 말의 충고에 귀를 기울인다.	진심어린 충고에 귀를 기울이는 것은 우정을 위한 행동이며, 우정을 지향하는 것은 옳기 때문이다.
관점 2 공리 주의	말은 멧돼지에게 자신만의 가치관을 강요하지 않고, 절충점을 찾는다.	최대 다수의 행복을 위한 것이기 때문이다.	멧돼지는 자신의 습성만을 고집하지 않고 말과 절충점을 찾아 타협한다.	최대 다수의 행복을 위한 것이기 때문이다.
관점 3 도가 윤리	말은 더러움을 멧돼지의 본성으로 인정하고 갈등 없이 산다.	멧돼지의 본성을 존중하는 것이 자연의 섭리에 따르는 것이기 때문이다.	멧돼지는 자신의 본성대로 자연스럽게 산다.	본성에 따르는 것이 자연의 섭리에 따르는 것이기 때문이다.
관점 4 가치 윤리학	말은 폭력적인 수단을 사용하지 않고 끝까지 평화로운 방법으로 문제를 해결하려 노력해야 한다.	평화의 가치를 지향하는 것은 옳은 행위이기 때문이다.	멧돼지는 자신만의 안락을 위해 고집을 부리지 않고 말의 충고에 귀를 기울인다.	평화의 가치를 지향하는 것은 옳은 행위이기 때문이다.

관점 5 유교 윤리	말은 멧돼지를 올바른 길로 유도하기 위해 포기하지 않고 끝까지 노력한다.	불의를 보고도 도피하거나 폭력적인 방법을 동원하는 행위는 옳지 못하기 때문이다.	멧돼지는 진심으로 충고하는 말을 존중하고 자신의 행위를 반성한다.	자신의 몸가짐을 깨끗이 하지 못하는 행위나, 진심어린 충고를 하는 친구를 무시하는 행위는 옳지 못하기 때문이다.

	도가 윤리의 관점
이솝 우화 바꿔 쓰기	어느 한적한 산골짜기에 말과 멧돼지가 살고 있었다. 말은 수려한 외모에 걸맞게 깔끔한 성격을 지녔다. 그러나 멧돼지는 도무지 씻기를 싫어하고 지저분함을 즐기기까지 했다. 이러한 둘의 성격차이 때문에 말과 멧돼지는 다투는 것이 일상이었다. "나는 너를 이해할 수 없어. 주변이 깨끗해야 마음도 편하지 않니? 그렇게 더럽게 살면 너는 물론이고 주변에도 피해를 준다고." 라고 말이 충고하면, "무슨 소리야! 나야말로 너를 보면 피곤해. 자연스럽게 사는 것이 오히려 건강에도 좋다고!" 라고 멧돼지는 말했다. 이렇게 충고하기도 여러 번, 말은 점점 지쳐갔다. 그래서 멧돼지의 습성을 바꾸려고 하기보다는, 멧돼지를 이해해 보려고 노력했다. 그래서 멧돼지와 하루 일과를 같이 보내기로 마음먹었다. 멧돼지는 말이 따라다니는 것에 아랑곳하지 않고, 평소처럼 풀밭 위를 뒹굴며 식사를 하고, 개울을 흙탕물로 만들며 물을 마셨다. 이를 지켜보던 말은 놀라운 광경을 목격했다. 멧돼지가 풀밭 위를 뒹굴면 여러 꽃씨들이 하늘로 멀리멀리 퍼져 나갔다. 그리고 멧돼지가 개울의 흙을 뒤집어 놓으면 흙 속에 있던 고기들의 먹이들이 떠올랐다. 이 광경을 보던 말은, '아! 지저분하고 쓸 데 없어 보이던 멧돼지의 행동이 이렇게 자연의 섭리에 기여하는구나!' 하고 무릎을 탁 치며 감탄했습니다. 그리고 그 이후로는 멧돼지의 습성을 존중하며 멧돼지와 다투지 않고 사이좋게 지냈다.

바꾼 우화 간략 해설	도가 윤리의 관점
	도가 윤리학의 핵심은 인위를 거부하고 자연의 순리를 따르는 것이다. 처음에 말은 멧돼지의 지저분한 본성에 거부감을 가진다. 그러다가 멧돼지의 행동을 관찰하면서 멧돼지의 습성이 결국 대자연의 이치에 한 부분인 것을 깨닫는다. 이후 말은 멧돼지의 본성을 존중하고 자연의 이치에 거스르지 않고 평화롭게 살 수 있게 된다.

김창규

행위의 잘잘못 따져보기				
1. 행위	말이 한 행위	멧돼지의 불결함에 화가 나서 멧돼지를 죽이는 데 사냥꾼과 힘을 합쳤으나 그 결과 사냥꾼에게 부려지는 신세로 전락했다.	멧돼지가 한 행위	말을 신경쓰지 않고 계속 불결하게 행동했다.
2. 잘함	말이 잘한 점	없다.	멧돼지가 잘한 점	없다.
3. 잘못함	말이 잘못한 점	친구인 멧돼지를 죽이는 데 앞장섰고, 사냥꾼의 말을 의심하지 않고 믿었다.	멧돼지가 잘못한 점	친구인 말을 신경쓰지 않고 자기 하고 싶은 대로만 했다.
4. 물음	말에게 바람직한 다른 행위는?	말에게 그 행위가 바람직한 이유는?	멧돼지에게 바람직한 다른 행위는?	멧돼지에게 그 행위가 바람직한 이유는?
5. 답변				
관점 1 칸트 윤리학	말은 사냥꾼에게 멧돼지를 혼내달라고 하지 않는다.	다른 사람의 생명을 위협하는 행위를 해서는 안 되기 때문이다.	멧돼지는 말의 요청을 받아들여 보다 청결하게 살아간다.	공동체 생활을 할 때 타인을 배려하는 것은 의무이기 때문이다.

관점 2 공리주의	말은 멧돼지와 각자 살아갈 땅을 정하고, 각자의 땅에 서로 들어가지 않기로 약속한다.	서로 살아갈 장소를 나누면 말과 멧돼지 모두 각자의 생활 방식에 맞는 삶을 살 수 있기 때문이다.	멧돼지는 말과 각자 살아갈 땅을 정하고, 각자의 땅에 서로 들어가지 않기로 약속한다.	서로 살아갈 장소를 나누면 말과 멧돼지 모두 각자의 생활 방식에 맞는 삶을 살 수 있기 때문이다.
관점 3 도가 윤리	말은 멧돼지의 곁을 떠난다.	말이 자기의 힘으로 멧돼지의 생활 방식을 바꿀 수 없기 때문이다.	멧돼지는 말의 곁을 떠난다.	멧돼지는 자기의 자유로운 생활 방식을 억압하는 말을 떠나, 자유로운 삶을 즐길 수 있기 때문이다.
관점 4 가치 윤리학	말은 멧돼지의 곁을 떠난다.	말이 '건강'이라는 가치를 추구할 때, 멧돼지의 불결함은 '건강'을 저해할 수 있기 때문이다.	멧돼지는 원래의 생활 방식을 유지한다.	'자유'라는 가치를 추구하는 멧돼지는 외부로부터 구속받는 데 저항할 것이다.
관점 5 기독교 윤리	말은 멧돼지가 청결한 삶을 살아가기를 기도한다.	친구인 멧돼지가 바람직한 삶을 살아갈 수 있기를 신에게 기도하는 것은 사랑의 실천이다.	멧돼지는 청결한 삶을 산다.	멧돼지는 자기가 지금까지 말에게 많은 피해를 주었다는 점을 회개하고 청결한 삶을 살아가기 위해 노력한다.

이솝 우화 바꿔 쓰기

도가 윤리의 관점

어느 너른 벌판에 말과 멧돼지가 함께 살고 있었다. 말과 멧돼지는 어렸을 때부터 친구였다. 그런데 신기하게도 말과 멧돼지는 서로 성격이 정반대였다. 말은 깔끔한 걸 매우 좋아하는 청결한 성격이었고, 멧돼지는 자유롭게 살며 청결함에는 별로 신경을 쓰지 않는 성격이었다.

말은 멧돼지를 보며 항상 '이 지저분한 녀석, 내가 다른 친구가 없어서 그냥 너랑 놀아주는 거다!' 하고 생각했다. 그런 말의 맘을 아는지 모르는지 멧돼지는 점점 더 지저분하고 자유분방하게 생활했다. 참다 못한 말이 말했다.

"멧돼지야, 좀 깨끗하게 지낼 수는 없니? 이거야 원 더러워서 가만 있을 수가 없잖아."

말은 지저분한 멧돼지에게 좀 깨끗이 지내자고 말했다.

"무슨 상관이야. 어떻게 지내든 내 마음 편하게 사는 게 제일 행복한걸!."

멧돼지는 말이 이러쿵저러쿵 잔소리하는 게 너무 싫었다. 그리고 이런 멧돼지의 모습을 보는 말도 점점 화가 나기 시작했다. 그 이후로 둘은 만날 때마다 말다툼을 했다.

여느 날과 마찬가지로 멧돼지와 다툰 후 말은 다음과 같이 생각했다.

'이런 망할 녀석. 그렇게 말해도 전혀 달라지는 게 없다니! 정말 짜증나! 멧돼지가 내 말을 도저히 들을 것 같지가 않으니 그냥 내가 멧돼지 녀석 안 보이는 데로 가서 살든가 해야겠어.'

생각을 마친 말은 자기가 원하는 청결한 삶을 살 수 있는 곳으로 떠나기 위한 채비를 하기 시작했다.

한편, 같은 시각 멧돼지도 불평을 늘어놓았다.

'췟, 얼굴만 긴 녀석이 잘난 척하기는! 정말 웃기는 녀석이야. 내가 어찌 살든 자기가 뭔 상관이라고 만날 때마다 난리람. 그냥 그 놈 안 보이는 데로 가서 내 맘대로 사는 게 좋겠어.'

그리고 멧돼지도 다른 곳으로 떠날 준비를 했다.

다음 날, 말과 멧돼지는 서로 떠나는 줄 모르고 각자 속으로 '헹! 어디 한번 혼자 잘 살아 봐라~!'라고 생각하고는 각자 생각했던 곳으로 떠났다.

바꾼 우화 간략 해설	도가 윤리의 관점
	도가 윤리에서는 자연의 섭리에 순응하며 자유로운 삶을 살아가는 것을 가치 있는 삶으로 생각한다. 이 우화에서는 말을 청결한 삶을 살기를 원하는 인물로 가정해 보았고, 멧돼지를 다른 사람의 간섭 없이 자유롭게 살아가는 인물로 가정해 보았다. 극 중에서 말과 멧돼지는 서로의 삶의 방식이 달라서 갈등을 일으켰고 결국 각자가 원하는 자유로운 삶을 살기 위해서 떠났다. 이처럼 외부로부터의 영향에서 벗어나 자기의 삶을 살아가는 것이 도가 윤리에서 말하는 진정한 삶이다.

노중일

행위의 잘잘못 따져보기				
1. 행위	말이 한 행위	멧돼지의 생활 방식을 참지 못하고, 멧돼지를 혼내기 위해 인간과 결탁했다.	멧돼지가 한 행위	말의 생활 방식을 무시하고 자기가 생활하고 싶은 대로 했다.
2. 잘함	말이 잘한 점		멧돼지가 잘한 점	죽어가면서 말에게 예언을 남겼다.
3. 잘못함	말이 잘못한 점	자기의 문제 해결을 남(사냥꾼)에게 부탁했다.	멧돼지가 잘못한 점	함께 생활하는 말의 생활 방식을 무시했다.
4. 물음	말에게 바람직한 다른 행위는?	말에게 그 행위가 바람직한 이유는?	멧돼지에게 바람직한 다른 행위는?	멧돼지에게 그 행위가 바람직한 이유는?
5. 답변				
관점 1 칸트 윤리학	말은 계속해서 멧돼지를 설득해야 한다.	함께 사는 사회 구성원과의 문제를 폭력을 통해 해결하려 해서는 안 된다.	멧돼지는 함께 사는 말의 생활 방식을 존중해야 한다.	함께 사는 사회 구성원들 각자의 생활 방식을 존중해야 하기 때문이다.
관점 2 공리주의	없다.	멧돼지의 생활 방식은 타고난 것이다. 따라서 말과 멧돼지의 공동체 생활에서 멧돼지의 생활 습관의 변화 가능성이 없기 때문에 멧돼지가 사라지는 것이 공동체에 이익이 된다.	멧돼지는 말과 적정한 타협을 통해 말이 참을 수 있는 정도까지만 더럽게 생활하도록 한다.	말이 인간과 결탁을 하게 되면, 영악한 인간은 멧돼지를 죽이고 말을 노예로 삼을 것이다. 따라서 멧돼지가 말과 타협하는 것이 각자에게 이익이 된다.

관점 3 도가 윤리	말은 멧돼지를 떠나 다른 살 곳을 찾아야 한다.	말과 멧돼지는 습성이 달라 함께 살 수는 없다. 멧돼지의 성질이 포악하기 때문에 말이 떠나야 한다.	멧돼지는 말에게 함께 살 수 없다면 떠나라고 말한다.	말과 멧돼지는 습성이 달라 함께 살 수 없다. 멧돼지의 입장에서는 말에게 폭력을 쓰지 않고 대화를 사용하는 것만으로도 도덕적 행위를 하는 것이라고 할 수 있다.
관점 4 가치 윤리학	말은 멧돼지에게 함께 사는 곳을 떠나라고 말해야 한다. 그리고 멧돼지가 말을 듣지 않으면 쫓아내야 한다.	우리는 공동체 생활을 위해서 자기만을 생각하는 이기주의는 지양해야 한다. 이러한 공동체의 가치를 받아들이지 못하는 구성원은 쫓아내야 한다.	멧돼지는 생활 습관을 그대로 고수해야 한다.	공동체 속의 개인의 개성은 고유하며 고귀한 것이다. 자신의 개성을 버리는 것은 다수의 협박에 굴복하는 것이다.
관점 5 유교 윤리	말은 멧돼지에게 함께 사는 곳을 떠나라고 말해야 한다. 그리고 멧돼지가 말을 듣지 않으면 쫓아내야 한다.	공동체 규칙을 존중하지 않는 공동체 구성원이 타일러도 말을 듣지 않는다면 크게 혼을 내어 공동체에서 쫓아내는 것이 유교 사회의 규칙이었다.	멧돼지는 공동체의 규칙을 받아들이고 자신의 생활 습관을 고쳐야 한다.	공동체 규칙을 존중하는 것은 공동체 구성원이 받아들여야 하는 의무다.

이솝 우화 바꿔 쓰기	도가 윤리의 관점
	멧돼지와 말이 함께 살고 있었다. 멧돼지는 지저분한 것을 좋아하고 말은 깔끔한 것을 즐겼다. "말아, 좀 지저분하게 지낼 수는 없니? 이거야 너무 깨끗해서 있을 수가 없잖아."

멧돼지는 깨끗한 말에게 좀 지저분하게 지내자고 말했다.

"무슨 상관이니? 어떻게 지내든 마음 편하게 살면 되지 않을까?"

말은 멧돼지가 이러쿵저러쿵 잔소리하는 걸 싫어했다. 멧돼지도 자기 마음대로 깨끗한 것만 좋아하는 말이 싫었다.

그러던 어느 날 말과 멧돼지가 사는 곳을 사람들이 지나가게 되었다. 사람들은 말과 멧돼지가 사는 곳이 살기 좋은 곳이라고 생각했다. 그래서 무기를 들고서 멧돼지와 말을 쫓아내려 했다. 말은 다급하게 말했다.

"여보세요, 인간님아. 쫓아내려거든 저 더러운 멧돼지를 쫓아내세요. 제 덕에 이곳이 이렇게 깨끗하고 살기 좋은 곳이 되었답니다."

그러자 사람들이 말했다.

"나 참 기가 막혀서……. 말아, 우리 눈에는 너나 멧돼지나 더럽기는 마찬가지거든? 죽기 싫으면 빨리 꺼져! 아이 참, 왜 이렇게 말똥이 많아, 더럽게 말이야."

그러고는 사람들은 말과 멧돼지를 쫓아냈다.

비꾼 우화 간략 해설

도가 윤리의 관점

애초에 더럽고 깨끗함은 없다. 인간이 그러한 인위적인 기준을 세웠을 뿐이다. 그것은 자연(自然)이 아니다. 자기의 눈에 보이는 더러움은 타인에게는 자연스러운 것일 수 있다. 서로 다를 뿐이다.

그런데 인간은 자기와 다른 타인을 비난한다. 다른 것은 틀린 것이라고 말한다. 자기가 깨끗하면 더러운 것은 나쁜 것이다. 자기가 더럽다면 깨끗한 것은 나쁜 것이다. 자기와 다른 타인을 비판하면서 '너는 틀렸어, 왜 더러워지지 않니, 혹은 왜 깨끗해지지 않니?'라고 강요한다. 자기 마음대로 하는 것은 이기적이며 공동체의 질서를 해친다고 말하면서도, 원치 않는 상대에게 정작 본인이 자기 마음대로 훈계하는 것은 인식하지 못한 채로 말이다.

전영호

행위의 잘잘못 따져보기				
1. 행위	말이 한 행위	말은 지저분하게 사는 멧돼지를 혼내주기 위해 사냥꾼에게 멧돼지를 죽이도록 하지만, 결국 자신도 사냥꾼에게서 도망가지 못하고 노예가 되었다.	멧돼지가 한 행위	멧돼지는 말의 입장은 고려하지 않은 채 자기 멋대로 생활하다가 말이 데려온 사냥꾼에게 죽임을 당했다.
2. 잘함	말이 잘한 점		멧돼지가 잘한 점	
3. 잘못함	말이 잘못한 점	말은 멧돼지와 자신 사이의 일을 사냥꾼을 불러서 해결했다.	멧돼지가 잘못한 점	멧돼지는 말의 부탁을 무시하고 자기 마음대로 행동했다.
4. 물음	말에게 바람직한 다른 행위는?	말에게 그 행위가 바람직한 이유는?	멧돼지에게 바람직한 다른 행위는?	멧돼지에게 그 행위가 바람직한 이유는?
5. 답변				
관점 1 칸트 윤리학	말은 사냥꾼에게 부탁하지 않고 끝까지 멧돼지와의 대화를 통해 멧돼지의 행동이 바뀌도록 설득한다.	다른 사람의 힘을 빌려 남을 혼내는 것은 옳지 않기 때문이다.	멧돼지는 말의 부탁을 듣고 자기 멋대로 지저분하게 살지 않는다.	다른 사람을 고려하지 않고 자기 멋대로 사는 삶은 옳지 않기 때문이다.
관점 2 공리주의	말은 멧돼지에게 공동생활 공간과 개인생활 공간을 정해서 개인생활 공간에서는 자기 마음대로 살되, 공동생활 공간에서는 서로에게 피해를 주는 일이 없도록 하는 것이 어떻겠냐고 제안한다.	말은 깔끔하게 살 수 있어서 좋고, 멧돼지도 자기 공간에서는 마음대로 살 수 있기 때문에 모두에게 이익이 된다.	멧돼지는 말의 제안에 찬성하여 생활 공간을 나눈다.	

관점 3 도가 윤리	말은 멧돼지의 삶의 방식을 이해하고 멧돼지가 하고 싶은 대로 하도록 하여 관여하지 않는다.	멧돼지의 삶의 방식은 그의 본성에서 나온 것이므로 말이 그것을 바꾸려 하는 것은 자연의 섭리를 거스르는 것이다.	멧돼지는 자기 하고 싶은 대로 살되, 말의 삶의 방식을 이해하고 말과 함께 있을 때는 자기 멋대로 살지 않도록 노력한다.	모든 생물의 본성에 차이가 있다는 것을 알고 서로 함께 살아가려고 하는 것이 자연의 섭리에 맞는 것이기 때문이다.
관점 4 불교 윤리	말은 자기 멋대로 행동하고 지저분하게 사는 멧돼지에게 화내지 않고 멧돼지를 용서하기 위해 노력한다.	자기에게 고통을 준 타자를 용서함으로써 마음의 평화를 얻을 수 있기 때문이다.	멧돼지는 자신이 말에게 고통을 주고 있음을 깨닫고 스스로 자신의 어리석음을 반성하고 행동을 고치도록 한다.	제악막작(諸惡莫作: 일체의 악을 짓지 말아야 한다)의 가르침을 따라야 하기 때문이다.
관점 5 유교 윤리	말은 멧돼지에게 지저분하지 않게 살도록 부탁을 해보되, 멧돼지가 거절할 경우 참는다.	자기의 편의를 위해 타자에게 행동의 변화를 강요하는 것은 군자의 자세가 아니기 때문이다.	멧돼지는 말의 부탁을 듣고 자기의 행동에 주의하며 생활한다.	자기의 편익만을 생각하며 행동하는 것은 군자의 자세가 아니기 때문이다.

이솝 우화 바꿔 쓰기

도가 윤리의 관점

말과 멧돼지가 넓은 들판에서 함께 살고 있었다. 이 둘은 평소에 무척이나 사이가 좋은 친구였다. 그런데 그런 둘 사이에도 한 가지 문제가 있었다. 말은 깔끔한 걸 좋아하는 반면, 멧돼지는 지저분한 걸 즐겼다.

"멧돼지야, 좀 깨끗하게 지낼 수는 없니? 이거야 원 더러워서 있을 수가 없잖아."

말은 지저분한 멧돼지에게 좀 깨끗이 지내자고 말했다.

"무슨 상관이야. 어떻게 지내든 마음 편하게 살면 되잖아."

멧돼지는 말이 이러쿵저러쿵 잔소리하는 걸 싫어했다. 그러고는 언제나 제멋대로였다. 말과 멧돼지의 먹이는 넓은 벌판에 있는 무성한 풀이었다. 그런데 멧돼지는 풀밭에서도 제 마음대로였다.

한 곳에서만 풀을 뜯는 것이 아니고 이곳저곳 다니며 풀을 뜯다가는 마구 짓밟고 더럽혔다. 골짜기 물을 마실 때에도 첨벙거리며 물을 흐리게 했다. 깨끗한 걸 좋아하는 말은 더 이상 참을 수가 없었다.

'지저분한 놈……, 내일이 되면 당장 내쫓아버려야지!'

말은 이렇게 내일 아침에 일어나자마자 멧돼지를 내쫓아야겠다는 생각을 하면서 잠이 들었다.

멧돼지는 또 멧돼지대로 화가 났다. 자꾸 자기에게 면박을 주면서 하고 싶은 걸 하지 말라는 말이 정말 싫어졌다.

'저 기생오라비 같은 말을 어떻게든 쫓아내야 내가 편하겠구먼!'

멧돼지는 이렇게 생각하면서 내일 아침에 당장이라도 말과 사생결단을 내야겠다는 다짐과 함께 조용히 잠이 들었다.

이 광경을 지켜보고 있던 조물주는 말과 멧돼지가 서로의 모습을 인정하지 않고 싸우는 것이 안타까웠다. 그래서 그날 밤 사이에 말과 멧돼지의 영혼을 서로 뒤바꿔 놓았다.

다음 날 아침, 잠에서 깨어난 멧돼지와 말은 깜짝 놀랐다.

"아니, 내가 왜 말이 되어 있지?"

"난 왜 멧돼지가 된 거야?!"

말과 멧돼지는 자신들의 뒤바뀐 모습에 깜짝 놀랐지만, 아침이라 시장기가 돌아 일단 먹이를 먹기로 했다. 그런데 멧돼지의 몸에 들어간 말은 마치 멧돼지처럼 자기 몸을 마구 흔들며 풀을 짓밟으면서 먹이를 먹었다. 그리고 말의 몸에 들어간 멧돼지는 말처럼 한 자리에서 깔끔하게 풀을 뜯어먹었다. 영혼이 뒤바뀐 말과 멧돼지는 그렇게 정신없이 풀을 뜯다가, 문득 자신들이 풀을 어떻게 뜯고 있는지를 깨닫고 깜짝 놀랐다.

'아니, 내가 왜 멧돼지처럼 풀밭을 뒹굴고 있지?'

'난 왜 말처럼 얌전히 풀을 뜯고 있는 거야?'

말과 멧돼지는 서로가 상대방을 바라보면서 느꼈던 모습을 자신들이 하고 있는 것을 깨달았다. 그리고 말은,

'음, 그런데 풀밭을 뒹구는 게 정말 기분이 좋군……. 아무래도 내가 너무 멧돼지의 사는 방식을 이해하지 못했던 게 아닐까?'

한편 멧돼지는 멧돼지대로,

'내가 말이 되고 나니까 지저분한 게 얼마나 싫은지 알겠어. 아무래도 내가 너무 내 생각만 한 것 같구나.'

이렇게 말은 말대로, 멧돼지는 멧돼지대로 각자가 살아가는 삶의 방식을 깨닫고는 그 즉시 화해하기 위해 서로를 찾아갔다.

	"멧돼지야, 미안해. 그동안 네가 어떻게 살아야 하는지를 이해하지 못했던 것 같아. 이제 네가 풀들을 밟고 물을 흐려도 이해하도록 노력할게." "아냐, 나야말로 미안하지. 난 그동안 말 네가 깨끗한 삶을 좋아하는 걸 너무 무시했던 것 같아. 이제부터 네 앞에서는 나도 깨끗하게 살도록 노력할게." 말과 멧돼지가 화해를 하는 사이, 어느새 말과 멧돼지의 영혼은 다시 원래 몸으로 돌아가 있었다. 그리고 둘은 서로의 차이를 인정하고 함께 들판에서 살아가면서 둘도 없는 친구 사이가 되어 행복하게 살았다.

	도가 윤리의 관점
비꾼 우화 간략 해설	도가 윤리에서는 자기와 타인이 서로가 가진 본성에 의해 살아가고, 그 본성 간의 차이를 인정하여 함께 살아가는 것이 바로 자연의 섭리라고 이야기한다. 처음에 말과 멧돼지는 자신들이 가지고 있는 본성의 차이를 인정하지 않고 서로의 방식을 강요한다. 그러나 곧 조물주에 의해 서로의 영혼이 바뀌게 된다. 그제야 말과 멧돼지는 각자가 가진 삶의 방식과 본성을 이해하고 차이가 있음을 깨달았으며, 그것을 인정하고 상생하게 된다.

천홍주

행위의 잘잘못 따져보기				
1. 행위	말이 한 행위	말은 지저분한 멧돼지가 참을 수 없어서 사냥꾼을 찾아가 멧돼지를 혼내는 데 힘을 빌려 달라고 부탁했다.	멧돼지가 한 행위	멧돼지는 깨끗이 지내자는 말의 부탁을 무시하고 제멋대로 지저분하게 살았다.
2. 잘함	말이 잘한 점		멧돼지가 잘한 점	

3. 잘못함	말이 잘못한 점	말은 멧돼지를 혼내주려다 사냥꾼에게 속아 멧돼지를 죽게 하고 자신도 사냥꾼의 노예가 되었다.	멧돼지가 잘못한 점	멧돼지는 말의 부탁을 듣지 않고 제 마음대로 지저분하게 살았다.
4. 물음	말에게 바람직한 다른 행위는?	말에게 그 행위가 바람직한 이유는?	멧돼지에게 바람직한 다른 행위는?	멧돼지에게 그 행위가 바람직한 이유는?
5. 답변				
관점 1 칸트 윤리학	말은 멧돼지의 행동을 고치기 위해 타자의 힘을 빌리지 않고 멧돼지에게 정중히 부탁한다.	멧돼지에게 부탁하는 것은 상대방의 선의를 기대하는 것이기 때문이다.	말의 부탁을 들어 깨끗이 생활해야 한다.	멧돼지 자신의 쾌락에 어긋나더라도 말의 부탁을 실천하는 것에 도덕이 있기 때문이다.
관점 2 공리주의	말은 멧돼지에게 깨끗이 생활할 경우 음식을 양보해 준다.	말은 멀리까지 달릴 수 있어서 음식을 구하는 것이 멧돼지보다 쉽기 때문에 서로에게 이익이 된다.	말의 부탁을 들어 깨끗이 생활해야 한다.	깨끗이 생활할 경우 음식을 쉽게 구할 수 있기 때문에 서로에게 이익이 된다.
관점 3 도가 윤리	말은 멧돼지의 행동을 고치려 노력하기보다, 멧돼지와 멀리 떨어진 곳으로 떠난다.	더러운 멧돼지를 견딜 수 없어서 고통을 받는 것은 말 자신이며, 그 고통을 없애기 위해 인위적인 노력을 하면 더 큰 고통을 얻을 수 있기 때문이다.	멧돼지는 들판의 풀을 망치지 않고, 물을 더럽히지 않는다.	자연은 인간이 이용하기 위해 존재하는 것이 아니기 때문에 멧돼지는 자연에 주는 피해를 최소한으로 해야 한다.
관점 4 유교 윤리	말은 멧돼지의 행동을 고치기 위해 타자의 힘을 빌리지 않고 멧돼지에게 정중히 부탁한다.	자신의 이익만을 위해 타자에게 해를 가하는 것은 옳지 못한 행위이기 때문이다.	말의 부탁을 들어 깨끗이 생활해야 한다.	함께 먹는 풀과 물을 더럽히는 것은 도덕규범에 어긋나는 일이며, 돼지는 절제하는 생활을 할 필요가 있기 때문이다.

도가 윤리의 관점

이솝 우화 바꿔 쓰기

옛날 옛날에 말과 멧돼지가 함께 살고 있었다. 말은 깔끔한 걸 좋아하고 멧돼지는 지저분한 걸 즐겼다.

"멧돼지야, 좀 깨끗하게 지낼 수는 없니? 이거야 원 더러워서 있을 수가 없잖아."

말은 지저분한 멧돼지에게 좀 깨끗이 지내자고 말했다.

"무슨 상관이야. 어떻게 지내든 마음 편하게 살면 되잖아."

멧돼지는 말이 이러쿵저러쿵 잔소리하는 걸 싫어했다. 그러고는 언제나 제멋대로였다. 말과 멧돼지의 먹이는 넓은 벌판에 있는 무성한 풀이었다. 그런데 멧돼지는 풀밭에서도 제 마음대로였다. 한 곳에서만 풀을 뜯는 것이 아니고 이곳저곳 다니며 풀을 뜯다가는 마구 짓밟고 더럽혔다. 골짜기 물을 마실 때에도 첨벙거리며 물을 흐리게 했다.

말은 그런 멧돼지를 더 이상 참을 수 없어서 이대로는 안 되겠다고 생각하며 꾀를 냈다.

"멧돼지야, 나처럼 멋진 근육을 가지고 넓은 들판을 자유롭게 달리고 싶지 않니? 네가 마을에 나타나면 사람들이 다 도망가지만, 내가 나타나면 사람들이 좋아하는 이유는 바로 나의 이 멋진 근육 때문이야."

말의 이야기를 들은 멧돼지는 솔깃했다. 말은 계속 이야기했다.

"나처럼 멋진 근육을 갖고 싶으면 나처럼 깨끗하게 살아야 돼. 앞으로 내가 하는 대로 따라하렴."

멧돼지는 그날부터 말이 생활하는 것처럼 깨끗한 생활을 했다. 풀밭의 풀은 말이 먹는 만큼 먹었고, 물도 깨끗이 마셨다. 멧돼지는 날로 야위어 갔지만 말처럼 멋진 근육을 갖기 위한 과정이라고 생각하며 참았다. 하지만 물에서 첨벙거릴 수 없게 된 멧돼지는 열병이 걸리고 말았다. 멧돼지는 몸에 땀구멍이 없어서 물에서 몸을 식혀야 했지만 그럴 수 없었기 때문이다. 앓아누운 멧돼지를 보며 말은 멧돼지에게 미안한 마음이 들었다.

'지저분한 생활을 견딜 수 없어서 멧돼지에게 한 거짓말이 멧돼지를 저렇게 만들었구나. 멧돼지가 물에서 뒹구는 건 어쩔 수 없는 일이었는데…….'

말은 멧돼지에게 사과의 편지를 남기고 멀리 떠났다.

말이 떠나자 멧돼지는 이제 마음대로 살아도 잔소리를 듣지 않는다는 생각에 신이 났다. 멧돼지는 전보다 더 자기 마음대로 살기 시작했다. 하루 이틀 지나며 들판의 무성하던 풀은 짓밟히고 더럽혀져 사라지게 되었고, 골짜기의 물은 오염되어 주변에 식물들이 살 수 없게

	게 되었다. 결국 돼지도 더 이상 그 물을 마실 수 없게 되었다. "지겹게 잔소리하던 말만 없어지면 자유로워질 것 같았는데 나의 지저분한 생활이 결국 모든 걸 망치게 되는구나." 멧돼지는 그동안의 자기 생활을 반성하고 깨끗한 생활을 했다.

	도가 윤리의 관점
비꾼 우화 간략 해설	도가 윤리는 자연의 흐름과 그 흐름 속에 존재하는 인간과 생명을 중요시한다. 위 이야기에서 말은 멧돼지의 습관을 바꾸려 노력하지만 결국 그 인위적인 행위가 멧돼지를 병들게 했다. 돼지는 자신의 욕심을 채우기 위해 지나치게 자연을 훼손하였고 그로 인해 괴로움을 얻게 되었다. 말이 죄책감을 느끼고 숲을 떠나는 것으로 이야기를 끝내면 학생들이 지저분하게 생활하는 것이 좋은 것이라는 잘못된 결론을 내릴 가능성이 있기 때문에 돼지도 자신의 생활을 반성하는 것으로 이야기를 마무리했다. 친구의 습관을 자기에 맞추려고 노력과는 것과 자연을 훼손하는 것 모두 옳지 못하다는 교훈을 주고 있다.

홍철민

행위의 잘잘못 따져보기				
1. 행위	말이 한 행위	사냥꾼에게 가서 멧돼지를 혼내기 위해 힘을 빌렸다.	멧돼지가 한 행위	제멋대로 행동했다.
2. 잘함	말이 잘한 점	처음에 말로 멧돼지를 설득하려고 했다.	멧돼지가 잘한 점	
3. 잘못함	말이 잘못한 점	그동안 같이 살아온 멧돼지와의 의리를 저버렸다.	멧돼지가 잘못한 점	말의 제안을 귀찮게 여기고 받아들이지 않았다.

4. 물음	말에게 바람직한 다른 행위는?	말에게 그 행위가 바람직한 이유는?	멧돼지에게 바람직한 다른 행위는?	멧돼지에게 그 행위가 바람직한 이유는?
5. 답변				
관점 1 칸트 윤리학	사냥꾼에게 도움을 청하러 가지 않는다.	의리를 저버리지 않는 것이 도덕적 의무이기 때문이다.	말의 제안을 듣고 깊이 있게 생각해 본다.	친구의 제안을 가벼이 여기지 않는 것이 도덕적 의무이기 때문이다.
관점 2 공리 주의	멧돼지와 합의해서 삶의 영역의 경계를 만든다.	서로에게 피해를 주지 않고 살 수 있기 때문이다.	멧돼지와 합의해서 삶의 영역의 경계를 만든다.	서로에게 피해를 주지 않고 살 수 있기 때문이다.
관점 3 도가 윤리	다른 말들과 함께 생활한다.	생활 방식이 같은 동물들과 사는 것이 자연의 이치이기 때문이다.	다른 멧돼지들과 함께 생활한다.	생활 방식이 같은 동물들과 사는 것이 자연의 이치이기 때문이다.
관점 4 가치 윤리학	사냥꾼에게 도움을 청하러 가지 않는다.	우정이라는 가치를 지향하기 때문이다.	더럽게 생활하지 않는다.	배려라는 가치를 중요시하기 때문이다.
관점 5 유교 윤리	멧돼지와 대화를 통해 문제를 해결한다.	멧돼지와의 관계가 중요하기 때문이다.	말의 제안을 듣고 배려하고 양보한다.	말과의 관계가 중요하기 때문이다.

이솝 우화 바꿔 쓰기

불교 윤리의 관점

말과 멧돼지가 함께 살고 있었다. 말은 깔끔한 걸 좋아하고 멧돼지는 지저분한 걸 즐겼다.

"멧돼지야, 좀 깨끗하게 지낼 수는 없니? 이거야 원 더러워서 있을 수가 없잖아."

말은 지저분한 멧돼지에게 좀 깨끗이 지내자고 말했다.

"무슨 상관이야. 어떻게 지내든 마음 편하게 살면 되잖아."

멧돼지는 말이 이러쿵저러쿵 잔소리하는 걸 싫어했다. 그러고는 언제나 제멋대로였다. 말과 멧돼지의 먹이는 넓은 벌판에 있는 무성한 풀이었다. 그런데 멧돼지는 풀밭에서도 제 마음대로였다.

한 곳에서만 풀을 뜯는 것이 아니고 이곳저곳 다니며 풀을 뜯다가는

	마구 짓밟고 더럽혔다. 골짜기 물을 마실 때에도 첨벙거리며 물을 흐리게 했다. 말은 혼자 가만히 생각에 잠겼다. '더 이상 멧돼지와는 함께 살지 못하겠다. 나와 멧돼지 둘 중 한 명은 여기서 떠나야겠다. 그런데 멧돼지는 마음 편하게 아무 문제없이 잘살고 있구나. 마음이 편치 못한 내가 이곳을 떠나 다른 곳으로 가서 살아야겠다.' 말은 마지막으로, 먹이를 뜯던 넓은 벌판과 골짜기로 가 보았다. 그때 말의 머릿속에 문득 이런 생각이 떠올랐다. '그래. 저 넓은 들판도, 저 골짜기 물도 내 것은 아니야. 내 것이라고 생각하며 신경쓰니까 그동안 마음이 불편했던 거야.' 말은 모든 것이 마음먹기에 달렸다는 것을 깨달았다. 그러고는 편안한 마음으로 그곳을 떠났다.

	불교 윤리의 관점
바꾼 우화 간략 해설	불교 윤리에서는 모든 생명을 배려하고 또한 무욕과 무소유를 지향한다. 바꾼 우화에서 말은 멧돼지를 배려하여, 멧돼지에게 떠나라고 하지 않고 자기가 그곳을 떠난다. 또한 먹이를 뜯던 넓은 들판과 골짜기 물이 자기의 것이 아님을 깨닫는다. 그동안 자기 것으로 여기고 신경썼기 때문에 자기의 마음이 불편했다는 것을 알게 된 말은 마음의 불편함이 없어지고 노련해지기 시작한다. 더불어 인생지사가 마음먹기에 달려 있다는 중요한 사실도 깨닫는다.

이아람

행위의 잘잘못 따져보기				
1. 행위	말이 한 행위	멧돼지가 자기를 배려 하지 않고 자신의 생활 방식만을 고집하자 사냥꾼에게 의뢰하여, 멧돼지를 죽이고 자신 역시 사냥꾼에게 매였다.	멧돼지가 한 행위	말을 배려하지 않고 자신의 방식만을 고집했다.

2. 잘함	말이 잘한 점	없다.	멧돼지가 잘한 점	없다.
3. 잘못함	말이 잘못한 점	멧돼지에게 자신의 의사를 좀 더 적극적으로 전달하지 않고 한 번의 시도로 대화를 포기하고 사냥꾼의 힘을 빌리는 방법을 선택했다.	멧돼지가 잘못한 점	말의 대화 시도를 일방적인 태도로 무시하고 자기의 생활 태도만을 고집했다.
4. 물음	말에게 바람직한 다른 행위는?	말에게 그 행위가 바람직한 이유는?	멧돼지에게 바람직한 다른 행위는?	멧돼지에게 그 행위가 바람직한 이유는?
5. 답변				
관점 1 칸트 윤리학	말은 멧돼지에게 자기의 충고가 함께 잘 지내기 위함에서 나온 것임을 강조하며 멧돼지를 설득한다.	말은 자기의 충고 동기가 상생에서 비롯되었다는 것을 알림으로써 멧돼지의 선의 의지에 의한 이해와 협조를 기대할 수 있다.	멧돼지는 제멋대로 굴지 않고 말의 이야기에 귀 기울인다.	타인의 충고에는 어떠한 이유나 의도가 담겨 있다. 의미 있는 의사소통을 위해서는 그것에 대한 고려가 필요하다.
관점 2 공리주의	말은 멧돼지에게 지저분한 생활 태도가 공동체의 이익에 위배되면 결국은 멧돼지 자기에게도 나쁜 영향을 미칠 것임을 경고하며 변화를 촉구한다.	공동체 일원이 그 안에서 공동체의 이익에 벗어나는 행동을 하면 다른 공동체 구성원에게도 돌아가지만 결국 자기에게도 돌아오기 때문이다.	멧돼지 자기가 벌이는 행동이 자기가 속한 공동체의 이익에 위배되는 것인지, 위배된다면 자기에게는 어떤 영향을 미치는지 생각하여 행동한다.	공동체 일원이 그 안에서 공동체의 이익에 벗어나는 행동을 하면 다른 공동체 구성원에게도 돌아가지만 결국 자기에게도 돌아오기 때문이다.
관점 3 도가 윤리	말은 멧돼지의 모습 그대로를 인정하고 멧돼지의 생활 습관에 관여하지 않는다.	각자 타고난 본성을 거스르는 인위적인 것들은 옳지 않기 때문이다.	멧돼지는 자신의 생활 태도를 고수한다.	각자 타고난 본성을 거스르는 인위적인 것들은 옳지 않기 때문이다.

관점 4 가치 윤리학	말이 공동체의 화합을 지향하고 있다면, 멧돼지에게 일방적으로 생활태도의 변화를 요구하지 않고 타협점을 찾는다.	공동체의 화합을 지향하기 위해서는 일방의 희생만을 요구할 수 없기 때문이다.	멧돼지가 공동체의 화합을 지향하고 있다면, 말의 요구에 대하여 생각해 보고 자신이 수용할 수 있는 범위에서 타협점을 제시한다.	공동체의 일원으로서 화합을 지향하기 위해서는 자신의 입장과 이익만을 추구할 수 없기 때문이다.
관점 5 유교 윤리	말은 멧돼지의 말을 배려하지 않는 행동이 예에 어긋남을 설명하며 예를 지킬 수 있도록 인도한다.	서로 간에 마땅히 지켜야 할 예가 있기 때문이다.	멧돼지는 상대방에 게 예를 갖추어 상대의 말을 경청하고 자신의 생활 습관을 돌아본다.	서로 간에는 마땅히 지켜야 할 예가 있고, 이를 지키지 않는 것은 부끄러운 짓이기 때문이다.

이솝 우화 바꿔 쓰기	도가 윤리의 관점
	푸른 벌판, 말과 멧돼지가 함께 살고 있었다. 말은 깔끔한 걸 좋아하고 멧돼지는 지저분한 걸 즐겼다. "멧돼지야, 우리 좀 깨끗하게 지낼 수는 없을까? 이거야 원 더러워서 있을 수가 없잖아." 말은 지저분한 멧돼지에게 좀 깨끗이 지내자고 말했다. "무슨 상관이야. 어떻게 지내든 마음 편하게 살면 되잖아." 멧돼지는 말이 이러쿵저러쿵 잔소리하는 걸 싫어했다. 그러고는 언제나 제멋대로였다. 말과 멧돼지의 먹이는 넓은 벌판에 있는 무성한 풀이었다. 그런데 멧돼지는 풀밭에서도 제 마음대로였다. 한 곳에서만 풀을 뜯는 것이 아니고 이곳저곳 다니며 풀을 뜯다가는 마구 짓밟고 더럽혔다. 골짜기 물을 마실 때에도 첨벙거리며 물을 흐리게 했다. 깨끗한 걸 좋아하는 말은 그런 멧돼지를 참을 수가 없었다. 멧돼지 때문에 벌판에 있는 것이 불편해진 말은 어슬렁어슬렁 숲 속을 거닐고 있었다. 그때 사람의 인기척이 들렸다. 말은 황급히 몸을 숨기고 사람들이 지나가기를 기다렸다. 그 무리에는 여러 종류의 사람들이 있었다. 한 여자는 잔뜩 치장을 했는데 자기의 말과 안고 있는 강아지에게도 화려한 옷과 모자 신발을 신긴 체 길을 가고 있었다. 말

은 그 여자의 말과 강아지가 불쌍해졌다.

'저건 사람들이나 좋아하는 것이지 우리 같은 말이나 강아지들에게는 귀찮을 뿐인데. 저 여자는 다 자기와 같은 줄 아나 보다.'

그 때 말은 퍼뜩 멧돼지의 생각이 났다. 자기가 멧돼지에게 깨끗할 것을 강요하는 것이 저 여자가 자신이 말과 강아지를 사람처럼 치장해 놓는 것과 다를 바가 없다는 생각이 들었다.

'그래! 멧돼지는 말이 아니라 멧돼지일 뿐인데……. 내가 잘못 생각했구나.'

그날 이후 말은 멧돼지에게 더 이상 깨끗하게 살라는 말을 하지 않았다. 멧돼지는 자기의 모습을 있는 그대로 인정해 주기 시작한 말이 고마웠다. 멧돼지와 말은 비록 생활 습관은 달랐지만 서로를 그 모습 그대로 받아들여주는 둘도 없는 친구가 되었다.

바꾼 우화 간략 해설	도가 윤리의 관점
	사람이 함께 살아가는 데는 기본적인 예가 필요하다. 하지만 사람의 어떠한 행동이 옳고 그르다는 절대적인 기준을 세워 놓고 모두 그 기준에 맞춰야 한다는 발상은 위험하다. 그 기준이라는 것이 자의적인 것일 확률이 높고 특히 요즘과 같은 다원화 시대에서 그러한 사고는 배타적인 사고로 스스로를 고립시킬 위험성을 지닌다. 본래 이야기에서는 말이 자기의 생활 습관과 맞지 않는 멧돼지가 자신과 같은 생활 습관을 갖기를 기대하나 여의치 않자 이를 참지 못하여 서로를 파멸로 이끄는 행동을 택한다. 바꾼 우화에서는 말이 멧돼지를 멧돼지의 모습 그대로 인정하고 받아들인다. 멧돼지의 모습을 '틀렸다'가 아닌 '다르다'로 생각하여 좋을 결말을 얻은 것이다.

양아름

행위의 잘잘못 따져보기				
1. 행위	말이 한 행위	말은 멧돼지의 지저분함에 불만을 품고 멧돼지를 혼내주려 사냥꾼에게 부탁했다가 결국 멧돼지를 죽게 만들고, 자신 역시 사냥꾼에게 평생 부림을 당했다.	멧돼지가 한 행위	멧돼지는 지저분하게 어지르지 말라는 말의 이야기를 무시하다가 말과 사냥꾼에게 죽임을 당하고 죽으면서 말이 자신보다 더 비참해질 것이라고 말했다.
2. 잘함	말이 잘한 점		멧돼지가 잘한 점	
3. 잘못함	말이 잘못한 점	말은 친구의 성향이 자기와 맞지 않다고 해서 쉽게 우정을 저버리고 친구를 죽게 만들었고, 이로 인해 자신의 처지마저 비참해졌다.	멧돼지가 잘못한 점	멧돼지는 주변을 어지르는 자신의 행위가 남에게 피해를 준다는 것을 알면서 고치지 않고, 죽으면서도 말에게 악담을 했다.
4. 물음	말에게 바람직한 다른 행위는?	말에게 그 행위가 바람직한 이유는?	멧돼지에게 바람직한 다른 행위는?	멧돼지에게 그 행위가 바람직한 이유는?
5. 답변				
관점 1 칸트 윤리학	말은 지저분한 멧돼지의 생활 습관이 고쳐지도록 포기하지 않고 충고하여 멧돼지가 올바른 생활 습관을 갖도록 도와준다.	칸트 윤리학의 관점에서 이성에 바탕을 두고 바람직한 습관을 판단하고 이를 실천하기 위해 일관성 있는 태도를 지킨다.	멧돼지는 말의 충고를 선의로 받아들이고 남에게 피해를 주는 자신의 생활 습관을 고친다.	멧돼지는 선의의 충고를 받아들이고 행위자인 자신의 자발적 의지로 스스로의 행동을 반성해야 하기 때문이다.

관점 2 공리 주의	말은 멧돼지와 서로 합의를 하여 같은 집에 살되 공간을 따로 분리한다. 함께 사용하는 공간은 서로 피해가 가지 않도록 규칙을 정해 생활한다.	서로의 생활 방식이 다른 경우 한쪽의 입장만을 따르게 되면 다른 한 명은 손해를 보게 되므로 서로의 입장을 모두 고려하여 둘 모두 행복해지도록 합의해야 하기 때문이다.	멧돼지는 말과 서로 합의를 하여 같은 집에 살되 공간을 따로 분리한다. 함께 사용하는 공간은 서로 피해가 가지 않도록 규칙을 정해 생활한다.	서로의 생활 방식이 다른 경우 한쪽의 입장만을 따르게 되면 다른 한 명은 손해를 보게 되므로 서로의 입장을 모두 고려하여 둘 모두 행복해지도록 합의해야 하기 때문이다.
관점 3 도가 윤리	말은 깨끗한 것을 좋아하는 자신의 생활 방식을 말에게 강요하지 않고 정돈된 것만 좋아하는 자신의 성향을 바꿔 있는 그대로 자연스러운 환경도 받아들인다.	자신의 성향을 남에게 강요하는 것은 타인의 본성을 억누르는 인위적인 행위방식이므로 지양해야 하고, 자연스러운 것을 정돈하는 인위적 질서에 대한 집착에서 벗어나야 하기 때문이다.	멧돼지는 집에서 말과 서로 부딪히고 자신의 행동을 제약받으며 살지 않고 숲으로 가서 자유롭게 살아간다.	타인과의 생활 방식을 맞추고 예절과 규범 등에 얽매이는 것은 인위적인 삶의 방식이기 때문이다.
관점 4 가치 윤리학	말은 어지르는 멧돼지의 생활 방식을 참지 못하고 멧돼지와 절교하지만 '우정'의 중요성을 깨닫고 돌아와 서로 아끼며 살아간다.	서로의 입장이 달라 갈등이 일어나는 상황에서도 일관되게 우정의 가치를 추구함으로써 자신이 선택한 가치를 지켜 나갈 수 있기 때문이다.	멧돼지 자신의 생활 방식을 이해하지 못하는 말과 싸우고 절교하지만 '우정'의 중요성을 깨닫고 돌아온 말과 서로 아끼며 살아간다.	서로의 입장이 달라 갈등이 일어나는 상황에서도 일관되게 우정의 가치를 추구함으로써 자신이 선택한 가치를 지켜 나갈 수 있기 때문이다.
관점 5 유교 윤리	말은 멧돼지의 지저분한 생활 방식 때문에 화가 나지만 꾹 참고 자기가 직접 청소를 하는 모범을 보여 주어 멧돼지가 바람직한 생활 방식을 갖도록 돕는다.	감정적으로 화가 나는 상황에서도 참고 자기 절제를 하며, 올바른 행동으로 모범을 보이는 것이 바람직한 행위이기 때문이다.	멧돼지는 말이 청소하는 모습을 보고 지저분한 자기의 생활 방식을 바꾼다.	군자는 항상 자신의 몸가짐을 바로 하고 매사에 흐트러짐이 없는 태도를 지녀야 하기 때문이다.

	가치 윤리학과 유교 윤리의 관점
이솝 우화 비꿔 쓰기	친한 친구인 말과 멧돼지가 함께 살고 있었다. 말은 깔끔한 걸 좋아하고 멧돼지는 지저분한 걸 즐겼다. 그들은 항상 청소 때문에 다투었다. "멧돼지야, 좀 깨끗하게 지낼 수는 없니? 이거야 원 더러워서 있을 수가 없잖아." 말은 지저분한 멧돼지에게 좀 깨끗이 지내자고 말했다. "무슨 상관이야. 어떻게 지내든 마음 편하게 살면 되잖아." 멧돼지는 말이 이러쿵저러쿵 잔소리하는 걸 싫어했다. 그러고는 언제나 제멋대로였다. 말과 멧돼지의 먹이는 넓은 벌판에 있는 무성한 풀이었다. 그런데 멧돼지는 풀밭에서도 제 마음대로였다. 한 곳에서만 풀을 뜯는 것이 아니고 이곳저곳 다니며 풀을 뜯다가는 마구 짓밟고 더럽혔다. 골짜기 물을 마실 때에도 첨벙거리며 물을 흐리게 했다. 깨끗한 걸 좋아하는 말은 더 이상 참을 수가 없었다. 멧돼지를 한번 혼내 주어야겠다고 생각한 말은 사냥꾼을 찾아가려는 생각까지 하게 되었다. 그러나 친구인 멧돼지를 사냥꾼에게 넘기는 것은 너무 미안했다. 그래서 말은 그냥 멧돼지와 헤어져 따로 살기로 결심했다. "우리는 너무 안 맞는 것 같아. 넌 너무 더럽고 제멋대로야. 너랑 더 이상 친구를 못 하겠어. 안녕." "좋아, 나도 그 말을 하려던 참이었어. 이제 편하게 살겠군. 잘 가." 말이 이사를 가 버리자 멧돼지는 너무나 편했다. 마음껏 여기저기서 풀을 뜯어먹고, 마음껏 어질러도 누구도 잔소리를 하지 않았다. 그런데 하루 이틀 시간이 흐르자 점점 말의 잔소리가 그리워졌다. 혼자서 풀을 뜯어먹고 노는 것은 더 이상 재미가 없었다. 멧돼지는 외로웠다. 말의 얼굴이 계속 떠올랐다. 마침내 멧돼지는 말을 찾아갔다. "내 친구 말아, 우리 다시 같이 살자. 너와의 우정을 내가 너무 쉽게 생각했나 봐. 네가 얼마나 보고 싶었는지 너의 잔소리도 그리울 지경이야. 앞으로 너를 위해서 청소도 열심히 할게." 말이 그 말에 멧돼지를 껴안으며 기뻐했다. "실은 나도 다시 같이 살자는 말을 하러 가던 참이었어. 순간 화가 나는 걸 참지 못하고 내가 너한테 말을 너무 함부로 한 것 같아서 후회했어. 내가 그냥 치웠으면 됐을 걸. 우리 다시 함께 살자." 말과 멧돼지는 다시 둘도 없는 친구 사이가 되어 서로를 이해하며 살게 되었다.

바꾼 우화 간략 해설	가치 윤리학과 유교 윤리의 관점
	가치 윤리의 관점에서는 추구해야 할 가치를 일관성 있게 지향한다. 가치 윤리학의 가치는 자기의 삶과 경험 속에서의 선택과 실천을 통해서 성립된다. 우화 속의 멧돼지는 '우정'이라는 가치를 추구한다. 자기가 친구가 맞지 않는 점이 있다고 해서 쉽게 우정의 가치를 포기한다면 이는 가치 윤리의 관점에서 옳은 행위라고 할 수 없다. 설사 서로 간의 갈등이 생기더라도 멧돼지는 '우정'의 가치를 존중해야 한다. 또한 말은 유교 윤리의 관점에서 멧돼지와 화해한다. 자신의 순간적 감정이 앞서서 자기 절제를 하지 않고 친구에게 거친 언행을 하는 것은 친구 간의 신의를 저버리고 인간관계에서 예절을 어기는 행위로, 군자로서 바람직한 행위가 아니다. 말은 유교 윤리의 관점에 따라 이를 반성하고 친구를 위해 청소를 하는 솔선수범을 약속한다.

제6교시 남으로부터 억지로 협조를 강요당할 때는 어떻게 할까?

이솝 우화	자고새와 사냥꾼
	사냥꾼이 숲 속에 갔다가 자고새 새끼 한 마리를 잡아왔다. 사냥꾼은 이 자고새를 정성스럽게 길렀다. 그리고 다른 자고새를 불러 모으는 방법도 가르쳐 주었다. 몇 달 뒤 다 자란 자고새는 사냥꾼이 가르친 대로 다른 자고새들을 많이 불러 모았다. 미리 그물을 쳐 놓고 기다리던 사냥꾼은 재빨리 날아온 자고새를 잡았다. 그 뒤부터 사냥꾼은 숲 속으로 위험한 사냥을 가지 않아도 되었다. 훈련시킨 자고새 덕분에 많은 자고새를 잡을 수 있었기 때문이다. 그리고 사냥꾼은 점점 게을러져 아예 사냥을 나가지 않았다. 그러나 집에서 그물로 자고새를 잡는 일도 점점 어려워졌다. 다른 자고새들이 눈치를 챘기 때문이다. 훈련시킨 자고새가 아무리 불러도 어떤 때는 한 마리의 자고새도 날아오지 않았다. 그래서 허탕을 치는 일이 점점 많아졌다. 어느 날, 사냥꾼의 집에 귀한 손님이 찾아왔다. 그러나 한 마리의 자고새도 못 잡은 사냥꾼은 손님 대접을 제대로 할 수 없었다. 사냥

꾼은 집에서 기르던 자고새를 잡으려고 했다.
"주인님, 이럴 수가 있습니까? 제가 다른 자고새를 불러서 주인님께 큰 이익을 드렸는데 이제 와서 저를 잡다니, 이건 배신행위입니다."
자고새가 사냥꾼에게 대들었다.
"하하하, 날더러 배신자라고? 이 나쁜 자고새야, 너는 네 목숨 하나를 건지기 위해 네 친구와 친척들을 얼마나 많이 배신했는지 아느냐? 너 같은 건 살려 줄 필요가 없어."
사냥꾼은 자고새를 잡아 손님을 대접했다.

다 함께

행위의 잘잘못 따져보기				
1. 행위	자고새가 한 행위	사냥꾼의 노예가 되어 다른 자고새들을 사냥꾼의 집에 불러들이다가 끝내 사냥꾼에게 죽게 되었다.	사냥꾼이 한 행위	잡아온 자고새를 이용해 다른 자고새들을 사냥하다가 쓸모가 다한 자고새를 죽였다.
2. 잘함	자고새가 잘한 점		사냥꾼이 잘한 점	
3. 잘못함	자고새가 잘못한 점	자기 목숨을 살리려고 다른 자고새들을 죽게 했다.	사냥꾼이 잘못한 점	자고새를 이용하다가 쓸모가 없어지자 죽였다.
4. 물음	자고새에게 바람직한 다른 행위는?	자고새에게 그 행위가 바람직한 이유는?	사냥꾼에게 바람직한 다른 행위는?	사냥꾼에게 그 행위가 바람직한 이유는?
5. 답변				
관점 1 칸트 윤리학	자신을 죽이든지 풀어 주든지 결정하라고 사냥꾼에게 요구한다.	동족을 죽게 하는 행위는 본이 될 수 없는 행위이기 때문이다.	자고새를 풀어 주든지 잡아먹든지 결정한다.	남을 수단으로 삼아서 나쁜 행위를 하도록 하는 것은 스스로 나쁜 행위를 하는 것 만큼이나 나쁘기 때문이다.

관점 2 도가 윤리	다른 자고새들과 어울려 살 수 있도록 풀어달라고 요구한다.	사람의 이용 수단이 되지 않고, 자고새들끼리 어울려 사는 것이 천리이기 때문이다.	자고새를 이보다 더 큰 새들의 사냥에만 이용한다.	천적관계를 이용하는 것은 자연의 섭리를 이용하는 것일 수 있기 때문이다.
관점 3 불교 윤리	풀어 줄 것을 요구하며 금식한다.	자기의 목숨을 버려서, 많은 생명들을 구제하는 것은 자비에 해당하기 때문이다.	소유하려는 생각을 버리고, 자고새를 자유롭게 풀어준다.	생명을 구속에서 풀어 주는 방생은 자비의 실천이기 때문이다.
관점 4 가치 윤리학	다른 새들의 사냥은 돕되, 자고새 사냥은 거부한다.	동족 보호는 누구나 지켜야 할 최소의 가치에 해당하기 때문이다.	자고새를 풀어 주고 스스로 노력하여 사냥을 한다.	남을 이용하여 이득을 얻는 것은 성실하게 노력하는 삶이 아니기 때문이다.
관점 5 유교 윤리와 불교 윤리	다른 자고새라면 어찌할 것인가를 생각하고, 생명의 위협을 무릅쓰더라도 사냥꾼의 사냥에 협조하지 않는다.	다른 자고새에게 대접을 받고자 하는 대로 자신도 다른 자고새를 대접해야 하기 때문이다.	자고새를 풀어 주고, 사냥 대신 다른 일자리를 구한다.	사람의 생명이 존중받아야 하듯이, 다른 동물의 생명도 존중받아야 하기 때문이다.

이솝 우화 바꿔 쓰기

칸트 윤리학의 관점과 유교 윤리의 관점

사냥꾼이 숲 속에 갔다가 자고새 새끼 한 마리를 잡아왔다. 사냥꾼은 이 자고새를 정성스럽게 길렀다. 그리고 다른 자고새를 불러 모으는 방법도 가르쳐 주었다. 이 자고새가 다른 자고새들을 많이 불러 모으면, 미리 그물을 쳐 놓고 기다리다가 재빨리 날아온 자고새를 잡으려는 생각에서였다. 그런데도 다 자란 자고새는 사냥꾼이 가르친 대로 행동하지 않았다. 화가 난 사냥꾼이 따져 물었다.

"너는 왜 내가 가르쳐 준 방법대로 하지 않니? 너를 먹여서 길러준 은혜를 모른다는 것이냐?"

자고새는 침착하게 대답하였다.

"주인님, 먹여주시고 길러주신 것은 고맙지만 시키시는 대로 할 수

	는 없습니다. 다른 자고새가 동료 자고새를 위험에 빠뜨리는 것을 내가 바라지 않듯이, 남들도 내가 동료 자고새를 위험에 빠뜨리는 것을 바라지 않을 것이기 때문이지요. 주인님이 나를 죽이는 것은 내가 어찌할 수 없다고 할지라도, 살아 있는 한 나의 양심에 따라 행동하겠습니다." 죽여도 어쩔 수 없다는 말에 어이가 없었지만 사냥꾼은 별다른 도리가 없자 사냥을 위해 숲으로 향하였다. 걸어가면서 그는 자고새의 말을 곱씹어 보았다. "하기야, 그의 말이 맞을지도 몰라. 남이 나에게 강요하는 것을 내가 원치 않듯이, 남들도 내가 강요하는 것을 원치 않을 것이야." 사냥꾼은 하늘을 한참 동안 우러러 보더니 발길을 돌려 집으로 돌아왔다. 그리고 자고새를 풀어 주며 말하였다. "나는 강요받고 싶지 않고 자유롭게 살고 싶단다. 함부로 죽임을 당하고 싶지도 않단다. 내가 바라는 대로 나도 그렇게 너에게 해 주는 것뿐이란다." 자고새는 사냥꾼에게 여러 차례 감사의 인사를 하고는 자유를 찾아 동료 자고새들이 있는 숲 속으로 푸드덕 날아갔다.

	칸트 윤리학의 관점과 유교 윤리의 관점
바꾼 우화 간략 해설	바꾼 우화에서 우리는, 타인을 수단으로 대하지 말고 목적 자체로 대우하라는 칸트 윤리학의 관점과 남에게 대접받고자 하는 대로 남을 대접하라는 유교 윤리의 관점이 결합되어 있음을 확인할 수 있다.

김다예

행위의 잘잘못 따져보기				
1. 행위	자고새가 한 행위	자고새는 사냥꾼이 시키는 대로 다른 자고새들을 불러 모았다.	사냥꾼이 한 행위	사냥꾼은 자고새를 훈련시켜 다른 자고새들을 쉽게 사냥했다. 마지막에는 그 자고새마저 잡았다.

2. 잘함	자고새가 잘한 점		사냥꾼이 잘한 점	
3. 잘못함	자고새가 잘못한 점	자기가 살기 위해 다른 자고새들을 희생시켰다.	사냥꾼이 잘못한 점	자고새를 이용하여 자기의 이익만을 취하고자 했다.
4. 물음	자고새에게 바람직한 다른 행위는?	자고새에게 그 행위가 바람직한 이유는?	사냥꾼에게 바람직한 다른 행위는?	사냥꾼에게 그 행위가 바람직한 이유는?
5. 답변				
관점 1 칸트 윤리학	자고새는 사냥꾼이 자기의 동료들을 해칠 것을 알고 사냥꾼의 말을 듣지 않는다.	자기의 동료를 위험으로부터 지켜내는 것은 도덕적으로 당연한 행위이기 때문이다.	사냥꾼은 자고새의 희생에 감동을 받고 자고새를 살려준다.	살아 있는 생명체를 소중히 여기는 것은 도덕적으로 당연한 행위이기 때문이다.
관점 2 도가 윤리	자고새는 자기를 훈련시키려는 사냥꾼의 말을 듣지 않는다.	도가 윤리에서는 인위적인 개입을 지양하고 자기의 본성에 따라 사는 것을 지향하고 있기 때문이다.	사냥꾼은 자고새를 인위적으로 훈련시켜 이익을 취하지 않고 자고새를 자연으로 돌아가도록 놓아준다.	도가 윤리에서는 인위적인 개입을 지양하고 자연법칙에 따르는 행위를 지향하기 때문이다.
관점 3 불교 윤리	자고새는 사냥꾼이 자기의 동료들을 해칠 것을 알고 사냥꾼의 말을 듣지 않는다.	자기의 동료를 위험으로부터 지키기 위해 자기를 희생하는 행위는 사랑의 실천이기 때문이다.	사냥꾼은 자고새의 희생에 감동을 받고 이익만을 취하려던 자기의 그릇된 태도를 반성하여 자고새를 살려준다.	소유하고자 하는 욕심을 버리고 생명을 소중히 여겨 자고새에게 보시를 베풀었기 때문이다.
관점 4 가치 윤리학	자고새는 사냥꾼이 자기의 동료들을 해칠 것을 알고 사냥꾼의 말을 듣지 않는다.	자고새가 지향하고 있는 '우정'이라는 가치를 실천하는 행위이기 때문이다.	사냥꾼은 자고새의 희생에 감동을 받고 자고새를 살려주고 살아 있는 생명체를 소중히 여겨 사냥을 그만둔다.	사냥꾼은 살아 있는 생명체의 가치를 지향하고 있기 때문이다.

관점 5 유교 윤리	자고새는 지혜를 발휘해 다른 많은 자고새들을 불러들여 사냥꾼에게 잡힌 자고새들을 구출해낸다.	위험에 빠진 동료를 구하려고 노력한 것은 인(仁)을 실천한 것이라 할 수 있고, 지혜를 발휘한 것은 지(知)를 행한 것이라고 할 수 있다.	사냥꾼은 자고새의 우정과 지혜에 감탄하며, 이익만을 취하려던 자기의 그릇된 태도를 반성한다.	유교 윤리에서는 이(利)가 아닌 의(義)에 의해 행위하는 것이 올바른 것이기 때문이다.

이솝 우화 바꿔 쓰기	유교 윤리의 관점
	사냥꾼이 숲 속에 갔다가 자고새 새끼 한 마리를 잡아왔다. 사냥꾼은 이 자고새를 정성스럽게 길렀다. 그리고 다른 자고새를 불러 모으는 방법도 가르쳐 주었다. 처음에 자고새는 사냥꾼이 왜 다른 자고새를 불러 모으는 방법을 가르쳐주는지 알지 못했다. 몇 달 뒤 다 자란 자고새는 사냥꾼이 가르친 대로 다른 자고새들을 많이 불러 모았다. 미리 그물을 쳐 놓고 기다리던 사냥꾼은 재빨리 날아온 자고새를 잡았다. 자고새는 자기 때문에 사냥꾼에게 잡힌 다른 자고새들에게 죄책감을 느끼게 되었다. "자고새들아, 너무너무 미안해. 대신 내게 좋은 생각이 있어. 다들 모여 봐." 자고새는 사냥꾼 몰래 다른 자고새들과 탈출 계획을 짰다. "얘들아, 내가 지금부터 하는 걸 잘 따라 하면 더 많은 자고새들을 불러 모을 수 있어. 그러면 그들이 위험에 빠져 있는 우리들을 구해줄 거야. 모두 잘할 수 있지?" 자고새들은 비장한 표정으로 적절한 때를 기다렸다. 마침 사냥꾼이 손님 대접을 하기 위해 밖으로 나간 사이, 자고새들은 온 힘을 다해 다른 자고새들을 불러 모았다. 자고새들이 위험에 빠진 것을 발견한 다른 많은 자고새들은 그들의 부리를 이용하여 그물망을 찢어버렸고, 모두 그물망에서 무사히 탈출할 수 있었다. 때마침 사냥꾼이 집으로 돌아왔고 엄청난 자고새들에게 둘러싸였다. 사냥꾼은 자기들에게 해코지를 할까 봐 겁을 잔뜩 먹고 있었다. 하지만 자고새들은 너그럽게 용서해 주기로 했다. 처음 사냥꾼에게 잡혔던 자고새가 말했다. "주인님, 당신이 저를 이용하여 다른 많은 자고새들을 잡으려고 했던 것은 원망스럽지만 그래도 덕분에 우리 자고새들과의 우정을 다

	시 한 번 확인할 수 있어서 당신을 해치지는 않을게요." 사냥꾼이 대답했다. "자고새들아, 미안하구나. 그리고 나는 오늘 너희들의 우정과 지혜에 감탄을 금치 못했다. 앞으로는 꾀를 부려 살지 않고 내 힘으로 노력하여 살아가겠다. 미안하고 고맙구나." 이렇게 자고새들과 사냥꾼은 화해를 했고 서로 도와가며 평화롭게 살았다.

	유교 윤리의 관점
바꾼 우화 간략 해설	'인의예지'는 유교 윤리에서 사람이 마땅히 갖추어야 할 네 가지 성품이다. 바꾼 우화에서는 자고새가 위험에 빠진 그의 동료를 구하기 위해 노력한 것이 인(仁)과 의(義)를 실천한 것이라 할 수 있고, 지혜를 발휘한 것이 지(知)를 행한 것이라고 할 수 있다. 또한 마지막에 사냥꾼을 용서해 주는 행위 역시 인(仁)사상의 실천이라고 볼 수 있다. 그리고 사냥꾼은 그동안 자기의 '이(利)'만을 추구해 왔지만, 자고새들의 우정과 지혜에 감동한 후로 의(義)에 의해 행위할 것을 결심하였다. 사냥꾼의 이런 태도는 이(利)를 지양하고 의(義)를 지향하는 유교윤리의 관점에 부합한다.

전영호

행위의 잘잘못 따져보기				
1. 행위	자고새가 한 행위	자고새는 사냥꾼의 노예가 되어 사냥꾼이 시키는 대로 다른 자고새들을 그물로 유인하여 사냥꾼이 사냥하는 것을 도와주다가 더 이상 쓸모가 없어져서 끝내 사냥꾼에게 죽임을 당했다.	사냥꾼이 한 행위	사냥꾼은 어린 자고새를 잡아와서 다른 자고새들을 유인하도록 훈련시킨 후 자고새들을 사냥하다가 더는 다른 자고새들을 유인하지 못하게 되자 그 자고새를 잡아 손님에게 대접했다.

2. 잘함	자고새가 잘한 점		사냥꾼이 잘한 점	
3. 잘못함	자고새가 잘못한 점	자고새는 사냥꾼의 노예가 되어 사냥꾼이 자기의 동족인 다른 자고새들을 사냥하는 것을 도와주었다.	사냥꾼이 잘못한 점	사냥꾼은 자고새 사냥에 동족인 자고새를 이용하여 새끼 자고새를 배신자로 만들었으며, 이용 가치가 떨어지자 가차 없이 그 자고새를 죽였다.
4. 물음	자고새에게 바람직한 다른 행위는?	자고새에게 그 행위가 바람직한 이유는?	사냥꾼에게 바람직한 다른 행위는?	사냥꾼에게 그 행위가 바람직한 이유는?
5. 답변				
관점 1 칸트 윤리학	자고새는 자기는 결코 다른 자고새들을 잡는 것을 도와줄 수 없다고 말하며 끝까지 자기 말을 지킨다.	자기 자신만의 목숨을 보전하기 위해 동족의 목숨을 파는 일은 해서는 안 되는 나쁜 행위다.	사냥꾼은 자고새를 자유롭게 풀어준다.	옳지 못한 일을 해서는 안 되며, 그 일을 타자에게 하도록 시켜서도 안 된다.
관점 2 도가 윤리	자고새는 자기는 결코 다른 자고새들을 잡는 것을 도와줄 수 없다고 말하며 끝까지 자기 말을 지킨다.	동족을 죽이는 것을 돕는 도구가 되는 것은 동족 간 상생의 이치에 어긋난다.	사냥꾼은 더 이상 자고새를 사냥하지 않고 직업을 바꾼다.	살생을 줄이고 다른 생명들과 상생하는 것이 자연의 이치다.
관점 3 불교 윤리	자고새는 자기는 결코 다른 자고새들을 잡는 것을 도와줄 수 없다고 말하며 끝까지 자기 말을 지킨다.	설령 자기에게 위험이 따르더라도 타자의 생명을 지킬 수 있도록 행위하는 것이 타자에게 자비를 베푸는 행위다.	사냥꾼은 자고새를 자유롭게 풀어주고 사냥을 그만둔다.	무릇 생명이 있는 것은 어느 하나 예외 없이 모두 존중해야 한다.

관점 4 가치 윤리학	자고새는 자기는 결코 다른 자고새들을 잡는 것을 도와줄 수 없다고 말하며 끝까지 자기 말을 지킨다.	동족을 지켜야 한다는 것은 누구나 인정하는 가치다.	사냥꾼은 자고새를 잡아먹고 스스로의 힘만으로 사냥을 한다.	타자의 도움을 바라지 않고 자기 스스로의 힘으로 사냥을 하는 것이 성실의 가치를 추구하는 삶이다.
관점 5 유교 윤리	자고새는 자기는 결코 다른 자고새들을 잡는 것을 도와줄 수 없다고 말하며 끝까지 자기 말을 지킨다.	자기의 안위를 위해 부모와 형제들을 파는 것은 선비의 도리가 아니다.	사냥꾼은 자고새를 자유롭게 풀어준다.	타자의 강요에 의해 동족을 잡는 것을 도와주는 일은 우리 모두가 원하지 않는다. 우리는 자기가 원하지 않는 일을 남에게 시켜서는 안 된다.

이솝 우화 바꿔 쓰기

도가 윤리의 관점

자고새를 사냥해서 먹고사는 사냥꾼이 있었다. 이 사냥꾼은 어떻게 하면 자고새를 쉽게 잡을 수 있을지 고민하다가, 새끼 자고새를 잡아와서 다른 자고새들을 유인하게 훈련시키기로 마음먹었다. 사냥꾼은 바로 숲 속에 가서 자고새 새끼를 한 마리 잡아와서는, 다른 자고새들을 불러 모으는 방법을 훈련시켰다. 그러나 몇 달 뒤 다 자란 자고새는 다른 자고새들을 불러 모으려고 하지 않았다. 사냥꾼이 아무리 자고새에게 으박을 지르고 위협을 해도 소용이 없었다. 화가 머리끝까지 치민 사냥꾼은 자고새에게 따지기 시작했다.

"왜 다른 자고새들을 불러 모으지 않는 거지? 내가 지금까지 먹이를 주고 키워준 은혜도 모르느냐?"

그러자 자고새는 담담하게 말했다.

"사냥꾼님께서 저를 키워주신 것은 잘 알고 있습니다. 하지만 사냥꾼님의 말은 들을 수 없습니다. 제가 같은 자고새로서, 어찌 숲 속의 제 동료들의 목숨을 함부로 여겨 위험에 빠뜨리겠습니까? 만약 사냥꾼님께 가족을 위험에 처하도록 누군가 부탁한다면 어떻게 하시겠습니까?"

	이 말을 들은 사냥꾼은 선뜻 대답을 하지 못하고 머뭇거렸다. 생각해 보니, 자고새뿐만 아니라 다른 모든 살아 있는 생명이라면 동족을 위험에 빠뜨리려 하지 않을 것이라는 생각이 들었기 때문이다. 조금의 침묵이 흐른 후, 한참이 지나서야 사냥꾼은 후련해진 얼굴로 자고새에게 말했다. "그래, 생각해 보니 네 말이 맞구나. 내가 내 먹고 사는 일에만 몰두하다보니 그걸 생각 못하고 널 너무 괴롭게 한 것 같구나. 그래, 차라리 이 기회에 사냥꾼은 그만두고 다른 일을 찾아봐야겠다. 내 비록 지금까진 먹고살기 위해 많은 동물을 잡았지만, 이젠 나도 이 숲에서 다른 동식물들과 함께 살아가는 방법을 찾아야겠다." 그렇게 말하고 사냥꾼은 자고새를 풀어 준 후, 나라에 요청하여 그 숲의 산림 보호원이 되었다. 그리고 숲의 다른 동식물들과 함께 행복하게 살았다.

	도가 윤리의 관점
비꾼 우화 간략 해설	우리는 자연의 이치에 맞게 살아야 한다. 타인의 생명을 함부로 빼앗지 않고 서로 상생하며 사는 것이 자연의 이치다. 이것은 자기와 다른 종족뿐만 아니라 동족 내에서도 마찬가지다. 여기에 비추어 볼 때 자고새 새끼가 자기의 동족인 다른 자고새들을 위험에 처하게 만드는 것은 자연의 이치에 어긋나는 행위다. 한편, 사냥꾼은 타인의 생명을 빼앗으면서 살아가는 것보다 서로 다른 타인과 함께 자연에서 살아가는 것이 자연의 이치에 맞는 삶을 사는 것이다.

제7교시 내가 하는 일이나 맡은 역할이 심심할 때는 어떻게 할까?

이솝 우화	양치기 소년
	마을에서 따로 떨어진 외딴 언덕에서 양을 기르는 소년이 있었다. 양치기는 매일 혼자 양을 돌보는 일이 지겹고 심심하기 짝이 없었다. 장난치는 것을 매우 좋아하던 그는 뭔가 재미있는 일이 없을까 궁리를 했다. '옳지, 그렇게 하면 재미있겠는 걸.' 양치기는 마을로 뛰어 내려가 사람들이 깜짝 놀라도록 다급한 목소리로 힘껏 소리쳤다. "늑대가 나타났다! 늑대가 나타났다!" 양치기의 소리를 들은 마을 사람들은 양들과 양치기 소년을 구하기 위해 저마다 몽둥이를 들고 서둘러 언덕으로 뛰어올라 갔다. "늑대가 어디 있지?" 마을 사람들이 다급한 목소리로 물었다. 장난꾸러기 양치기는 그 모습을 보고 배를 움켜쥐고 웃었다. "늑대는 나타나지 않았어요. 그냥 연습을 해 보았을 뿐이에요." 마을 사람들은 어이없다는 표정을 지으면서 마을로 돌아갔다. 며칠 후 양치기는 다시 소리를 질렀다. "늑대가 나타났다! 늑대가 나타났다! 모두 달려와서 도와주세요!" 마을 사람들은 하던 일을 멈추고 양치기를 도와주기 위해 또다시 산으로 올라갔다. 하지만 아무리 주위를 둘러보아도 늑대의 모습은 보이지 않았다. "이번에도 연습이었어요. 야, 정말 재미있구나!" 양치기가 웃음을 터뜨리면서 말했다. 양치기에게 또 속은 것을 알고 마을 사람들은 화를 내면서 돌아갔다. 그러던 어느 날 정말로 늑대들이 나타났다. 사나운 늑대들은 양떼를 마구 해치기 시작했다. 급기야는 양치기에게도 달려들었다. 소년은 다급한 목소리로 마을 사람들을 향해 큰 소리로 외쳤다. "늑대가 나타났다!" 그러나 마을 사람들은 아무도 나타나지 않았다. "이번엔 정말이에요! 정말로 늑대가 나타났다고요!"

양치기는 목이 터질 정도로 소리를 질렀다. 그래도 마을 사람들은 도와주러 오지 않았다. 이번에도 양치기가 장난을 친다고 생각한 마을 사람들이 그 말을 믿지 않았기 때문이다. 결국 거짓말을 좋아하던 양치기는 양들뿐만 아니라 자신의 목숨까지 잃어버리고 말았다.

다 함께

행위의 잘잘못 따져보기				
1. 행위	양치기가 한 행위	심심함을 달래려고 반복해서 거짓말을 하다가 결국은 늑대에게 목숨을 잃었다.	마을사람들이 한 행위	양치기에게 여러 번 속은 후에는 더 이상 그의 말을 믿지 않아 그를 죽게 했다.
2. 잘함	양치기가 잘한 점		마을사람들이 잘한 점	
3. 잘못함	양치기가 잘못한 점	심심함을 달래려고 거짓말을 했다.	마을 사람들이 잘못한 점	진짜 상황에서도 양치기 말을 믿지 않아 그를 죽게 했다.
4. 물음	양치기에게 바람직한 다른 행위는?	양치기에게 그 행위가 바람직한 이유는?	마을 사람들에게 바람직한 다른 행위는?	마을 사람들에게 그 행위가 바람직한 이유는?
5. 답변				
관점 1 칸트 윤리학	너무 심심해서 장난을 하지 않고는 혼자 양을 치기가 어렵다고 마을 사람들에게 말한다.	거짓말로 타인을 속이기보다 정직함이 모두에게 본이 되는 행위이기 때문이다.	거짓말을 하지 않고 자기의 일인 양치는 일을 충실히 하는 것은 그 자체로 착한 행위임을 말해 준다.	자기의 본분이나 직업에 따르는 일을 충실히 하는 것은 인간의 도덕적 의무이기 때문이다.
관점 2 공리 주의	장난치지 않고 양을 칠 테니 거기에 맞는 보답을 해달라고 요구한다.	양치기와 마을 사람 모두에게 이익이 되는 방안이기 때문이다.	거짓말이나 장난 없이 양을 치면, 보답해 주겠다고 약속한다.	소년에게 자기 희생적으로 일하라고 하는 것은 마을 사람들에게만 이익이 되기 때문이다.

관점 3 유교 윤리	거짓말 대신 날아가는 새를 돌로 맞춰보기 같은 다른 장난 거리를 발견해야 한다.	스스로 철이 드는 것은 어른들의 기대를 따르는 것이기 때문이다(경로).	마을 사람들이 가끔씩 양치기 소년을 찾아가 말동무가 되어 준다.	양치기 소년을 자신의 자식같이 생각하면, 그의 심심함을 걱정해 줄 수 있기 때문이다(부자유친).
관점 4 불교 윤리	심심함을 피하기 위해 양들의 털, 발톱 등을 손질해준다.	동물을 보다 적극적으로 돌봐주는 동물 사랑이 되기 때문이다.	양치기에게 더 큰 관심을 갖는다.	소년을 적극적으로 돌봐주는 아이 사랑이 되기 때문이다.
관점 5 가치 윤리학	자기의 임무를 생각하며 늑대가 출현할 경우 어떻게 대처할지를 늘 생각한다.	책임의식은 직업 생활에서 중요한 가치이기 때문이다.	소년이 하루 일을 마칠 때마다 마을 사람들이 소년을 칭찬해준다.	칭찬은 일을 잘하도록 만드는 중요한 가치이기 때문이다.

이솝 우화 바꿔 쓰기	유교 윤리의 관점

이솝 우화 바꿔 쓰기

유교 윤리의 관점

마을에서 따로 떨어진 외딴 언덕에서 양을 기르는 소년이 있었다. 양치기는 매일 혼자 양을 돌보는 일이 지겹고 심심하기 짝이 없었다. 장난치는 것을 매우 좋아하던 그는 뭔가 재미있는 일이 없을까 궁리를 했다.

'옳지, 그렇게 하면 재미있겠는 걸.'

양치기는 작은 돌을 주워 하늘을 날아가는 새를 겨냥하여 던졌다. 그것은 갑자기 늑대가 나타났을 때를 대비하여 돌팔매질을 연습하는 것이기도 했다. 돌 던지기를 그치면 마을 사람들의 얼굴을 떠올렸다.

'부모님이 돌아가시자 그분들은 모두 나를 아들같이 대해 주었지. 내가 많이 컸기 때문에 내게 양치는 일을 맡긴 것이야. 어쩌면 내가 철이 들었다고 생각했기 때문일 수도 있지. 그런 기대를 저버린다면, 나는 철없는 아이가 되고 말 거야.'

그런데 어느 날 갑자기 늑대가 나타났다. 한 마리가 아니라 여러 마리가 한꺼번에 양떼에게 달려들었다. 소년은 힘껏 돌팔매질을 하며 맞섰지만 여러 마리를 한꺼번에 물리칠 수는 없었다. 소년은 마을로 뛰어가며 소리쳤다.

	"늑대가 나타났어요! 늑대가! 늑대가 나타났어요!" 마을 사람들은 다급한 목소리를 듣고 몽둥이를 들고 뛰어나와서는 늑대들을 향해 달려갔다. 늑대들을 쫓고 나서 살펴보니, 어느새 두 마리의 양은 죽어 있었다. 마을 사람들은 양치기 소년의 주위에 모여들며 말했다. "아이야, 괜찮니? 다친 데는 없니? 많이 놀랐지? 네 덕분에 많은 양을 지킬 수 있었구나. 네가 정말 대견하구나." 마을 사람들은 저마다 한 마디씩 하면서 소년의 머리를 쓰다듬고 어깨를 두드려주고 뺨을 어루만져 주었다. 소년은 두 마리의 양이 죽었음에도 불구하고 자신을 염려해 주고 격려해 주는 마을 사람들을 보면서 눈물을 주르륵 흘리고 말았다.

바꾼 우화 간략 해설	유교 윤리의 관점
	부자유친(오상), 대동사회(모든 어른이 아이들의 공동의 부모, 모든 아이가 어른들의 공동의 자녀)

제8교시 이익 앞에서 우정이 흔들릴 때는 어떻게 할까?

이솝 우화	잔꾀 부린 여우
	나귀와 여우는 어쩌다가 서로 친하게 되었다. 둘은 서로 세상 살아가는 이야기도 하며 앞으로 무슨 일이든지 서로 도우며 살기로 굳게 약속했다. 어느 날, 나귀와 여우는 같이 사냥을 나갔다. 숲 속을 이리저리 돌아다니며 사냥할 만한 짐승을 찾았지만 웬일인지 짐승들은 하나도 눈에 띄지 않았다. "우리 더 깊이 들어가 보자." "그래, 짐승들이 모두 깊은 숲으로 들어간 것 같구나." 나귀와 여우는 짐승들을 찾아 점점 더 깊은 산속으로 들어갔다. 무심코 숲을 헤치며 앞서가던 여우 앞에 갑자기 커다란 사자가 나타났다.

"아이쿠!"
여우는 부들부들 떨며 그 자리에 주저앉았다. 사자가 너무 가까이 있어서 도망갈 수가 없었다. 꾀 많은 여우는 재빨리 사자 앞으로 다가서며 말했다.
"사자님, 제발 저를 살려 주세요. 그러면 나귀를 당신에게 드리지요."
사자가 고개를 끄덕였다. 여우는 재빨리 나귀 있는 곳으로 돌아왔다. 그러고는 나귀를 꾀어 함정 속에 빠뜨렸다.
"사자님, 나귀는 이제 도망갈 수 없게 되었습니다. 저걸 보세요. 제가 함정 안에 잘 가두어 놓았답니다."
"오냐, 잘했다."
사자는 나귀가 도망칠 수 없게 된 것을 알자 먼저 여우부터 잡아먹었다. 나귀는 천천히 먹어도 되니까.

다 함께

행위의 잘잘못 따져보기				
1. 행위	여우가 한 행위	사자를 만나자, 서로 도우며 살기를 약속한 나귀를 바치겠다며 살려줄 것을 요청했다.	사자가 한 행위	여우의 제안을 받아들인 척하고는 나귀가 함정에 빠지자 여우마저 잡아먹었다.
2. 잘함	여우가 잘한 점		사자가 잘한 점	
3. 잘못함	여우가 잘못한 점	자기만 살아남고자 서로 도우며 살기로 약속했던 나귀를 배반했다.	사자가 잘못한 점	자기의 더 큰 이익을 위해 여우와의 약속을 저버렸다.
4. 물음	여우에게 바람직한 다른 행위는?	여우에게 그 행위가 바람직한 이유는?	사자에게 바람직한 다른 행위는?	사자에게 그 행위가 바람직한 이유는?
5. 답변				
관점 1 칸트 윤리학	나귀와의 약속에 따라 서로 힘을 합쳐 사자와 싸우거나 함께 도망간다.	약속을 어기는 것이 일반화되면 모든 약속이 물거품이 되기 때문이다.	약속대로 여우를 살려 준다.	약속은 지켜야 하기 때문이다.

관점 2 공리 주의	자기와 나귀를 살려주면, 자기들보다 더 맛있는 먹이를 구해 주겠다고 제안한다.	서로에게 손해를 가져오지 않고, 오히려 삼자 모두에게 이익이 되는 방안이기 때문이다.	여우와 나귀에게 목숨을 내놓거나 다시는 그곳으로 사냥하러 오지 않겠다고 약속할 것을 요구한다.	자기의 사냥터와 그곳의 사냥감들을 지키는 일이 되어 사자에게 장기적으로 이익이 되기 때문이다.
관점 3 가치 윤리학	여우와 나귀가 서로 자기를 잡아먹고 자신의 친구는 살려달라고 부탁한다.	친구를 위해 자기를 희생하는 것은 우리가 추구할 만한 고귀한 가치이기 때문이다.	누가 친구를 위해 죽을 것인가를 선택하도록 한다.	한꺼번에 두 마리를 잡아먹는 것은 과욕으로서 피해야 할 일이기 때문이다.
관점 4 불교 윤리	자신들이 힘없는 동물의 사냥에 나선 것이 잘못이듯이, 사자 역시 힘없는 자신들을 사냥하는 것은 잘못이라고 말하면서 자비를 청한다.	살생유택이라는 불교의 도덕규범이 요구하듯이 살생은 불가피한 경우로 제한되어야 하기 때문이다.	여우와 나귀가 함부로 살생하지 않는 한, 자신도 함부로 살생하지 않겠다고 약속한다.	살생을 줄이는 것이 자비의 실천에 해당하기 때문이다.
관점 5 도가 윤리와 불교 윤리	식사를 채식으로 변경한다.	살생을 줄이고 자연에 합치하는 삶의 방식이기 때문이다.	다른 동물을 해치지 않는 채식 동물은 사냥하지 않는다.	불필요한 살생을 줄이는 삶의 방식이기 때문이다.

	칸트 윤리학의 관점
이솝 우화 바꿔 쓰기	나귀와 여우는 어쩌다가 서로 친하게 되었다. 둘은 서로 세상 살아가는 이야기도 하며 앞으로 무슨 일이든지 서로 도우며 살기로 굳게 약속했다. 어느 날, 나귀와 여우는 같이 사냥을 나갔다. 숲 속을 이리저리 돌아다니며 사냥할 만한 짐승을 찾았지만 웬일인지 짐승들은 하나도 눈에 띄지 않았다. "우리 더 깊이 들어가 보자." "그래, 짐승들이 모두 깊은 숲으로 들어간 것 같구나."

나귀와 여우는 짐승들을 찾아 점점 더 깊은 산속으로 들어갔다. 무심코 숲을 헤치며 앞서가던 여우 앞에 갑자기 커다란 사자가 나타났다.

여우는 부들부들 떨면서 어떻게 해야 할지를 생각했다. 여우는 발걸음이 느린 나귀를 뒤로 남겨 두고 혼자 도망을 가야 할지 아니면 나귀와 함께 살아남는 방법을 선택해야 할지를 놓고 고민을 하다가 마침내 결심을 하고 당당히 사자에게 말했다.

"사자야, 나는 나귀를 두고 혼자 도망가지는 않겠다. 우리는 함께 도우며 살기로 약속한 사이이므로."

사자는 이 말을 듣고 코웃음을 치며 말했다.

"허허, 내가 매우 허기가 져 있었는데 잘되었다. 너희를 모두 먹이로 삼아주마."

사자가 이렇게 말했을 때, 도망치기 위해 사자에게 꽁무니를 대고 있던 나귀가 뒷발로 사자의 얼굴을 차 버렸다. 사자는 갑자기 눈가를 얻어맞아 눈을 뜨지 못한 채 허우적거렸다. 이를 보고 여우가 말했다.

"덩치는 크지만 눈을 뜨지 못하니 우리를 잡지 못하겠지. 소리를 듣고 쫓아올 재주라도 있다면 몰라도. 약하고 순한 나귀에게 얻어맞은 기분이 어떠냐. 이놈아."

이 말에 화가 난 사자는 소리 나는 쪽으로 맹렬히 돌진했다. 여우는 살짝 몸을 피하고는 지나올 때 보아두었던 커다란 구덩이 옆으로 다가가서 소리쳤다.

"나귀는 나와 친구야. 나는 친구와의 약속과 친구의 곤경을 외면할 수 없어. 너는 우리와 같은 우정을 갖는 동물이 분명 아닐 거야."

사자는 자신의 위엄이 무시당하자 쩌렁쩌렁거리면서 소리 나는 쪽으로 뛰어올랐다. 그러고는 그만 구덩이 속으로 빠져버렸다.

여우는 나귀에게 엄지를 치켜세웠고, 나귀는 여우를 등에 태웠다.

바꾼 우화 간략 해설	칸트 윤리학의 관점
	우리는 삶 속에서 약속을 지켜야 하고 곤경에 처한 친구를 도와야 한다.

전영호

행위의 잘잘못 따져보기				
1. 행위	여우가 한 행위	여우는 나귀를 함정에 빠뜨려 사자에게 바치고 사자에게 살려달라고 요청했다.	사자가 한 행위	사자는 여우의 제안을 받아들이는 척하다가 나귀가 함정에 빠지자 여우부터 잡아먹었다.
2. 잘함	여우가 잘한 점		사자가 잘한 점	
3. 잘못함	여우가 잘못한 점	자기만 살겠다고 친구인 나귀를 배신했다.	사자가 잘못한 점	여우와의 약속을 깨뜨렸다.
4. 물음	여우에게 바람직한 다른 행위는?	여우에게 그 행위가 바람직한 이유는?	사자에게 바람직한 다른 행위는?	사자에게 그 행위가 바람직한 이유는?
5. 답변				
관점 1 칸트 윤리학	여우는 나귀와 함께 도망가거나 사자와 싸운다.	약속은 지켜야 하기 때문이다.	사자는 여우와 약속한 대로 나귀만 잡아먹는다.	약속은 지켜야 하기 때문이다.
관점 2 공리 주의	여우는 사자에게 자기들을 잡아먹지 않으면 맛있는 사냥감이 있는 곳을 지속적으로 알려주겠다고 제안한다.	모두에게 이익이 되는 방법이기 때문이다.	사자는 여우의 제안을 받아들인다.	모두에게 이익이 되는 방법이기 때문이다.
관점 3 가치 윤리학	여우는 사자에게 자기를 잡아먹고 나귀를 놓아달라고 말한다.	여우가 타자에 대한 사랑이라는 가치를 지향하기 때문이다.	사자는 여우의 제안을 받아들여 여우를 잡아먹고 나귀를 놓아준다.	사자가 약속을 지키는 정직한 삶을 지향하기 때문이다.
관점 4 불교 윤리	여우는 사자에게 자기를 잡아먹고 나귀를 놓아달라고 말한다.	자기의 목숨을 버려서라도 타자의 생명을 구하는 것은 자비를 베푸는 행위이기 때문이다.	사자는 여우를 잡아먹고 나귀를 놓아준다.	여우를 잡아먹고 배가 부른 사자는 더 이상 불필요한 살생을 해서는 안 된다(殺生有擇).

관점 5 기독교 윤리	여우는 사자에게 자기를 잡아먹고 나귀를 놓아달라고 말한다.	기독교의 사랑의 실천이기 때문이다.	사자는 여우와 나귀를 놓아준다.	함부로 살생을 해서는 안 되기 때문이다.

이솝 우화 바꿔 쓰기	공리주의의 관점
	우연한 기회에 친하게 된 나귀와 여우가 있었다. 이 둘은 비록 서로 다른 점은 많지만 서로 돕기로 약속하고 함께 살아가고 있었다. 그런데 여우와 나귀가 사는 곳에는 사자가 한 마리 살고 있었다. 그 사자는 요새 사냥을 번번이 실패해서 며칠 동안 굶어 매우 날카로워져 있었다. 비록 먹질 못해서 기운은 떨어지지만, 어딘가에 사냥감이 보이기만 하면 빛보다도 빠르게 달려들어 사냥감을 낚아챌 기세였다. 그러던 차에, 사자는 저 멀리 강가에서 한가롭게 물을 마시고 있는 여우와 나귀를 발견했다. 사자는 그 둘을 보자마자 눈이 새빨갛게 충혈이 된 채 달려들었다. 여우와 나귀가 눈치를 채는 건 생각도 하지 못할 정도로 다급해져 있었던 것이다. 사자가 번개처럼 쏜살같이 달려와서 한가롭게 물을 마시는 나귀의 목을 물어뜯으려는 순간, 그걸 눈치 챈 여우가 자신의 온 힘을 쥐어짜내 소리를 질렀다. "사자님! 잠시만 기다려 주세요!" 이제야 사냥에 성공했다는 기쁨에 가득 차 있던 사자는, 별안간 후식으로 먹을 여우가 소리를 지르자 순간 움찔해서 벌렸던 입을 닫지 못했다. 그러고는 으르렁거리는 목소리로 한마디 했다. "왜, 네가 먼저 먹히겠다고?" 그러나 여우는 사자의 새빨개진 눈을 정면으로 응시하며 차분하게 말했다. "아뇨, 사자님. 혹시 요새 사냥이 잘 안 돼서 힘드시지 않나요? 제가 다른 동물들이 살고 있는 곳을 알고 있습니다. 만약 저희를 살려주시면 제가 다른 동물이 있는 곳을 매일 알려드릴게요." 사자는 여우의 당돌한 제안에 잠시 어이가 없어서 눈을 치켜뜨고 여우를 빤히 쳐다보았다. 하지만 여우는 조금 주눅이 들긴 했지만 사자의 눈길을 피하지 않았다. 그 덕에 잠시 호기심을 느낀 사자는 여우의 제안을 곰곰이 생각해 보았다. 그러고는 지금 여우와 나귀를 잡아먹는 것보다는 다른 사냥감이 있는 곳을 편하게 알아내는 게 더 좋을 것 같다는 생각이 들었다.

	"좋다. 너희들을 풀어 주마. 그 대신, 만약 거짓말이면 그 즉시 너부터 잡아먹을 테니 그렇게 알아라!" 그렇게 여우와 나귀, 사자가 매일 함께 다니게 되었다. 여우는 정말로 다른 동물들이 있는 곳을 정확하게 찾아내서 사자에게 알려 주었다. 처음에는 조금 의심을 품고 있던 사자도 어느새 여우를 신뢰하게 되었다. "처음에는 위기를 벗어나기 위해 거짓말을 하는 줄 알았는데, 정말이었군. 덕분에 요새는 사냥을 못하는 날이 없게 되었다. 이제 배도 그렇게 많이 고프지 않으니, 앞으론 사냥한 걸 같이 나누어 먹도록 하지." 사자의 말에 여우와 나귀는 조용히 미소로 대답했다. 매일같이 사냥을 다니던 그 셋은 결국 친한 친구가 되어 함께 살아가게 되었다.

	공리주의의 관점
바꾼 우화 간략 해설	공리주의의 관점에 따르면 우리는 최대 다수의 최대 행복을 위해 행위해야 한다. 이 이야기에서 사자는 매일 매일의 사냥이 잘 되지 않는 배고픈 사자로 설정되었다. 만약 사자가 여우와 나귀를 바로 잡아먹는다면 당장은 배를 채울 수 있어서 이익이 되지만, 장기적인 관점에서는 계속 사냥에 성공한다는 보장이 없으므로 여우와 나귀를 살려두고 여우에게서 다른 동물들이 있는 곳을 안내받는 것이 이익이 된다. 그리고 여우와 나귀는 사자에게 목숨을 빼앗기지 않으므로 모두에게 이익이다.

제9교시 경쟁 능력이 서로 다를 때는 어떻게 할까?

	거북이와 토끼
이솝 우화	산토끼가 길을 가다가 거북이를 만나게 되었다. 깡충깡충 빠르게 뛰어가던 산토끼는 느릿느릿 기어가는 거북이를 보고 느림보라고 놀렸다. 그러자 거북이가 산토끼에게 말했다. "토끼야, 그렇게 걸음이 빠르다고 자랑하지 마라. 누가 더 빠른지는 경주를 해 보아야 아는 거란다." 산토끼는 그 말에 배꼽을 잡고 웃으면서 대답했다. "좋아. 그렇다면 누가 더 빠른지 경주를 한번 해 보자." 마침내 달리기를 위하여 거북이와 산토끼는 출발선에 나란히 섰다. 출발 신호와 함께 산토끼와 거북이는 달리기를 시작했다. 건너편 산등성이에 먼저 도착하는 쪽이 이기는 것이었다. 산토끼는 당연히 자기가 더 빠르다고 생각하며 서둘러 깡충깡충 뛰어갔다. 산토끼는 목표 지점의 절반까지 달려가서 뒤를 돌아다보았다. 아직 거북이의 모습은 보이지도 않았다. "아이, 시시해. 거북이는 보이지도 않네. 여기서 잠시 쉬었다가 가도 될 거야." 산토끼는 잠시 쉬다가 그만 깊이 잠들고 말았다. 하지만 자기 걸음이 느리다는 사실을 알고 있는 거북이는 단 한순간도 쉬지 않고 땀을 뻘뻘 흘리면서 열심히 기어갔다. 얼마 후 잠에서 깨어난 산토끼는 깜짝 놀라 거북이가 어디까지 갔는지 찾아보았다. 거북이는 이미 산등성이에 거의 도착한 상태였다. 산토끼가 아무리 빨리 달려도 거북이보다 먼저 도착할 수는 없다. 마침내 거북이는 경주에서 승리했다.

다 함께

행위의 잘잘못 따져보기				
1. 행위	토끼가 한 행위	거북이와 경주를 하다가 중간에 잠을 자는 바람에 경주에서 졌다.	거북이가 한 행위	쉬지 않고 꾸준히 기어감으로써 경주에서 토끼를 이겼다.
2. 잘함	토끼가 잘한 점		거북이가 잘한 점	하는 일에 꾸준히 정진했다.
3. 잘못함	토끼가 잘못한 점	경주를 하는 중간에 잠을 잤다.	거북이가 잘못한 점	토끼를 깨워주지 않았다.
4. 물음	토끼에게 바람직한 다른 행위는?	토끼에게 그 행위가 바람직한 이유는?	거북이에게 바람직한 다른 행위는?	거북이에게 그 행위가 바람직한 이유는?
5. 답변				
관점 1 칸트 윤리학	거북이를 앞세우고 자신은 뒤에서 출발한다.	출발선만 같다고 공정한 게임이 되는 것은 아니기 때문이다.	앞으로 나아가는 속도에 차이가 있으므로 경주 규칙을 특별하게 정하자고 요청한다.	무모한 경쟁을 피하면서 모두에게 공정한 게임을 요구하는 것이기 때문이다.
관점 2 공리주의	거북이가 육상에서 이동할 때는 자기의 등에 태워 줄 테니, 물을 건널 때는 거북이의 등에 태워달라고 부탁한다.	서로 돕는 것이 모두에게 이익을 가져다줄 수 있기 때문이다.	동물 둘이 한 팀이 되는 시합을 열고 둘이 서로 한 팀이 되어 출전하자고 제안한다.	협동심을 기르는 시합이 개인기를 기르는 시합보다 사회적 삶의 조화에 기여하기 때문이다.
관점 3 유교 윤리	한 번은 육상에서 달리기로 시합하고, 한 번은 물속에서 시합하자고 제안한다.	자기에게 유리한 방식의 시합만을 요구하는 것은 군자의 자세가 아니기 때문이다.	잠든 토끼를 깨워주고 경주를 계속한다.	남의 실수를 이용하여 승리하는 것은 군자가 할 일이 아니기 때문이다.
관점 4 불교 윤리	물속에서의 경주가 아니라면 하지 않겠다고 말한다.	남에게 불필요한 수고를 겪게 하는 것은 자비의 실천이 아니기 때문이다.	경주를 하나마나 토끼가 이길 것이라고 말해 주고 경주를 사양한다.	상대의 장기를 인정해 주면서 상대를 기쁘게 하는 것도 자비의 실천이기 때문이다.

관점 5 가치 윤리학	다른 동물들 앞에서 노래실력으로 우열을 가리자고 제안한다.	공정한 경쟁과 평가가 우리가 추구해야 할 가치이기 때문이다.	하루 동안 누가 남을 많이 돕는지를 따져 우승자를 가리자고 제안한다.	저마다의 능력으로 사회에 공헌하는 것이 우리 사회의 가치가 되어야 하기 때문이다.

	공리주의의 관점
이솝 우화 바꿔 쓰기	산토끼가 길을 가다가 거북이를 만나게 되었다. 깡충깡충 빠르게 뛰어가던 산토끼는 느릿느릿 기어가는 거북이를 보고 느림보라고 놀렸다. 그러자 거북이가 산토끼에게 말했다. "토끼야, 그렇게 걸음이 빠르다고 자랑하지 마라. 누가 더 빠른지는 경주를 해 보아야 아는 거란다." 산토끼는 그 말에 배꼽을 잡고 웃으면서 대답했다. "좋아. 그렇다면 누가 더 빠른지 경주를 한번 해 보자." 그러자 거북이가 말했다. "우리 둘의 경쟁은 힘만 빼는 손해되는 일이야. 이와 달리 우리 모두에게 이익이 되는 일은 없을까?" 산토끼는 거북이가 경주를 피하려고 핑계를 대는 듯하여 시큰둥한 표정을 지었다. 그러자 거북이가 말했다. "네가 물을 건널 때는 내가 업어주고 내가 뭍에서 지쳤을 때는 네가 업어준다면, 이기고 지는 것 없이 우리 모두가 기분이 좋게 되잖아. 시간 절약도 될 테고." 산토끼는 거북이의 말이 그럴 듯했지만, 경주를 하고 싶어서 다른 제안을 했다. "그러면 동물 둘이 한 팀이 되어 경주하는 시합을 열고 우리 둘이 한 팀이 되어 출전해 보자." 거북이는 협동심을 키워주는 시합이 개인기를 키워주는 시합보다 동물 사회의 조화에 더 큰 기여를 하리라고 생각하여 흔쾌히 동의했다. 그때 이후로 사람들은 홀로 다니는 동물을 보기 어렵게 되었다.

바꾼 우화 간략 해설	공리주의의 관점
	최대 다수의 최대 행복을 도모하는 제도

김다예

행위의 잘잘못 따져보기				
1. 행위	토끼가 한 행위	토끼는 거북이를 느림보라고 놀리며 무시하다가 달리기 경주에서 패배했다.	거북이가 한 행위	거북이는 포기하지 않고 달리기 경주에서 토끼를 이겼다.
2. 잘함	토끼가 잘한 점	없다.	거북이가 잘한 점	거북이는 포기하지 않고 끝까지 노력했다.
3. 잘못함	토끼가 잘못한 점	토끼는 거북이의 능력을 무시하고 자만했다.	거북이가 잘못한 점	거북이가 자고 있는 토끼를 깨우지 않은 것은 정정당당하지 못한 행동이다.
4. 물음	토끼에게 바람직한 다른 행위는?	토끼에게 그 행위가 바람직한 이유는?	거북이에게 바람직한 다른 행위는?	거북이에게 그 행위가 바람직한 이유는?
5. 답변				
관점 1 칸트 윤리학	토끼는 거북이의 인격을 무시하지 않고 거북이의 장점인 끈기 있는 태도를 칭찬해 준다.	상대방을 수단으로 대우하지 않고 목적 자체로 대우해야 하기 때문이다.	거북이는 토끼를 이기려고 하기보다는 토끼의 달리기 실력을 인정해 준다.	타자의 장점을 존중해 주는 것이 도덕적으로 바람직한 행위이기 때문이다.
관점 2 공리주의	토끼는 거북이의 장점인 성실한 태도와 자기의 달리기 실력을 이용하여 동업을 할 것을 제안한다.	서로의 장점을 살려 시너지 효과를 내면 토끼와 거북이 모두에게 이득이 될 수 있기 때문이다.	거북이는 토끼의 제안을 받아들여 동업을 한다.	토끼의 제안은 '최대 다수의 최대 행복'을 지향하는 공리주의적인 제안이기 때문이다.
관점 3 유교 윤리	토끼는 거북이의 인격을 무시하지 않고 거북이의 장점인 끈기 있는 태도를 칭찬해 준다.	타자를 무시하기보다는 장점을 최대한 살려 인격을 존중해 주는 것이 의로운 행위이기 때문이다.	거북이는 토끼를 이기려고 하기보다는 토끼의 달리기 실력을 인정해 준다.	욕심을 내어 무조건 타자를 이기고자 하는 마음을 버리고 타자의 장점을 존중해 주는 것이 올바른 행위이기 때문이다.

관점 4 불교 윤리	토끼는 거북이의 인격을 무시하지 않고 거북이의 장점인 끈기 있는 태도를 칭찬해 준다.	불교에서는 생명 존중의 가치를 중시 여기는데, 토끼가 거북이의 인격을 존중해 주는 것도 생명 존중의 하나이기 때문이다.	거북이는 토끼를 이기려는 욕심을 버린다.	헛된 욕망을 버리고 주어진 삶에 맞게 사는 것이 올바른 행위이기 때문이다.
관점 5 도가 윤리	토끼는 거북이가 느리게 걸어가더라도 놀리거나 무시하지 않고 자기가 갈 길을 간다.	토끼가 빠른 것과 거북이가 느린 것은 모두 자연 법칙에 의한 것으로서 존중하는 것이 올바른 행위이기 때문이다.	거북이는 토끼를 이기려는 욕심을 버린다.	토끼를 이기려는 헛된 욕심을 부리지 않는 것이 자기의 타고난 본성을 지키는 일이기 때문이다.

이솝 우화 바꿔 쓰기	공리주의의 관점
	산토끼가 길을 가다가 거북이를 만나게 되었다. 깡충깡충 빠르게 뛰어가던 산토끼는 느릿느릿 기어가는 거북이를 발견했다. 서로 눈인사를 하고 산토끼는 가던 길을 빠르게 뛰어갔다. 거북이는 토끼의 민첩함을 부러워했지만, 꿋꿋하게 자기가 할 일을 했다. 몇 시간 뒤 토끼가 집으로 돌아가려고 그 길을 다시 지나가다가 꿋꿋이 일 하는 거북이의 모습을 보고 감탄했다. "거북이님. 아까 뵈었는데, 아직도 일을 하고 계시네요. 참 끈기 있으시네요~ 전 달리기만 빠르지 끈기가 없어 일자리를 구하기가 참 어렵답니다. 거북이님의 성실한 태도가 참 부럽군요." 그러자 거북이가 대답했다. "토끼님, 저는 당신이 더 부럽습니다. 제가 성실하긴 하지만 워낙 느려서 아무도 저를 취직시켜 주지 않네요. 하하!" 그때, 산토끼에게 좋은 생각이 떠올랐다. "아하~! 거북이님. 우리 함께 일을 해 보는 것이 어떻습니까?" 거북이가 의아해하자, 산토끼가 말을 이어갔다. "우리가 음식점을 하나 차리는 거예요. 그래서 거북이님은 성실하고 꼼꼼하니까 카운터에서 돈 계산을 하고, 저는 발이 빠르니까 홀 서빙을 하는 거예요. 제가 몸 움직이는 일 하나는 자신 있거든요."

	산토끼의 말을 듣던 거북이는 신이 나서 이야기했다. "돈 계산은 제가 꼼꼼하게 잘한답니다! 좋아요. 우리 동업해 봐요." 이렇게 산토끼와 거북이는 음식점을 차리게 되었고, 성실한 거북이와 발 빠른 산토끼의 이야기가 전해지면서 그 음식점은 매우 유명해졌다. 결국 산토끼와 거북이는 그들만의 장점을 살려 성공할 수 있었다.

	공리주의의 관점
바꾼 우화 간략 해설	공리주의에서는 최대 다수의 최대 행복을 지향한다. 바꾼 우화에서 토끼와 거북이는 서로 상대방의 장점을 부러워하고 있다. 그래서 그들의 장점을 이용한 동업을 하게 되는데, 이것이 시너지 효과를 내어 토끼와 거북이는 성공을 할 수 있었다. 만약 그들이 동업을 하지 않았다면 토끼와 거북이 모두에게 이득이 생기지 않았을 것이다. 따라서 토끼가 거북이에게 동업 제안을 한 것은 모두에게 이득이 될 수 있는 행위였고 이는 공리주의적인 관점에서 올바른 행위라고 할 수 있다.

김찬우

	칸트 윤리학의 관점
이솝 우화 바꿔 쓰기	산토끼가 어느 날 산책을 하다가 산을 느릿느릿 올라가고 있는 거북이를 보았다. 평소 자신의 달리기 실력에 자신감이 넘치던 산토끼는 거북이에게 말했다. "이봐 거북아. 그렇게 느릿느릿하게 걸어서 어느 세월에 산 정상에 도착하겠니? 내가 한 숨 자고 가도 너보다는 빨리 도착하겠다." 이 말을 들은 거북이는 조용히 미소를 지으며 말했다. "토끼 네가 빠르다는 것은 잘 알고 있지. 그러나 지나친 자만심은 옳지 못해. 그런 마음가짐으로는 나를 이길 수 없을 거야." 거북이의 설교를 들은 토끼는 자존심이 상해 거북이에게 경주를 제안했다. "그래? 그렇다면 너의 말이 정말 옳은지 경주 한번 해 보자. 준비, 시작!"

토끼는 신나게 달려 산 중턱까지 도착해 밑을 내려다보았다. 거북이는 저 멀리서 엉금엉금 기어오고 있었다.

"역시 너무 느리군! 정말 낮잠을 자고나서도 이기겠어."

하고 말하곤 토끼는 낮잠을 자기 시작했다. 그러나 너무 빨리 달려 지친 토끼는 깊게 잠이 들고 말았다. 그러다가 잠결에 누군가 자신을 툭툭 치는 것을 느끼고 일어났다.

"토끼야 일어나. 난 이미 여기까지 왔어. 낮잠을 자고 있는 너를 두고 몰래 지나가 너를 이기는 행위는 옳지 못해. 정정당당히 경주하자."

거북이의 말을 듣고 토끼는 너무나 부끄러워 얼굴이 자신이 좋아하는 홍당무처럼 새빨개졌다.

'아! 거북이는 이렇게 정직하고 성실하게 나를 대하는데 나는 너무 자만심에 차 있었구나.'

토끼는 이렇게 생각하고 거북이에게 자신의 무례함을 사과했다. 그리고 최선을 다해 산 정상으로 뛰기 시작했다.

	칸트 윤리학의 관점
바꾼 우화 간략 해설	칸트 윤리학은 언제 어디서나 선의의 의무를 지향하는 것을 원칙으로 삼는다. 거북이는 낮잠 자는 토끼를 내버려 두고 계속 달렸으면 토끼를 이겼을지도 모른다. 그러나 그것은 정직의 의무를 져버리는 행위이기에 토끼를 깨웠다. 그러한 거북이의 행위를 본 토끼는 자신의 불성실함을 반성하고 거북이의 정직함에 감동을 받는다. 그리고 성실의 의무를 다해 경주에 임하게 된다.

김창규

행위의 잘잘못 따져보기				
1. 행위	토끼가 한 행위	거북이와의 경주 중에 잠시 쉬다가 잠이 들어 결국 경주에서 졌다.	거북이가 한 행위	열심히 기어가서 토끼와의 경주에서 이겼다.

2. 잘함	토끼가 잘한 점		거북이가 잘한 점	경주에서 조금도 쉬지 않고 열심히 기어갔다.
3. 잘못함	토끼가 잘못한 점	거북이를 느림보라고 놀리고 경주 중에 방심했다.	거북이가 잘못한 점	
4. 물음	토끼에게 바람직한 다른 행위는?	토끼에게 그 행위가 바람직한 이유는?	거북이에게 바람직한 다른 행위는?	거북이에게 그 행위가 바람직한 이유는?
5. 답변				
관점 1 칸트 윤리학	토끼는 거북이를 느림보라고 놀리지 않는다.	상대방의 인격을 무시하는 말을 해서는 안 된다.	거북이는 자고 있는 토끼를 깨운다.	정정당당하게 실력으로 승부를 내야 한다.
관점 2 도가 윤리	토끼는 거북이와의 경주를 하지 않는다.	토끼가 거북이보다 빠른 것은 자연적 이치이기 때문에 경주할 필요도 없다.	거북이는 토끼에게 경주를 하자고 말하지 않는다.	자기가 토끼보다 느린 것은 자연의 이치이기 때문이다.
관점 3 유교 윤리	토끼는 경주에서 방심하지 않고 전력질주한다.	상대방과의 승부에서 방심하는 것은 자기와 상대방 모두에게 예가 아니기 때문이다.	거북이는 자고 있는 토끼를 깨운다.	정정당당하게 실력을 겨루어야 하기 때문이다.
관점 4 불교 윤리	토끼는 승부에서 진 것을 깨끗이 승복하고 자기의 행위를 반성한다.	거북이와의 승부에서 진 이유는 자만심 때문이므로 자기의 마음부터 다스려야 한다.	거북이는 자고 있는 토끼를 깨운 후 경주를 그만하자고 말한다.	자기가 이기든 지든 경주 자체의 목적이 상대방을 누르는 것이라는 점을 깨달은 거북이는 허망함을 느끼고 경주를 그만둔다.
관점 5 가치 윤리학	토끼는 경주에서 전력질주한다.	승리를 원하는 토끼는 경주에서 최선을 다한다.	거북이는 토끼 옆에서 같이 잔다.	건강을 중시하는 거북이는 경주에서 무리하지 않는다.

	도가 윤리의 관점
이솝 우화 바꿔 쓰기	산토끼가 길을 가다가 거북이를 만나게 되었다. 산토끼는 거북이에게 말했다. "이봐, 친구. 자네는 정말로 느리구먼. 그렇게 느린데 불편하지는 않나? 난 자네를 보면 가련한 마음을 감출 수가 없네." 이 말을 들은 거북이는 다음과 같이 대답했다. "어허, 이 친구 모르는 소리 하는구먼. 그럼 자네 나와 경주 한번 해 보겠나?" 이 말을 들은 토끼는 어처구니없다는 표정을 지으며 "이봐, 말이 되는 소리는 하게! 자네보다 내가 훨씬 빠른 거야 당연한 일이 아닌가! 자네가 어찌 나를 이길 수 있다고 그러는 겐가!"라고 말했다. 이에 거북이는 미소를 지으며 다음과 같이 말했다. "자네, 잘 알고 있구먼. 내 어찌 자네보다 빠르겠나. 그리고 어찌 자네와 달리기 경주를 하려 하겠는가! 나도 자네가 나보다 빠른 것은 알고 있다네. 그 사실 모르는 이가 어디에 있을까? 허나, 자네도 알다시피 나는 자네보다 훨씬 오래 산다네. 그건 알고 있겠지?" 이에 토끼가 말했다. "그야 당연하지. 자네는 나보다 훨씬 오래 산다는 건 나도 알고 있네." "것 보게. 난 나대로, 자네는 자네대로 주어진 특성과 능력이 다르네. 그러니 서로를 보면서 불쌍히 여길 필요가 전혀 없지 않겠나!" 거북이가 말했다. 이 말을 들은 토끼는 "하하하. 과연 그렇구먼. 내가 생각이 짧았네."라고 대답했다. 그 후 두 친구는 한참 동안 웃으며 이야기를 나누었다고 한다.

	도가 윤리의 관점
바꾼 우화 간략 해설	동물들의 특징은 자연적으로 타고난 것으로 인위적인 힘으로 바꿀 수 없다. 이 우화에서 토끼는 거북이보다 빠르다는 사실을, 그리고 거북이는 토끼보다 오래 산다는 사실을 서로가 인정하고 있다. 이것이 바로 자연의 이치이기 때문이다. 도가 윤리에서는 이처럼 자연의 이치에 순응하며 살아가는 것을 중요하게 여긴다. 서로의 특징이나 장단점을 자연스럽고 당연한 것으로 이해하면서 서로를 존중해야 함을 강조하고자 하는 의도에서 우화를 재구성하였다.

제10교시 나도 힘든데 친구가 도와달라고 할 때는 어떻게 할까?

	말과 나귀
이솝 우화	말 한 마리와 당나귀 한 마리를 소유하고 있는 상인이 있었다. 그는 이 마을 저 마을을 돌아다니면서 장사를 하는 사람이었다. 그래서 항상 말과 당나귀의 등에 장사를 하기 위한 물건을 많이 싣고 다녔다. 어느 날, 평소처럼 물건을 잔뜩 싣고 다른 마을로 이동하는 중이었다. 그런데 그 마을은 멀리 떨어진 곳에 있었을 뿐만 아니라 운반해야 하는 짐도 평소보다 훨씬 무거웠다. 그는 짐을 절반으로 나누어서 말과 당나귀의 등에 똑같이 실었다. 말은 덩치도 크고 힘도 세었기 때문에 별로 힘들어하지 않았다. 하지만 몸이 허약한 당나귀는 몹시 지쳐 있었기 때문에 그냥 가만히 서 있는 것도 힘들 지경이었다. 당나귀가 말을 쳐다보면서 애원했다. "나를 좀 생각해서 내 짐을 자네가 조금 더 지고 가는 게 어떨까? 난 지금 너무 지쳐서 걸어갈 수도 없을 정도야. 제발 부탁하네." 그러나 말은 벌컥 화를 내면서 말했다. "무슨 소리야? 나도 몹시 힘들단 말이야." 말은 당나귀의 부탁을 냉정하게 거절했다. 할 수 없이 무거운 짐을 지고 힘겹게 걸음을 옮기던 당나귀는 얼마 걸어가지 않아서 그만 쓰러져 죽고 말았다. "이런! 당나귀가 죽어버렸네. 내가 짐을 너무 많이 실었나? 아마 병에 걸렸었나 보군." 그는 당나귀가 지고 있던 짐을 모두 말에게 옮겨 실었다. 그리고 당나귀의 가죽을 벗겨서 말 잔등에 얹었다. 결국 말은 처음보다 몇 배나 더 무거운 짐을 지고 걸어가게 되었다. 말은 짐을 모두 싣고는 힘든 걸음을 옮기면서 중얼거렸다. "이렇게 될 줄 알았다면 당나귀의 부탁을 들어주는 게 좋았을 것을! 그런데 기회를 놓치고 말았구나. 내가 정말 바보였어. 당나귀의 짐을 덜어 주기 싫어하다가 이제 모든 짐을 나 혼자 떠맡게 생겼으니 말이야. 게다가 당나귀의 가죽까지 짊어지고 가야 하다니……."

다 함께

행위의 잘잘못 따져보기				
1. 행위	말에게 일어난 일	무거운 짐을 좀 나누어 져 달라는 당나귀의 부탁을 거절했다가, 당나귀가 죽은 후 당나귀의 짐은 물론 그 가죽까지 지고 가게 되었다.	당나귀에게 일어난 일	무거운 짐을 지고 가다가 지쳐 쓰러져 죽음.
2. 잘함	말이 잘한 점		당나귀가 잘한 점	
3. 잘못함	말이 잘못한 점	당나귀 부탁을 거절했다.	당나귀가 잘못한 점	죽을 때까지 짐을 지고 갔다.
4. 물음	말에게 바람직한 다른 행위는?	말에게 그 행위가 바람직한 이유는?	당나귀에게 바람직한 다른 행위는?	당나귀에게 그 행위가 바람직한 이유는?
5. 답변				
관점 1 칸트 윤리학	당나귀의 부탁을 들어준다.	곤경에 처한 남을 돕는 일은 우리 모두의 의무이기 때문이다.	짐이 무거워 더 이상 못 걷겠다고 주인에게 호소한다.	곤경 속에서 남의 도움을 요청하는 것은 정당한 일이기 때문이다.
관점 2 공리주의	자신의 힘이 닿을 땐 당나귀의 짐을 나누어 져주고, 당나귀가 힘을 되찾으면 짐을 되돌려준다.	어려울 때 서로 돕는 것이 결과적으로 모두에게 이익이 되기 때문이다.	말이 짐을 나누어 져주면, 자신이 기운을 찾았을 때 말의 짐을 나누어 져주겠다고 제안한다.	협동으로 얻는 이익이 각자가 따로 일해서 얻는 이익보다 더 크기 때문이다.
관점 3 유교 윤리	당나귀가 자기와 함께 공동체를 이루어 살고 있음을 생각하고 그 부탁을 들어준다.	공동체 구성원들 사이의 어짊의 실천은 공동체를 평화롭게 하기 때문이다.	말에게 자신이 힘들어 쓰러질 것 같으므로 제발 도와달라고 간청한다.	공동체 구성원이 나를 도울 수 있도록 하기 위해 나의 곤경을 알리는 것은 공동체 구성원들 사이의 권리이기 때문이다.

관점 4 기독교 윤리	당나귀가 부탁하기 전에 알아서 도와준다.	당나귀가 말에게 도움받은 것을 기억한다면, 그 스스로도 다른 동물들을 돕게 될 것이기 때문이다.	자신이 다른 동물들을 얼마나 도왔는지를 반성하며 남을 도울 각오를 한다.	도움을 요청할 권리는 먼저 남을 도와주는 데서 생겨나는 것이기 때문이다.
관점 5 가치 윤리학	당나귀와 자신이 모두 지쳤으므로 쉬어가자고 주인에게 말한다.	모든 일은 억지로 무리하게 추진하기보다는 순리대로 해야 하기 때문이다.	쓰러져 죽기 전에 벌렁 누워버린다.	생명의 가치가 일로 얻는 업적보다 소중하기 때문이다.

이솝 우화 바꿔 쓰기	유교 윤리의 관점
	말 한 마리와 당나귀 한 마리를 소유하고 있는 상인이 있었다. 그는 항상 말과 당나귀의 등에 장사를 하기 위한 물건을 많이 싣고 다녔다. 어느 날, 평소처럼 물건을 잔뜩 싣고 다른 마을로 이동하는 중이었다. 그는 짐을 절반으로 나누어서 말과 당나귀의 등에 똑같이 실었다. 말은 덩치도 크고 힘도 세었기 때문에 별로 힘들어 하지 않았다. 하지만 몸이 허약한 당나귀는 몹시 지쳐 있었기 때문에 그냥 가만히 서 있는 것도 힘들 지경이었다. 당나귀가 말을 쳐다보면서 애원했다. "나를 좀 생각해서 내 짐을 자네가 조금 더 지고 가는 게 어떨까? 난 지금 너무 지쳐서 걸어갈 수도 없을 정도야. 제발 부탁하네." 그러나 말도 이미 지쳐 있었다. 그럼에도 불구하고 말은 그 청을 들어주었다. "내 체격보다 작은 네가 나와 똑같은 분량의 짐을 지는 것은 옳지 않지. 하지만 나도 지쳤으니, 네 짐의 절반만 대신 지도록 할게." 짐이 가벼워진 당나귀는 가볍게 길을 걸으며, 어짊이라는 낱말을 생각했다. 사람들 사이에 인의예지가 중요하듯, 동물 사이에도 서로 아끼는 어진 마음이 있다는 것이 신기하게 여겨지기도 했다. 얼마 후 기운을 되찾은 당나귀는 자기의 짐을 되찾아 자기 등에 싣고 어두울 때까지 길을 걸었다. 늦은 저녁이 되자 주인은 당나귀와 말에게 똑같이 먹이를 나누어 주었다. 당나귀는 자기 먹이의 절반을 덜어 말에게 주었다. 말은 아무 말 없이 자기 것만 먹다가 당나귀가 자

기 먹이를 다 먹자 당나귀의 원래 먹이를 돌려주었다. 그리고 당나귀에게 속삭여 말했다.

"너, 아니? 사람들은 백성을 친밀하게 돌보는 사람을 대인이라고 불러. 나는 나중에 대인을 태우는 말이 되고 싶어. 네 먹이를 내가 먹으면 대인을 태울 만한 말이 못 되잖아."

당나귀는 말이 큰 뜻을 품고 있었던 것을 알고 놀랐다.

바꾼 우화 간략 해설	유교 윤리의 관점
	大學之道 在明明德 在新民 在止於至善(대학지도, 재명명덕, 재친민, 재지어지선). 『대학』의 첫 구절로 밝은 덕을 밝히고 국민과 친하며 선한 곳에 머물러야 한다는 의미다.

김찬우

행위의 잘잘못 따져보기				
1. 행위	말에게 일어난 일	자기의 편함만을 생각하다가 고통이 두 배로 돌아왔다.	당나귀에게 일어난 일	짐을 이겨내지 못하고 힘들어 죽고 말았다.
2. 잘함	말이 잘한 점	없다.	당나귀가 잘한 점	없다.
3. 잘못함	말이 잘못한 점	자기의 편함만을 생각하고 당나귀의 간절한 부탁을 거절했다.	당나귀가 잘못한 점	없다.
4. 물음	말에게 바람직한 다른 행위는?	말에게 그 행위가 바람직한 이유는?	당나귀에게 바람직한 다른 행위는?	당나귀에게 그 행위가 바람직한 이유는?
5. 답변				
관점 1 칸트 윤리학	말은 진심에서 우러나오는 당나귀의 부탁을 들어준다.	선의의 의무를 지향하는 것이기 때문이다.	당나귀는 말에게 다시 한 번 진심으로 부탁한다.	상대에게 선의를 기대하는 것이기 때문이다.

관점 2 공리 주의	말은 매우 힘들어 하는 당나귀의 짐을 들어준다.	그렇게 하는 것이 당나귀의 목숨을 살릴 수도 있고, 결과적으로 모두 득이 되는 길이기 때문이다.	당나귀는 일방적으로 말에게 부탁을 할 것이 아니라, 말에게 조건을 제시한다.	최대 다수의 행복을 지향하는 길이기 때문이다.
관점 3 유교 윤리	말은 매우 힘들어 하는 당나귀의 짐을 들어준다.	어려움에 빠져 있는 친구를 도와주는 것은 유교 윤리에 합당한 행위이기 때문이다.	어려움에 처해 간절하게 도움을 청하는 당나귀에게 잘못은 없다.	
관점 4 기독교 윤리	말은 매우 힘들어 하는 당나귀의 짐을 들어준다.	어려움에 빠져 있는 이웃을 모른척 하는 것은 옳지 못하기 때문이다.	어려움에 처해 간절하게 도움을 청하는 당나귀에게 잘못은 없다.	
관점 5 가치 윤리학	말은 매우 힘들어 하는 당나귀의 짐을 들어준다.	당나귀의 생명을 걱정하며 도와주는 행위는 생명이라는 가치를 지향하는 것이기 때문이다.	어려움에 처해 간절하게 도움을 청하는 당나귀에게 잘못은 없다.	

이솝 우화 바꿔 쓰기	유교 윤리의 관점
	어느 한 마을에 둘도 없는 친구 사이인 말과 당나귀가 있었다. 이 둘의 주인은 마음씨가 몹시 고약한 상인이었다. 못된 주인의 밑에서 말과 당나귀는 괴로워했지만, 서로 도와가며 꿋꿋이 살아갔다. 어느 날 주인은 물건을 팔기 위해 사막을 건너는 고된 여행을 떠나기로 했다. 욕심이 많은 주인은 많은 돈을 벌기 위해 물건을 최대한 많이 가져가기로 결심했다. 그러나 때마침 당나귀는 심한 감기에 걸려 몸져눕게 되었다. "주인님, 당나귀가 많이 아픕니다. 그러니 떠나는 날을 며칠 연기할 수 없겠는지요?"

이솝 우화 바꿔 쓰기

말이 주인에게 간절하게 부탁했다.

"뭐라고? 그까짓 감기는 사막같이 더운 곳에 가면 금방 낫는다고! 군소리 말고 떠날 준비나 해!"

주인은 매몰차게 말의 부탁을 거절하고 갈 길을 서둘렀다.

그러나 병약해진 당나귀는 짐을 짊어지기는커녕 걷는 것조차 힘들어했다.

"이봐 당나귀야 무리하지 마. 내가 너의 짐을 들어줄 테니 조금만 힘내렴."

말은 자기도 매우 힘들었지만, 당나귀를 위해 짐을 모두 짊어지고 걸어갔다. 그러나 말의 노력에도 불구하고 쇠약해질 대로 쇠약해진 당나귀는 얼마 안가 죽어버리고 말았다. 죽기 전에 당나귀는 마지막으로 말에게 말했다.

"내 친구 말아, 고마워. 널 두고 떠나려니 마음이 너무 아프구나. 부디 몸조심해. 내가 떠나기 전에 우연히 들었는데 주인이 여행이 끝난 뒤에 우리를 도살장에 판다고 했어. 기회를 봐서 도망가도록 해."

아니나 다를까, 여행이 끝난 뒤 주인은 집으로 도살장 주인을 초대하여 말의 가격을 흥정했다. 우연히 주인의 방을 지나가다가 이 소리를 들은 말은 아무런 망설임 없이 산으로 도망쳤다. 말의 도망가는 소리를 들은 주인은 황급히 밖으로 뛰쳐나왔다.

"아니 저놈이! 거기 서라!"

주인은 자신의 총을 들고 사냥개와 함께 말의 뒤를 쫓기 시작했다.

다급해진 말은 숲 속으로 뛰어 들어갔고, 곧 길을 잃었다. 계속 걸었지만 같은 자리를 맴돌 뿐이었고, 사냥개는 냄새를 맡으며 점점 거리를 좁혀오고 있었다.

"아, 내 목숨은 여기까지인가!"

말이 도망가기를 포기하려던 찰나였다. 누군가 귓가에 속삭였다.

"그쪽이 아냐. 오른쪽이야, 오른쪽."

귀에 익은 당나귀의 목소리였다. 말은 마지막 힘을 다해 오른쪽으로 달려갔고, 미로와 같은 숲을 나와 사냥개와 주인을 따돌렸다. 당나귀의 도움을 받아 목숨을 구한 말은 하늘을 올려다보며 당나귀에게 말했다.

"죽어서 혼령이 되어서까지 내 목숨을 살리기 위해 와주었구나. 고마워 당나귀야."

	유교 윤리의 관점
바꾼 우화 간략 해설	효도, 충성과 같은 유교의 대표적인 덕목은 결초보은(結草報恩)에 그 기본 정신을 두고 있다. 그것은 은혜를 입었으면 혼령이 되어서도 갚아야 한다는 의(義)의 정신이다. 당나귀는 친한 친구인 말에게 은혜를 입고 죽게 된다. 그러나 당나귀는 말에게 은혜를 갚기 위해 혼령이 되어서까지 나타나 말의 목숨을 구해 준다. 죽음까지 초월한 말과 당나귀의 우정을 통해, 물질에 의해 쉽게 우정을 져버리는 현 세태에 대한 반성을 유도할 수 있다.

김창규

행위의 잘잘못 따져보기				
1. 행위	말에게 일어난 일	당나귀가 죽어 당나귀가 지던 짐은 물론 당나귀의 가죽까지 지게 되었다.	당나귀에게 일어난 일	몸이 허약한 당나귀는 짐의 무게를 이기지 못하고 죽음을 맞게 되었다.
2. 잘함	말이 잘한 점		당나귀가 잘한 점	말에게 자기의 상태를 솔직하게 말하고 도움을 청했다.
3. 잘못함	말이 잘못한 점	당나귀의 부탁을 냉정하게 거절했다.	당나귀가 잘못한 점.	말이 거절했다고 체념하여 무거운 짐을 들고 가다가 죽었다.
4. 물음	말에게 바람직한 다른 행위는?	말에게 그 행위가 바람직한 이유는?	당나귀에게 바람직한 다른 행위는?	당나귀에게 그 행위가 바람직한 이유는?
5. 답변				
관점 1 칸트 윤리학	말은 당나귀를 도와준다.	건강이 좋지 않은 친구는 배려해야 한다.	당나귀는 말에게 다시 한 번 도움을 청한다.	무거운 짐을 들지 않기 위해서 주인에게 거짓말을 하는 대신 다시 한 번 친구에게 정직하게 요청해야 한다.

관점 2 공리 주의	말은 당나귀를 도와준다.	나중에 자기가 먹을 것을 좀 더 주겠다는 당나귀의 말을 들은 말은 당나귀를 도와준다.	당나귀는 말에게 나중에 자기 몫의 먹을 것을 나누어 주겠다고 이야기 한다.	당나귀는 무거운 짐을 들지 않아서 좋고 말은 나중에 먹을 것으로 보상을 받기 때문에 이익이 된다.
관점 3 유교 윤리	말은 당나귀를 도와준다.	측은지심의 마음에서 말은 당나귀를 돕는다.	당나귀는 말의 도움을 잊지 않고 나중에 말이 위기에 처하면 돕는다.	자기가 받은 도움을 잊지 않고, 위험에 처한 은인을 돕는 것은 의로운 일이다.
관점 4 기독교 윤리	말은 당나귀를 도와준다.	병들고 어려움에 처한 이웃에 봉사하는 것은 사랑의 실천이다.	도움을 받은 당나귀는 다른 어려움에 처한 타자를 돕는다.	자기가 받은 사랑을 다른 사람에게도 베풀어야 한다.
관점 5 가치 윤리학	말은 당나귀를 도와준다.	우정을 중시하는 말은 당나귀를 돕는다.	도움을 받은 당나귀는 말이 위기에 처할 때 반드시 도와둔다.	신의를 중요시하는 당나귀는 어려움에 처한 은인을 져버리지 않는다.

이솝 우화 바꿔 쓰기

공리주의의 관점

말 한 마리와 당나귀 한 마리를 소유하고 있는 상인이 있었다. 그는 이 마을 저 마을을 돌아다니면서 장사를 하는 사람이었다. 그래서 항상 말과 당나귀의 등에 장사를 하기 위한 물건을 많이 싣고 다녔다.

어느 날, 그 상인은 평소처럼 물건을 잔뜩 싣고 다른 마을로 이동하기로 했다. 그런데 그 마을은 멀리 떨어진 곳에 있었을 뿐만 아니라 운반해야 하는 짐도 평소보다 훨씬 많았다. 그는 짐을 절반으로 나누어서 말과 당나귀의 등에 똑같이 실었다. 말은 덩치도 크고 힘도 세었기 때문에 별로 힘들어하지 않았다. 하지만 몸이 허약한 당나귀는 몹시 지쳐 있었기 때문에 그냥 가만히 서 있는 것도 힘들 지경이었다.

당나귀가 말을 쳐다보면서 애원했다.

"나를 좀 생각해서 내 짐을 자네가 조금 더 지고 가는 게 어떨까? 난 지금 너무 지쳐서 걸어갈 수도 없을 정도야. 제발 부탁하네."

그러나 말은 벌컥 화를 내면서 말했다.
"무슨 소리야! 나도 몹시 힘들단 말이야."
말은 당나귀의 부탁을 냉정하게 거절했다.
다시 당나귀가 말했다.
"그럼, 이렇게 하는 것은 어떤가? 자네, 평소에 먹을 것이 너무 부족하다고 나한테 계속 불평불만을 늘어놓았지? 아 왜, 자네가 매일 나에게 먹을 것 좀 나누어 달라고 하질 않았었나?"
이 말을 듣고 "그건 그렇지. 우리 주인은 먹을 것을 너무 조금만 준단 말이야. 그냥 평소보다 많이 먹고 싶을 뿐이야." 라고 말이 말했다.
"바로 그거야. 내가 먹을 음식의 절반을 자네에게 주지. 대신 이번에 이 짐을 좀 들어주게나. 지금 내가 몸이 너무 안 좋아서 그래. 자네도 이 짐을 들어주고 내 먹을 것 반을 얻으면 나쁠 것 없지 않은가? 그러니 내 짐을 좀 들어주는 것이 어떤가?"
당나귀가 말에게 말했다.
결국 말은 당나귀의 요청을 받아들였다. 지금 조금 더 힘들지라도 먹을 것을 더 많이 먹고 싶었기 때문이었다.
그렇게 해서 당나귀는 무사히 다음 마을에 도착할 수 있었다.

바꾼 우화 간략 해설	공리주의의 관점
	공리주의의 관점에서는 서로 이익이 되는 방향으로 계약과 거래가 이루어지는 것을 바람직한 것으로 생각한다. 이는 최대 다수의 최대 행복이라는 판단 기준에 따른 것이다. 이러한 관점에 따라서 재구성한 우화에서는 당나귀를 무거운 짐을 들지 않는 이익을 얻는 인물로 표현하였고 말을 먹을 것이라는 이익을 얻는 인물로 표현하여 서로 간의 이해가 맞아 계약이 이루어지는 모습을 나타내 보았다. 이를 통해 서로의 이해가 합치되어 계약이 성립된 모습을 보여 줌으로써 학생들의 공리주의에 대한 이해를 쉽게 하고자 하였다.

이아람

행위의 잘잘못 따져보기				
1. 행위	말에게 일어난 일	말은 자기의 짐을 나누어 들어달라는 당나귀의 부탁을 거절한다. 곧 당나귀가 죽자 말은 당나귀의 짐과 그의 가죽까지 짊어지게 되었다.	당나귀에게 일어난 일	당나귀는 짐이 너무 무거워 말에게 도와줄 것을 부탁했지만 거절당하고 무거운 짐을 운반하다 죽었다.
2. 잘함	말이 잘한 점	없다.	당나귀가 잘한 점	말에게 자신의 어려움을 호소하고 도움을 요청했다.
3. 잘못함	말이 잘못한 점	당나귀의 부탁을 일언지하에 거절했다.	당나귀가 잘못한 점	당나귀는 자신의 목숨이 위태로울 정도의 노동에 적극적으로 저항하지 않고 묵묵히 일을 하다 죽었다. 이는 자신의 생명권을 주체적으로 지키지 못한 것으로 옳다고 볼 수 없다.
4. 물음	말에게 바람직한 다른 행위는?	말에게 그 행위가 바람직한 이유는?	당나귀에게 바람직한 다른 행위는?	당나귀에게 그 행위가 바람직한 이유는?
5. 답변				
관점 1 칸트 윤리학	말은 당나귀의 짐을 나누어 들어준다.	당나귀보다 힘이 센 말이 당나귀와 같은 양의 짐을 드는 것은 합당하지 않다. 말은 절대적으론 더 힘들 수 있지만 선의 의지로서 당나귀의 짐을 들어주어야 한다.	당나귀는 자기가 말보다 힘이 약하다는 사실을 근거로 말을 설득하여 자신을 도와주도록 한다.	당나귀는 말의 감정에 호소하기보다는 말이 선의 의지로서 행동할 수 있도록 이성에 근거하는 이유로써 말을 설득한다.

관점 2 공리 주의	말은 당나귀의 짐을 나누어 들어준다.	당나귀가 감당할 수 없는 노동으로 죽게 된다면 이는 공동체의 이익에 위배되며 그는 공동체의 일원인 당나귀의 이익에도 위배된다.	당나귀는 말에게 자신이 도저히 짐을 감당할 수 없음을 알리고 자신의 노동력 손실이 말과 당나귀의 공동체의 이익에 반할 것임을 근거로 말을 설득하여 말이 자기의 짐을 나누어 들어주도록 한다.	당나귀가 감당할 수 없는 노동으로 죽게 된다면 이는 공동체의 이익에 위배되며 그것은 공동체의 일원인 당나귀의 이익에도 위배된다.
관점 3 유교 윤리	말은 당나귀의 짐을 나누어 들어 준다.	곤경에 빠진 것을 보고도 모른 척하는 것은 도리가 아니기 때문이다.	당나귀는 말에게 도리로써 자기를 도와줄 것을 호소한다.	도리는 누구나 지켜야할 기본이기 때문이다.
관점 4 기독교 윤리	말은 당나귀의 짐을 나누어 들어준다.	내 이웃의 어려움을 외면해서는 안되기 때문이다.	당나귀는 하느님의 시련으로 받아들이고 감내하며 노력한다.	모든 일에는 하느님의 뜻이 담겨 있기 때문이다.
관점 5 가치 윤리학	말이 자신의 행복을 최고의 가치로 생각한다면 당나귀의 짐을 나누어 들어준다.	당나귀가 죽게 된다면 말은 죄책감에 시달릴 수 있고 또 당나귀의 짐을 모두 자기가 책임져야 할 것이기 때문이다.	당나귀가 책임을 최고의 가치로 생각한다면 끝까지 자기의 짐은 자기가 들고가야 한다.	자신의 지향하는 가치를 위한 노력은 값진 것이다.

가치 윤리학의 관점

이솝 우화 바꿔 쓰기

옛날에 말 한 마리와 당나귀 한 마리를 소유하고 있는 상인이 있었다. 그는 이 마을 저 마을을 돌아다니면서 장사를 하는 사람이었다. 그래서 항상 말과 당나귀의 등에 장사를 하기 위한 물건을 많이 싣고 다녔다.

어느 날, 평소처럼 물건을 잔뜩 싣고 이동하는 중이었다. 마을이 멀리 떨어진 곳에 있었을 뿐만 아니라 운반해야 하는 짐도 평소보다 훨씬 많았다. 그는 짐을 절반으로 나누어서 말과 당나귀의 등에 하나씩 실었다. 말은 덩치도 크고 힘도 세었기 때문에 별로 힘들어하지 않았다. 하지만 몸이 허약한 당나귀는 이미 몹시 지쳐 있었기 때문에 그냥 가만히 서 있는 것도 힘들 지경이었다.

그런 당나귀를 쳐다보며 말은 생각했다.

'당나귀가 많이 지쳐 보이는군. 저 상태에서 이 짐을 다른 마을까지 운반할 수 있을까? 아무래도 무리일 것 같은데……'

그때 당나귀가 소리 내어 말했다.

"아이쿠! 짐이 굉장히 무거운 걸! 하지만 이 정도에 질 수 없지! 설령 다른 마을에 가는 길에 너무 지쳐 내가 잘못 된다 하여도 나는 나의 책임을 다 하다 죽을 수 있다면 여한이 없네. 하하하!"

말은 덜컥 겁이 났다. 평소 유달리 책임감이 강한 당나귀는 정말 일을 하다 죽을 수도 있을 것 같았다. 당나귀의 죽음을 생각하자 말은 끔직해졌다. 친구의 죽음을 막지 못했음을 후회하며 죄책감에 시달릴 하루하루가 손에 잡힐 듯 선했다. 당나귀의 등위의 짐이 당나귀의 목숨은 물론이고 자기의 행복까지 빼앗아 갈 것 같았다.

말은 당장 지금은 조금 더 힘들더라도 당나귀의 짐을 자기가 나누어 들고 가는 것이 당나귀는 물론 자신의 행복을 위하여도 좋을 것 같았다.

말이 당나귀에게 짐을 들어주겠다고 하자 당나귀는 다리를 후들거리면서도, "내가 맡은 일이니 내가 완수할 수 있게 해 주게."라며 말의 제안을 거절했다. 말은 안달이 났다. 어떻게 하면 당나귀를 설득시킬 수 있을까 생각하던 말은 당나귀가 책임감을 중요하게 생각하던 것을 이용하기로 했다.

"자네처럼 나도 내 일에 책임을 다 하고 싶네. 만약 자네가 쓰러진다면 어떻게 되겠는가? 틀림없이 자네의 짐을 내가 몽땅 짊어지게 될 것이네. 그렇게 된다면 나도 곧 쓰러지게 될 것이고 그럼 우리는 다른 마을까지 짐을 나르는 일에 책임을 다하지 못하게 될 것이네. 우리의 책임을 다 하기 위한 일이니 그만 자네의 짐을 조금 넘겨주게."

말의 말을 들은 당나귀는 고개를 끄덕였다.

"그래, 이거 내가 자네에게 미안하네. 그럼 부끄럽지만 조금 부탁하겠네."

결국 말은 당나귀의 짐의 반절을 들어주고, 둘은 무사히 마을에 도착할 수 있었다.

바꾼 우화 간략 해설	가치 윤리학의 관점
	바꾼 우화에서 말은 자신의 행복을 가장 높은 가치로 생각한다. 학생들은 자신의 행복을 위한다는 것이 무조건 이기적인 것이라는 생각을 가지기 쉽다. 하지만 말의 사고방식이 불러온 말의 행동과 그 결과는 학생들의 전형적인 생각을 깨 줄 수 있는 하나의 예가 된다. 반대로 학생들은 책임이란 가치는 언제나 긍정적인 결과를 불러올 것이라고 생각한다. 이러한 학생들의 고정된 생각 역시 바꾼 우화를 통해 깨 줄 수 있다. 또한 말이 책임을 최고의 가치로 여기는 당나귀에게 책임의 가치에 부합하는 근거로써 당나귀를 설득하는 장면은 학생들에게 대인관계의 기술을 학습할 수 있는 기회로 제공할 수 있다.

제11교시 취미나 취향이 서로 다를 때는 어떻게 할까?

이솝 우화	장미 정원의 비극
	꽃을 무척 사랑하는 마을이 있었다. 그 마을에 사는 사람들은 특히 장미꽃을 좋아했다. 사람들은 마을 한가운데 있는 광장에 아름다운 장미 정원을 꾸며 놓고 시간이 나는 대로 찾아가서 장미꽃을 구경하고 돌보았다. 그런데 마을 사람들은 서로 좋아하는 꽃의 색깔이 달랐다. 마을 사람들의 절반은 노란색 장미를 좋아했지만 나머지 절반의 사람들은 빨간색 장미를 좋아했다.

"어떻게 빨간 장미를 좋아할 수 있을까? 그 꽃은 너무 색깔이 붉어서 품위가 없어."

"저 사람들은 도대체 무슨 생각을 하는 거야? 그런 보잘것없는 노란색 꽃을 좋아하다니, 도무지 이해할 수 없어."

그들은 상대방의 생각을 인정하고 받아들이려 하지 않았다. 그래서 마을 사람들은 장미 정원에 갈 때마다 자신이 좋아하는 꽃을 더욱 돋보이도록 하기 위해 다른 색깔의 장미들을 몰래 뽑아버리기 시작했다.

노란 장미를 좋아하는 사람들은 빨간 장미를 몇 송이씩 뽑아버렸고 빨간 장미를 좋아하는 사람들은 노란 장미를 뽑아버리곤 했다. 그렇게 해서 노란 장미와 빨간 장미는 점점 꽃송이가 줄어들게 되었다. 마침내 마을 광장의 아름다웠던 장미 정원은 황폐해지고 보기 싫은 폐허로 변하고 말았다.

다 함께

행위의 잘잘못 따져보기				
1. 행위	노란색 장미 애호가에게 일어난 일	장미 정원에서 빨간 장미를 뽑아버림으로써 황폐한 정원을 갖게 되었다.	빨간색 장미 애호가에게 일어난 일	장미 정원에서 노란 장미를 뽑아버림으로써 황폐한 정원을 갖게 되었다.
2. 잘함	노란색 장미 애호가가 잘한 점		빨간색 장미 애호가가 잘한 점	
3. 잘못함	노란색 장미 애호가가 잘못한 점	자기가 싫어하는 장미들을 뽑아버렸다.	빨간색 장미 애호가가 잘못한 점	자기가 싫어하는 장미들을 뽑아버렸다.
4. 물음	노란색 장미 애호가에게 바람직한 다른 행위는?	노란색 장미 애호가에게 그 행위가 바람직한 이유는?	빨간색 장미 애호가에게 바람직한 다른 행위는?	빨간색 장미 애호가에게 그 행위가 바람직한 이유는?
5. 답변				
관점 1 칸트 윤리학	빨간색 장미 애호가들의 취향을 인정해 준다. 이것은 타자 존중의 예다.	우리 인간은 자기 존중의 의무와 타자 존중의 의무를 가지고 있기 때문이다.	노란색 장미 애호가들의 취향을 인정해 준다.	다른 취향을 인정하는 것이 다른 사람의 인격을 인정하는 셈이기 때문이다.

관점 2 공리 주의	두 집단이 장미 정원을 두 구역으로 나누어 각각 자기 구역의 장미를 가꾸며 즐긴다.	결과적으로 두 구역으로 이루어진 장미 정원이 더욱 아름답게 될 것이기 때문이다.	상대가 좋아하는 장미를 서로 해치지 않기로 약속한다.	상대의 취향을 인정해 주는 대가로 자신이 좋아하는 장미를 마음껏 즐길 수 있기 때문이다.
관점 3 도가 윤리	빨간색과 노란색의 장미 외에 다른 색깔의 장미도 심어 기르자고 제안한다.	다채로운 색깔의 장미들이 어울려 피는 것이 더 자연스러운 것이기 때문이다.	장미 외에도 사람들이 원하는 대로 다양한 꽃을 심어서 기르자고 제안한다.	다양한 것의 공존이 원래의 자연스러움에 가깝기 때문이다.
관점 4 기독교 윤리	빨간색 장미 애호가들의 취향을 인정해 준다.	남에게 대접을 받고자 하는 대로 남을 대접해야 하기 때문이다.	노란색 장미 애호가들의 취향을 인정해 준다.	나와 다른 취향을 인정해 주는 것이 이웃 사랑의 출발점이 되기 때문이다.
관점 5 가치 윤리학	서로 상대의 취향을 인정해 주자고 제안한다.	다양성의 공존이 가치 있는 일이기 때문이다.	모든 색깔의 장미를 심어보자고 제안한다.	종의 다양성의 보존이 종의 보호를 위해 가치 있는 일이 되기 때문이다.

이솝 우화 바꿔 쓰기	도가 윤리의 관점
	꽃을 무척 사랑하는 마을이 있었다. 그 마을에 사는 사람들은 특히 장미꽃을 좋아했다. 사람들은 마을 한가운데 있는 광장에 아름다운 장미 정원을 꾸며 놓고 시간이 나는 대로 찾아가서 장미꽃을 구경하고 돌보았다. 그런데 마을 사람들은 서로 좋아하는 꽃의 색깔이 달랐다. 마을 사람들의 절반은 노란 장미를 좋아했지만 나머지 절반의 사람들은 빨간 장미를 좋아했다. 그래서 그들은 서로 자신들이 싫어하는 꽃을 훼손하기도 했다. 이를 지켜보던 소년이 빨간색 장미와 노란색 장미 사이에 분홍색 장미를 심었다. 그러자 마을 사람들은 고민하며 말했다. "분홍은 내가 좋아하는 장미색에 가까운 것이기도 하지만 싫어하는 장미색에도 가까운 것 아닌가?" 마을 사람들이 분홍색 장미꽃을 어찌해야 할지 며칠을 두고 고민하고 있을 때, 소년은 장미꽃들 사이에 하얀색 장미와 검은색 장미도 심

	어 놓았다. 사람들은 이제 하얀색과 검은색이 자기가 싫어하는 색인지 아닌지를 고민하면서 이들을 그저 바라볼 수밖에 없었다. 그러는 사이에 어느덧 마을 사람들은 장미들이 다채롭게 어울려 피어 있는 것이 훨씬 보기 좋다는 것을 새삼 깨닫게 되었다. 어느 날 정원 산책을 나온 마을 노인이 꽃들을 보고 혼잣말로 중얼거렸다. "그래, 원래 이랬어야지. 어느 하나만을 좋다거나 싫다는 것은 자연의 이치와는 달라. 서로 다른 것들이 함께 어울리는 것이 아름답고 자연스러운 것이지." 옆에서 노인의 말을 들은 사람들은 저마다 고개를 끄덕였다.

	도가 윤리의 관점
바꾼 우화 간략 해설	천하 사람들은 모두 아름다운 것을 아름다운 줄로만 알지만, 그것은 추한 것이다. 모두가 선한 것을 선한 줄로만 알지만, 그것은 선하지 않다. 그러므로 있음과 없음은 서로를 낳고, 어려움과 쉬움은 서로를 이루며, 길과 짧음은 서로를 나타내고, 높음과 낮음은 서로 기대며, 운율과 소리는 서로 어울리고, 앞과 뒤는 서로 따른다. 그러므로 성인은 무위(無爲)의 일에 거처하고, 말없는 가르침을 행한다. 만물이 일어나되 물리치지 않으며, 생겨나되 소유하지 않으며, 베풀되 의지하지 않고, 공을 이루어도 머무르지 않는다. 대저 오직 머무르지 않기에 항상 사라지지 않는다.

이관희

11-1. 행위의 잘잘못 따져보기				
1. 행위	노란색 장미 애호가에게 일어난 일	노란색 장미 애호가들이 광장의 빨간색 장미를 뽑아 버렸다.	빨간색 장미 애호가에게 일어난 일	빨간색 장미 애호가들이 광장의 노란색 장미를 뽑아 버렸다.
2. 잘함	노란색 장미 애호가가 잘한 점	노란색 장미가 돋보이도록 노력했다.	빨간색 장미 애호가가 잘한 점	빨간색 장미가 돋보이도록 노력했다.

3. 잘못함	노란색 장미 애호가가 잘못한 점	빨간색 장미를 뽑아버렸다.	빨간색 장미 애호가가 잘못한 점	노란색 장미를 뽑아버렸다.
4. 물음	노란색 장미 애호가에게 바람직한 다른 행위는?	노란색 장미 애호가에게 그 행위가 바람직한 이유는?	빨간색 장미 애호가에게 바람직한 다른 행위는?	빨간색 장미 애호가에게 그 행위가 바람직한 이유는?
5. 답변				
관점 1 칸트 윤리학	노란색 장미 애호가들은 빨간색 장미를 뽑지 않는다.	칸트 윤리학에 의하면 목적은 수단을 정당화시키지 못한다. 그렇기 때문에 노란색 장미 애호가들은 빨간색 장미를 뽑아서는 안 된다.	빨간색 장미 애호가들은 노란색 장미를 뽑지 않는다.	칸트 윤리학에 의하면 목적은 수단을 정당화시키지 못한다. 그렇기 때문에 빨간색 장미 애호가들은 노란색 장미를 뽑아서는 안 된다.
관점 2 공리주의	노란색 장미 애호가들은 빨간색 장미를 뽑지 않는다.	노란색 장미 애호가들이 빨간색 장미를 뽑으면 빨간색 장미 애호가들이 노란색 장미를 뽑기 때문에 노란색 장미를 못 볼 가능성이 생긴다. 노란색 장미를 계속 보려면 빨간색 장미를 뽑지 말아야 한다.	빨간색 장미 애호가들은 노란색 장미를 뽑지 않는다.	빨간색 장미 애호가들이 노란색 장미를 뽑으면 노란색 장미 애호가들이 빨간색 장미를 뽑기 때문에 노란색 장미를 못 볼 가능성이 생긴다. 빨간색 장미를 계속 보려면 노란색 장미를 뽑지 말아야 한다.
관점 3 도가 윤리	노란색 장미 애호가는 노란색 장미를 가꾸지 않는다.	자연은 자연 그대로의 모습일 때가 가장 아름답다.	빨간색 장미 애호가는 빨간색 장미를 가꾸지 않는다.	자연은 자연 그대로의 모습일 때가 가장 아름답다.
관점 4 기독교 윤리	노란색 장미 애호가는 노란색 장미를 뽑는다.	서로의 평화를 해치는 요소를 없애야 진정한 평화가 온다.	빨간색 장미 애호가는 빨간색 장미를 뽑는다.	서로의 평화를 해치는 요소를 없애야 진정한 평화가 온다.

관점 5 가치 윤리학	노란색 장미 애호가는 노란색 장미뿐만 아니라 빨간색 장미에서도 아름다움을 느끼도록 노력한다.	'미'라는 가치는 보편적인 당위성을 가지고 있기 때문에 노란색 장미 애호가는 빨간색 장미에서도 미를 느낄 수 있다.	빨간색 장미 애호가는 빨간색 장미뿐만 아니라 노란색 장미에서도 아름다움을 느끼도록 노력한다.	'미'라는 가치는 보편적인 당위성을 가지고 있기 때문에 빨간색 장미 애호가는 노란색 장미에서도 미를 느낄 수 있다.

이솝 우화 바꿔 쓰기	도가 윤리의 관점
	꽃을 무척 사랑하는 마을이 있었다. 그 마을에 사는 사람들은 특히 장미꽃을 좋아했다. 사람들은 마을 한가운데 있는 광장에 아름다운 장미 정원을 꾸며 놓고 시간이 나는 대로 찾아가서 장미꽃을 구경하고 돌보았다. 그런데 마을 사람들은 서로 좋아하는 꽃의 색깔이 달랐다. 마을 사람들의 절반은 노란색 장미를 좋아했지만 나머지 절반의 사람들은 빨간색 장미를 좋아했다. "어떻게 빨간 장미를 좋아할 수 있을까? 그 꽃은 너무 색깔이 붉어서 품위가 없어." "저 사람들은 도대체 무슨 생각을 하는 거야? 그런 보잘것없는 노란색 꽃을 좋아하다니, 도무지 이해할 수 없어." 그들은 상대방의 생각을 인정하고 받아들이려 하지 않았다. 그래서 마을 사람들은 장미 정원에 갈 때마다 자신이 좋아하는 꽃을 더욱 돋보이도록 하기 위해 다른 색깔의 장미들을 몰래 뽑아버리기 시작했다. 마을은 점점 황폐화되어 갔다. 어차피 꽃을 심어봤자 누군가가 뽑을 것이 뻔하니까 그 누구도 장미를 가꾸지 않았다. 사람들은 정원을 찾지 않았다. 그렇게 몇 개월이 지나자 정원은 변화하기 시작했다. 옛날에는 장미를 가꾸기 위해 다른 식물은 모두 뽑아버려서 정원에는 장미밖에 없었다. 그러나 장미 이외의 다른 식물들이 정원에서 자라기 시작했다. 한동안 정원에 대해서 관심을 돌렸던 사람들도 그동안 못 보았던 식물들이 자라나는 모습에 아름다움을 느꼈다. 이것은 장미를 가꿀 때와는 다른 느낌의 아름다움이었다. 사람들은 자신의 취향만이 전부가 아니라는 것을 정원의 다양한 식물의 아름다움을 보면서 알게 되었다. 다시 정원에 마을 사람들이 몰리기 시작했고 마을은 전보다 더 아름다운 정원을 가지게 되었다.

	도가 윤리의 관점
바꾼 우화 간략 해설	도가에서는 자연 그대로의 모습을 소중히 여긴다. 그리고 좀 더 자연에 가까울 때 진정한 아름다움을 느낄 수 있다고 생각한다. 이 우화에서는 서로의 취향에 맞는 아름다움만 느끼고 있다. 노란색 장미를 좋아하는 사람은 노란색 장미를 통해서 아름다움을 느끼고 빨간색 장미를 좋아하는 사람은 빨간색 장미를 통해서 아름다움을 느낀다. 하지만 각각의 장미보다 더 자연에 가까운 가꾸지 않은 정원의 식물들을 보면서 사람들은 자신의 취향에 맞는 아름다움보다 더 큰 아름다움을 주는 게 있다는 것을 깨닫는다. 여기서 사람들은 늘 자신의 취향이나 취미가 옳다는 생각을 버릴 수 있게 된다.

이아람

행위의 잘잘못 따져보기				
1. 행위	노란색 장미 애호가에게 일어난 일	빨간 장미 애호가들이 마을 광장의 노란 장미를 뽑아 버렸다.	빨간색 장미 애호가에게 일어난 일	노란 장미 애호가들이 마을 광장의 빨간 장미를 뽑아 버렸다.
2. 잘함	노란색 장미 애호가가 잘한 점	없다.	빨간색 장미 애호가가 잘한 점	없다.
3. 잘못함	노란색 장미 애호가가 잘못한 점	노란 장미 애호가들이 마을 광장의 빨간 장미를 뽑아 버린 것은 옳지 못한 행동이다.	빨간색 장미 애호가가 잘못한 점	빨간 장미 애호가들이 마을 광장의 노란 장미를 뽑아 버린 것은 옳지 못한 행동이다.
4. 물음	노란색 장미 애호가에게 바람직한 다른 행위는?	노란색 장미 애호가에게 그 행위가 바람직한 이유는?	빨간색 장미 애호가에게 바람직한 다른 행위는?	빨간색 장미 애호가에게 그 행위가 바람직한 이유는?
5. 답변				
관점 1 칸트 윤리학	노란 장미 애호가들은 빨간 장미 애호가들에게 서로의 장미를 지켜줄 것을 제의한다.	인간은 이성적인 존재로서 상호 간의 소통이 가능하기 때문이다.	빨간 장미 애호가들은 노란 장미 애호가들에게 협정을 제의한다.	인간은 이성적인 존재로서 상호 간의 소통이 가능하기 때문이다.

관점 2 공리 주의	노란 장미 애호가들은 빨간 장미 애호가들에게 서로의 장미를 지켜줄 것을 제의한다.	서로의 장미를 뽑는 것은 공동체의 이익에 해가 되기 때문이다.	노란 장미 애호가들은 빨간 장미 애호가들에게 서로의 장미를 지켜줄 것을 제의한다.	서로의 장미를 뽑는 것은 공동체의 이익에 해가 되기 때문이다.
관점 3 도가 윤리	노란 장미 애호가들은 빨간 장미 애호가들의 취향을 존중한다.	사람마다 생김새가 다르듯이 취향이 다양한 것은 당연하고 자연스러운 이치다. 이를 억지로 강요하는 것은 자연을 거스르는 것이다.	빨간 장미 애호가들은 노란 장미 애호가들의 취향을 존중한다.	사람마다 생김새가 다르듯이 취향이 다양한 것은 당연하고 자연스러운 이치다. 이를 억지로 강요하는 것은 자연을 거스르는 것이다.
관점 4 기독교 윤리	노란 장미 애호가들은 빨간 장미 애호가들의 취향 역시 포용한다.	자신의 이웃을 사랑으로 감싸야 한다. 이웃을 사랑한다면 그의 취향 역시 존중해야 한다.	빨간 장미 애호가들은 노란 장미 애호가들의 취향 역시 포용한다.	자신의 이웃을 사랑으로 감싸야 한다. 이웃을 사랑한다면 그의 취향 역시 존중해야 한다.
관점 5 가치 윤리학	만약 노란 장미 애호가들이 공동체의 화합을 최고의 가치로 여긴다면 빨간 장미 애호가들의 취향을 존중해 준다.	서로가 존중하고 존중받는 공동체에서만 온전한 화합이 가능하기 때문이다.	만약 빨간 장미 애호가들이 미(美)를 최고의 가치로 여긴다면 끝까지 빨간 장미를 수호하고 노란 장미를 배척해야 한다.	자기가 지향하는 가치를 수호하는 것은 가치 있는 일이기 때문이다.

이솝 우화 바꿔 쓰기

도가 윤리의 관점

머나먼 나라에 꽃을 무척 사랑하는 마을이 있었다. 그 마을에 사는 사람들은 특히 장미꽃을 좋아했다. 사람들은 마을 한가운데 있는 광장에 아름다운 장미 정원을 꾸며 놓고 시간이 나는 대로 찾아가서 장미꽃을 구경하고 돌보았다. 그런데 마을 사람들은 서로 좋아하는 꽃의 색깔이 달랐다. 마을 사람들의 절반은 노란색 장미를 좋아했지만 나머지 절반의 사람들은 빨간색 장미를 좋아했다.

이솝 우화 바꿔 쓰기	철구는 빨간색 상미를 좋아했다. "노란색 꽃을 좋아하는 사람들은 도대체 무슨 생각을 하는 거야? 그런 보잘것없는 노란색 꽃을 좋아하다니, 도무지 이해할 수 없어." 철구는 노란색 장미를 좋아하는 사람들의 생각을 받아들이려 하지 않았다. 그래서 철구는 장미 정원에 갈 때마다 자신이 좋아하는 빨간 장미가 더욱 돋보이도록 다른 색깔의 장미들을 몰래 뽑아버렸다. 그러던 어느 날 광장을 지나가시던 촌장님이 그런 철구를 보았다. "철구야, 너 지금 왜 노란 장미를 뽑으려 하는 거니?" "앗! 촌장님, 사실 저는 노란 장미를 좋아하는 사람들을 이해할 수가 없어요. 전 빨간색 장미가 좋아요. 저는 제가 좋아하는 장미만 보고 싶어요. 그래서 노란색 장미가 없었으면 해요." 촌장님은 철구의 말을 듣고 생각에 잠겼다. 곧 촌장님은 입을 열었다. "철구야. 파리들은 더러운 것을 좋아하지? 철구는 더러운 것이 좋으니 깨끗한 것이 좋으니?" "저야 당연히 깨끗한 것이지요." "그럼 또 생각해 보자. 개는 두발로 걷는 것을 불편해하고 네발로 걷는 것을 편안해하지? 철구는 어떻지?" "두발로 걷는 것이 편하죠." "왜?" "저는 사람이니까요?" "사람은 왜 파리나 개와 다른 것을 좋아할까?" "음……. 사람이니까요. 그게 당연하지요." "왜 당연하지?" "음……." "서로가 다른 것을 좋아하는 것은 당연한 것일까?" "그럼요!" "그럼 노란색 장미를 좋아하는 사람이 노란색 장미를 좋아하는 것은 당연한가?" "그럼요! …… 어?" "그래. 사람마다 각자 좋아하는 것이 다른 것은 자연스러운 것이야. 그런데 그것을 이해할 수 없다, 받아들일 수 없다 라고 하며 무조건 싫어하는 것은 바람직한 행동일까?"

"아니요. 제가 잘못 한 것 같아요. 제가 빨간 장미를 좋아하듯이 노란 장미를 좋아하는 사람도 있을 수 있는 것이고 제가 노란 장미를 싫어하듯이 빨간 장미를 싫어하는 사람도 있을 수 있는 것이고요. 제가 너무 제 생각만 한 것 같아요."

"그럼 앞으로 어떻게 할 것이니?"

"노란 장미를 괴롭히지 않겠어요. 저는 노란 장미를 좋아하진 않지만 노란 장미를 좋아하는 사람이 있는 것은 당연한 것이니까요."

촌장님은 입가에 미소를 지으면서 철구의 머리를 한 번 쓰다듬어 주시곤 자리를 떠났다.

	도가 윤리의 관점
바꾼 우화 간략 해설	세상에 완전히 같은 취향을 공유하는 사람은 매우 드물다. 생김새가 모두 다르듯이 각자의 취향이 다른 것은 매우 자연스러운 일이다. 하지만 학생들은 발달 특성상 자기중심적이기 쉽다. 때문에 다양성을 받아들일 수 있도록 적절한 교육이 필요하다. 특히 요즘과 같은 다문화 사회에 있어서 다양성의 수용 능력은 피할 수 없는 사회적 요구 중 하나이기에 그 중요성은 더욱 크다. 바꾼 우화에서는 도가의 관점에 근거하고 있다. 철구로 대변되는 자기중심적 인물은 소크라테스의 문답법을 사용하는 촌장과의 대화를 통하여 취향의 다양성이 자연스러운 것이며 그것을 자기중심적으로 배격하는 것은 옳지 않다는 것을 깨닫게 된다.

양아름

행위의 잘잘못 따져보기				
1. 행위	노란색 장미 애호가에게 일어난 일	노란색 장미 애호가는 자기가 좋아하는 꽃을 돋보이게 하기 위해서 다른 꽃들을 몰래 뽑아버렸다.	빨간색 장미 애호가에게 일어난 일	빨간색 장미 애호가는 자기가 좋아하는 꽃을 돋보이게 하기 위해서 다른 꽃들을 몰래 뽑아버렸다.

2. 잘함	노란색 장미 애호가가 잘한 점	노란색 장미 애호가를 비롯한 마을 사람들은 다른 사람과 함께 꽃의 아름다움을 즐기기 위해 광장을 가꾸었다.	빨간색 장미 애호가가 잘한 점	빨간색 장미 애호가를 비롯한 마을 사람들은 다른 사람과 함께 꽃의 아름다움을 즐기기 위해 광장을 가꾸었다.
3. 잘못함	노란색 장미 애호가가 잘못한 점		빨간색 장미 애호가가 잘못한 점	
4. 물음	노란색 장미 애호가에게 바람직한 다른 행위는?	노란색 장미 애호가에게 그 행위가 바람직한 이유는?	빨간색 장미 애호가에게 바람직한 다른 행위는?	빨간색 장미 애호가에게 그 행위가 바람직한 이유는?
5. 답변				
관점 1 칸트 윤리학	노란색 장미 애호가는 자기의 취향과 다르다고 몰래 꽃을 뽑아버린 행위를 반성한다. 그리고 자신이 뽑은 꽃을 다시 심는다.	노란색 장미 애호가가 꽃을 뽑은 것은 생명 존중의 도덕적 의무를 어긴 행위이기 때문에 이를 반성해야 한다.	빨간색 장미 애호가는 자기의 취향과 다르다고 몰래 꽃을 뽑아버린 행위를 반성한다. 그리고 자신이 뽑은 꽃을 다시 심는다.	빨간색 장미 애호가가 꽃을 뽑은 것은 생명 존중의 도덕적 의무를 어긴 행위이기 때문에 이를 반성해야 한다.
관점 2 공리주의	마을 사람들은 각자 자신이 좋아하는 색을 집앞 화단에 가꾼다. 그리고 마을 광장에는 구역을 나누어 좋아하는 색색의 장미를 가꾼다.	공리주의에서는 자신과 타인의 이익이 극대화되어야 하므로 자기 만족을 추구하는 동시에 타인의 만족도 침해하지 않는다.	마을 사람들은 각자 자신이 좋아하는 색의 장미를 집앞 화단에 가꾼다. 그리고 마을 광장에는 구역을 나누어 색색의 장미를 가꾼다.	공리주의에서는 자신과 타인의 이익이 극대화되어야 하므로 자기 만족을 추구하는 동시에 타인의 만족도 침해하지 않는다.

관점 3 도가 윤리	노란색 장미 애호가는 노란 장미를 돋보이게 하기 위해서 꽃을 계량하는 등 온갖 노력을 한다. 그러다가 자연스럽게 피어 있는 야생화의 아름다움을 깨닫고 장미가 자연스럽게 자라도록 옮겨 심는다.	화단을 가꾸거나 자신이 원하는 형태로 꽃을 변형시키는 행위는 인위적인 것으로서 장미꽃이 본래의 모습으로 자유롭게 자랄 수 있도록 해 준다.	빨간색 장미 애호가는 빨간 장미를 돋보이게 하기 위해서 비닐하우스를 짓는 등 온갖 노력을 한다. 그러다가 자연스럽게 피어 있는 야생화의 아름다움을 깨닫고 꽃이 자유롭게 자라도록 한다.	화단을 가꾸거나 자신이 원하는 형태로 꽃을 변형시키는 행위는 인위적인 것으로서 장미꽃이 본래의 모습으로 자유롭게 자랄 수 있도록 해 준다.
관점 4 불교 윤리	노란색 장미 애호가는 노란색에 집착하는 자신의 마음을 깨닫는다. 그리고 그런 집착 때문에 생명을 함부로 해친 것을 뉘우친다.	노란색 장미에 집착하는 것은 자신의 마음을 스스로 속박시키는 것이고, 그 때문에 꽃을 꺾는 것은 생명을 존중하는 불교의 윤리를 어기는 것이기 때문이다.	빨간색 장미 애호가는 빨간색에 집착하는 자신의 마음을 깨닫는다. 그리고 그런 집착 때문에 생명을 함부로 해친 것을 뉘우친다.	빨간색 장미에 집착하는 것은 자신의 마음을 스스로 속박시키는 것이고, 그 때문에 꽃을 꺾는 것은 생명을 존중하는 불교의 윤리를 어기는 것이기 때문이다.

이솝 우화 바꿔 쓰기

도가 윤리의 관점

꽃을 무척 사랑하는 마을이 있었다. 그 마을에 사는 사람들은 특히 장미꽃을 좋아했다. 사람들은 마을 한가운데 있는 광장에 아름다운 장미 정원을 꾸며 놓고 시간이 나는 대로 찾아가서 장미꽃을 구경하고 돌보았다. 그런데 마을 사람들은 서로 좋아하는 꽃의 색깔이 달랐다. 마을 사람들의 절반은 노란색 장미를 좋아했지만 나머지 절반의 사람들은 빨간색 장미를 좋아했다.

"어떻게 빨간 장미를 좋아할 수 있을까? 그 꽃은 너무 색깔이 붉어서 품위가 없어."

"저 사람들은 도대체 무슨 생각을 하는 거야? 그런 보잘것없는 노란색 꽃을 좋아하다니, 도무지 이해할 수 없어."

그들은 자신이 좋아하는 꽃이 더 돋보이기를 원했다. 노란색 장미 애호가들은 어떻게 하면 노란색 장미가 돋보일 수 있을지 연구하기 시작했다. 그들은 마을에 노란 장미 연구실을 만들었습니다. 그리고 장미에게 온갖 좋은 약을 주고, 다양한 비료를 주었다. 때로는 더 예쁜 노란색을 만들기 위해 꽃을 꺾어다 실험을 하기도 했다.

빨간색 장미 애호가들도 그들이 좋아하는 빨간색 장미가 더욱 돋보이기를 원했다. 그들은 마을에 커다란 비닐하우스를 세웠다. 비닐하우스에서는 일 년 내내 빨간색 장미를 기를 수 있었다.

마을에는 온통 장미꽃 향기만 났다. 그리고 노란색 장미 애호가들은 언제나 노란색 장미만, 빨간색 장미 애호가들은 빨간색 장미만 하루 종일 보게 되었다. 그러다 노란 장미 애호가 한 명이 노란 장미를 위한 흙을 구하기 위해 산에 가게 되었다. 그는 산에 오르다가 바위 옆에 핀 색색의 야생화를 보았다. 언제나 노란 장미만 보았던 그의 눈에 자유롭게 핀 야생화는 너무 아름다웠다. 그는 마을에 돌아와서 마을 사람들을 데리고 꽃들이 자유롭게 피어 있는 산의 모습을 보여 주었다. 자유롭게 핀 꽃들은 그들의 노란색 장미나 빨간색 장미보다 훨씬 아름다웠다. 마을 사람들은 마을로 내려와 연구실과 비닐하우스를 없앴다. 그리고 여러 색깔 여러 종류의 꽃들이 화단대신 산과 들판에서 자유롭게 자라도록 옮겨 심었다.

바꾼 우화 간략 해설	도가 윤리의 관점
	도가 윤리에서는 인위적인 행위를 지양한다. '무위자연'은 인위적인 행위를 배제하고 자연의 순리에 따르는 것으로, 인간 역시 자연의 일부로서 자연의 법칙과 질서를 거스르지 않아야 한다. 우화에서 꽃을 화단에서 가꾸는 것은 꽃의 자연스러운 생장을 억제하는 인위적인 행위다. 그리고 장미꽃의 특정한 색이 좋다고 하여 그 장미만 남기고 다른 색 장미를 없애는 것 또한 자기의 취향을 억지로 강요하는 인위적인 행위다. 특히 바꾼 우화에서는 여러 가지 과학기술을 이용하고 실험을 하는 등 인간의 인위적 행위가 부각되어 나타난다. 이러한 인위적인 삶의 방식을 지향하던 마을 사람들은 산에서 자연스럽게 자라는 야생화의 모습을 통해 진정한 아름다움은 자연스러운 삶에서 나온다는 것을 깨닫게 된다. 인위적인 삶의 모습과 무위자연에 따르는 삶의 모습을 비교해서 제시하고 있는 것이다.

제12교시 엄마와 떨어져 있는 것을 놀릴 때는 어떻게 할까?

<table>
<tr><th></th><th>염소 떼 속에 숨어버린 어린 양</th></tr>
<tr><td>이솝 우화</td><td>늑대가 염소들과 함께 풀을 뜯고 있는 어린 양에게 다가와서 말했다.
"네가 지금 같이 살고 있는 염소는 친엄마가 아니야."
그러고는 멀찌감치 떨어져 있는 양들을 가리켰다. 그러자 어린 양이 대답했다.
"나를 낳아준 친엄마는 필요 없어. 오히려 여기에 있는 이 염소가 나한테는 친엄마보다 낫단다. 자기 자식들이 있음에도 나에게 젖을 먹이고 키운 엄마가 친엄마 아니겠니?"
그러자 늑대가 반박했다.
"정신 차려. 그래도 너를 낳아준 친엄마가 너를 더 사랑하고 예뻐한단다. 그러니까 저쪽으로 가."
어린 양이 말했다.
"그래, 네 말도 맞긴 맞아. 사실 내가 여기에 있는 이유는 친엄마의 깊은 뜻 때문이야. 여기에서 염소들과 함께 사는 게 더 안전하단다. 어린 양들은 야수들과 양치기 개들에게 잡아먹히기 일쑤지. 그리고 목동들이 매일같이 털을 깎고, 젖을 짜고, 심지어는 잡아먹기까지 하잖아. 그러니까 내가 보기에도 여기서 염소들과 같이 사는 게 더 안전한 것 같아. 나는 네가 말하는 곳보다 여기 있는 게 더 편하니까 이제 그만 가봐."</td></tr>
</table>

다 함께

행위의 잘잘못 따져보기				
1. 행위	늑대에게 일어난 일	길러주는 엄마보다 낳아준 엄마가 더 중요하다며 어린 양을 꾀어내려다가 어린 양에게 면박을 당했다.	어린 양에게 일어난 일	늑대의 꾐을 훌륭한 이유를 들어 물리쳤다.

2. 잘함	늑대가 잘한 점		어린 양이 잘한 점	훌륭한 이유를 들어 늑대의 꾐을 물리쳤다.
3. 잘못함	늑대가 잘못한 점	낳아준 엄마에 대한 그리움을 불러일으켜 어린 양을 꾀어내려 했다.	어린 양이 잘못한 점	
4. 물음	늑대에게 바람직한 다른 행위는?	늑대에게 그 행위가 바람직한 이유는?	어린 양에게 바람직한 다른 행위는?	어린 양에게 그 행위가 바람직한 이유는?
5. 답변				
관점 1 칸트 윤리학	낳아준 엄마와 떨어져 지내는 어린 양을 위로하고 격려해 준다.	어린 양을 수단이 아닌 목적으로 대우하는 일이기 때문이다.		
관점 2 공리주의	어린 양에게 필요한 것을 물어 이를 마련해 주고, 어린 양에게 엄마 잃은 어린 늑대들을 만나면 도와주라고 부탁한다.	동시적으로 주고받지 않고 시간을 두고 주고받아도 사회 전체로는 이익이 되기 때문이다.		
관점 3 기독교 윤리	어린 양을 길러주는 염소들을 칭찬해 주고 다시는 이들을 해치려고 접근하지 않는다.	선을 행하는 것도 사랑이지만 악을 피하는 것도 사랑이기 때문이다.		
관점 4 가치 윤리학	염소들의 행동이 아름다우므로 자신이 위험한 동물들의 접근을 막아주겠다고 약속한다.	남에게 해를 끼치지 않는 어린 생명의 보호는 가치 있는 일이기 때문이다.		

관점 5 불교 윤리	서로 다른 동물들이 어울려 지내는 것을 보고 깨달은 바가 있다고 말하면서 자신도 다른 동물들과 잘 어울려 지낸다.	악을 행하면 악으로 보상받고 선을 행하면 선으로 보상받는 것이 세상의 이치이기 때문이다.		

이솝 우화 바꿔 쓰기	불교 윤리의 관점
	늑대가 염소들과 함께 풀을 뜯고 있는 어린 양에게 다가와서 말했다. "네가 같이 살고 있는 염소는 친엄마가 아니야." 그러고는 멀찌감치 떨어져 있는 양들을 가리켰다. 그러자 어린 양이 대답했다. "나를 낳아준 친엄마는 필요 없어. 오히려 여기에 있는 이 염소가 나한테는 친엄마보다 낫단다. 자기 자식들이 있음에도 나에게 젖을 먹이고 키운 엄마가 친엄마 아니겠니?" 그러자 늑대가 반박했다. "정신 차려. 그래도 너를 낳아준 친엄마가 너를 더 사랑하고 예뻐한단다. 그러니까 저쪽으로 가." 어린 양이 말했다. "그래, 네 말도 맞긴 맞아. 사실 내가 여기에 있는 이유는 친엄마의 깊은 뜻 때문이야. 여기에서 염소들과 함께 사는 게 더 안전하단다. 어린 양들은 야수들과 양치기 개들에게 잡아먹히기 일쑤지. 그리고 목동들이 매일같이 털을 깎고, 젖을 짜고, 심지어는 잡아먹기까지 하잖아. 그러니까 내가 보기에도 여기서 염소들과 같이 사는 게 더 안전한 것 같아. 나는 네가 말하는 곳보다 여기 있는 게 더 편하니까 이제 그만 가봐." 늑대는 어린 양의 확신에 찬 말에 놀랐다. 그러면서 염소들의 평안한 모습을 부럽다고 느꼈다. 늑대들은 자기들끼리도 곧잘 으르렁거리며 싸우기 때문이다. 늑대는 어린 양을 떠나면서 혼자 중얼거렸다. "남에게 선을 베풀면 선으로 보상받고 악을 베풀면 악으로 보상받는다는 말이 있지. 틀린 말이 아니구나. 어린 양을 돌보는 착한 마음씨가 저들을 저토록 평안하게 만든 게 틀림없어. 나도 선해질 수 있을까? 휴~"

바꾼 우화 간략 해설	불교 윤리의 관점
	불교의 '업보'는 행위의 결과를 일컫는 말이다.

이관희

행위의 잘잘못 따져보기				
1. 행위	늑대에게 일어난 일	늑대가 어린 양에게 친엄마가 누군지 가르쳐 주면서 찾아가라고 했다.	어린 양에게 일어난 일	어린 양은 늑대의 이야기를 무시하며 염소 떼와 함께 있었다.
2. 잘함	늑대가 잘한 점	어린 양에게 자신의 정체성을 재인식시켜 주었다.	어린 양이 잘한 점	늑대의 말에 흔들리지 않고 자신의 안전을 지켰다.
3. 잘못함	늑대가 잘못한 점	늑대는 오지랖 넓게 어린 양의 일을 간섭했다.	어린 양이 잘못한 점	어린 양은 낳아주신 어머니에 대해서 배은망덕한 말을 했다.
4. 물음	늑대에게 바람직한 다른 행위는?	늑대에게 그 행위가 바람직한 이유는?	어린 양에게 바람직한 다른 행위는?	어린 양에게 그 행위가 바람직한 이유는?
5. 답변				
관점 1 칸트 윤리학	늑대는 자신이 어린 양을 꾀는 것을 반성한다.	늑대가 어린 양을 꾀어 잡아먹으면 늑대의 양심에 어긋나는 일이기 때문이다.	어린 양은 자신의 부모를 데리고 같이 염소떼와 산다.	어린 양 혼자서 살아남는 것은 어린 양의 양심에 어긋나는 행동이기 때문이다.
관점 2 유교 윤리	늑대는 자신이 어린 양을 꾀는 것을 반성한다.	늑대가 어린 양을 잡아먹기 위해서 어린 양을 꾀는 것은 소인배의 행위이기 때문이다.	어린 양은 자신의 부모를 욕되게 하지 않는다.	어린 양이 빈말이라도 자신의 부모를 욕하는 것은 패륜적인 행위이기 때문이다.

관점 3 기독교 윤리	늑대는 어린 양의 안전을 기원한다.	늑대가 어린 양의 안전을 기원하는 것은 기독교 윤리가 말하는 사랑이기 때문이다.	어린 양은 늑대가 더 이상 살해를 하지 않도록 기도한다.	살해는 기독교 윤리에서 금지하는 행위이기 때문이다.
관점 4 가치 윤리학	늑대는 어린 양에게 가족의 가치를 더 소중히 여기라고 충고한다.	어린 양에게 안전이라는 가치보다는 가족이라는 가치가 더 소중하기 때문이다.	어린 양은 다시 가족들과 함께 살아간다.	어린 양이 아무리 힘들더라도 가족보다 나은 안전의 가치는 없기 때문이다.
관점 5 불교 윤리	늑대는 어린 양을 해치려한 자신의 마음을 반성한다.	늑대는 어린 양을 통해 살생을 하려 했기 때문에 불교 윤리에 어긋난다.	어린 양은 늑대가 살생을 하지 않도록 설득한다.	어린 양이 늑대에게 살생을 하지 않도록 하는 것은 살생을 금하는 불교 윤리를 따른 것이다.

이솝 우화 바꿔 쓰기

불교 윤리의 관점

늑대가 염소들과 함께 풀을 뜯고 있는 어린 양에게 다가와서 말했다.

"네가 지금 같이 살고 있는 염소는 친엄마가 아니야."

그러고는 멀찌감치 떨어져 있는 양들을 가리켰다. 그러자 어린 양이 대답했다.

"나를 낳아준 친엄마는 필요 없어. 오히려 여기에 있는 이 염소가 나한테는 친엄마보다 낫단다. 자기 자식들이 있음에도 나에게 젖을 먹이고 키운 엄마가 친엄마 아니겠니?"

그러자 늑대가 반박했다.

"정신 차려. 그래도 너를 낳아준 친엄마가 너를 더 사랑하고 예뻐한단다. 그러니까 저쪽으로 가."

어린 양이 말했다.

"그래, 네 말도 맞긴 맞아. 사실 내가 여기에 있는 이유는 친엄마의 깊은 뜻 때문이야. 여기에서 염소들과 함께 사는 게 더 안전하단다. 어린 양들은 야수들과 양치기 개들에게 잡아먹히기 일쑤지. 그리고 목동들이 매일같이 털을 깎고, 젖을 짜고, 심지어는 잡아먹기까지 하잖아. 그러니까 내가 보기에도 여기서 염소들과 같이 사는 게 더 안전한 것 같아. 나는 네가 말하는 곳보다 여기 있는 게 더 편하니까 이제 그만 가봐."

늑대는 어린 양을 유도해서 잡아먹지 못한 것을 속으로 안타까워하며 뒤돌아 다른 곳으로 갔다. 그리고 늑대는 문득 자신이 왜 이렇게 동물을 잡아먹어야 하는지 의문이 들었다. 한편 어린 양은 늑대가 또 다시 살생을 할 것이라는 생각에 늑대의 발걸음을 멈추게 했다.

"늑대야! 다른 데 가서 동물을 잡아먹으려고 하지? 넌 그게 좋니? 그냥 간단히 열매를 따먹으면 쉬운데 왜 어렵게 동물을 잡아먹고 사니?"

늑대는 말했다.

"몰라! 이건 내 본능이야!"

어린 양은 말했다.

"너 저번에 보니까 열매도 잘 먹던데 이제 동물은 그만 잡아먹고 나랑 같이 살면서 열매나 채소 같은 거 먹고 살자! 외부의 위협에 우리를 보호해 주면서 말이야. 살생을 많이 하면 공덕을 쌓을 수 없어!"

늑대는 고민했다. 물론 채소나 열매를 먹고 살 수 있지만 육식이 맛있기 때문이다. 하지만 살생이 공덕을 쌓는 데는 도움이 안 된다는 것을 알고 있었다. 그리고 염소 떼를 보호함으로써 공덕을 쌓는 데 도움이 될 것이라고 생각하고 어린 양의 제안을 흔쾌히 받아들였다. 그렇게 해서 늑대와 어린 양은 서로 힘이 되어서 잘살게 되었다.

	불교 윤리의 관점
바꾼 우화 간략 해설	늑대는 잡식성이지만 육식을 선호하는 동물이다. 그러나 어린 양의 사냥에 실패한 뒤 회한이 들면서 육식에 대해 다시 생각하고 있다. 그리고 어린 양은 원래 양 무리와 함께 생활을 해야 하지만 자신의 신념에 따라 나와서 염소 떼와 함께 살고 있다. 그러나 외부의 위협이 양떼보다는 낫지만 아직도 어린 양은 두렵다. 그런 상황에서 어린 양이 늑대와 함께 살면서 그 위협을 덜어내고 늑대는 살생을 하지 않게 되어서 서로를 통해서 공덕을 쌓게 되는 좋은 결말을 이끌어 내는 것이다.

양아름

행위의 잘잘못 따져보기				
1. 행위	늑대에게 일어난 일	늑대는 어린 양이 친엄마와 떨어져 사는 것을 알고 어린 양을 놀렸다.	어린 양에게 일어난 일	어린 양은 친엄마에게 버려졌다고 늑대에게 놀림을 받았다.
2. 잘함	늑대가 잘한 점	늑대는 어린 양이 엄마가 없는 자신의 현실을 생각해 볼 기회를 주었다.	어린 양이 잘한 점	어린 양은 자기를 버린 친엄마를 원망하지 않고, 자신의 처지를 긍정적으로 생각했다.
3. 잘못함	늑대가 잘못한 점	늑대는 친엄마가 없는 어린 양의 처지를 놀렸다.	어린 양이 잘못한 점	어린 양은 친엄마가 자신을 버린 이유를 자기 마음대로 생각했다.
4. 물음	늑대에게 바람직한 다른 행위는?	늑대에게 그 행위가 바람직한 이유는?	어린 양에게 바람직한 다른 행위는?	어린 양에게 그 행위가 바람직한 이유는?
5. 답변				
관점 1 칸트 윤리학	늑대는 어린 양을 놀린 것을 사과한다. 그리고 어린 양의 친엄마 소식을 함께 알아봐 준다.	늑대는 어린 양을 놀린 자기의 행위를 스스로 반성해야 한다. 그리고 힘든 처지의 어린 양을 돕는 것이 도덕적 의무를 지키는 것이다.	어린 양은 엄마가 되어준 염소에게 감사를 표하고, 친엄마에게 찾아가 직접 이야기를 해 본다.	어린 양은 자신의 현실을 이성적으로 받아들이고, 진실을 외면하지 않아야 하기 때문이다.
관점 2 공리주의	늑대는 어린 양에게 친엄마 이야기를 하지 않고, 어린 양과 즐겁게 논다.	늑대가 어린 양의 친엄마 이야기를 하는 것은 상처를 건드려 어린 양을 슬프게 하며, 늑대의 마음도 불편해지는 행위이기 때문이다.	어린 양은 친엄마와 다름없는 염소 엄마와 함께 살게 된 자신의 처지를 진심으로 행복해 한다.	어린 양이 친엄마가 없는 자기의 처지를 슬퍼하지 않고, 주변 사람들에게 최선을 다해야 어린 양과 염소 엄마 모두 행복해질 수 있기 때문이다.

관점 3 기독교 윤리	늑대는 홀로 양떼 속에 있는 어린 양을 매일 찾아와 돌봐준다.	늑대가 자신의 이웃인 어린 양의 처지를 이해하고 어린 양을 돌봐주는 것은 사랑의 실천이기 때문이다.	어린 양은 엄마가 없다는 사실을 슬퍼하지 않고, 자신을 돌봐주는 염소와 늑대를 사랑한다.	어린 양이 늑대와 염소를 진정한 가족으로 받아들이는 것은 서로 사랑을 실천하는 것이기 때문이다.
관점 4 도가 윤리	늑대는 처음에는 어린 양에게 말을 걸다가 어린 양이 먹음직스러워 보이자 잡아먹으려 한다.	늑대는 육식동물의 본성을 가지고 있으며 이러한 본성에 따라 사는 것이 무위자연의 이치를 거스르지 않는 것이기 때문이다.	어린 양은 늑대를 만나 위험에 처한 상황을 직시하고 염소 무리와 힘을 합쳐 늑대를 물리친다.	늑대는 양을 잡아먹는 육식동물의 본성을 지니고 있기 때문에 자연의 이치에 따라 어린 양은 도망가야 한다.
관점 5 불교 윤리	늑대는 타자의 처지를 이해하지 못한 자기의 잘못을 깨닫고 엄마 없는 다른 동물들을 도우면서 살아간다.	엄마 없는 동물들을 돕는 것은 불교의 생명 존중을 실천하는 것이며, 타자에 대한 자비의 실천이기 때문이다.	어린 양은 핏줄에 연연하여 자신의 처지를 슬퍼하지 않고, 새엄마와의 인연을 감사한다.	혈연에 얽매여 고통받지 않고 양어머니와의 인연 또한 소중하다는 것을 깨닫는다.

이솝 우화 바꿔 쓰기	기독교 윤리의 관점
	늑대는 사랑스러운 어린 늑대 두 마리와 숲 속에서 살고 있었다. 늑대는 가끔 들판으로 놀러를 가기도 했는데 들판에서 염소들과 함께 살고 있는 어린 양을 보았다. 늑대는 숲으로 돌아와 친구 늑대에게 물었다. "왜 들판의 어린 양은 염소와 함께 살고 있지?" "어렸을 때 엄마에게 버려졌대. 그래서 염소들이 키우는 거지." 그 말을 들은 늑대는 어린 양을 놀리고 싶어졌다. 늑대는 염소들과 함께 풀을 뜯고 있는 어린 양에게 다가가서 말했다. "네가 지금 같이 살고 있는 염소는 친엄마가 아니야." 그러고는 멀찌감치 떨어져 있는 양들을 가리켰다. 그러자 어린 양이 대답했다. "여기에 있는 이 염소 엄마가 나한테는 친엄마처럼 소중하단다. 자기 자식들이 있음에도 나에게 젖을 먹이고 키운 엄마가 친엄마 아니겠니?"

그러자 늑대가 반박했다.

"정신 차려. 그래도 너를 낳아준 친엄마가 너를 더 사랑하고 예뻐한단다. 그러니까 저쪽으로 가."

어린 양이 말했다.

"그래, 네 말도 맞긴 맞아. 하지만 나의 염소 엄마는 매일 아침 나를 위해 흰 젖을 짜 주신단다. 그리고 싱싱하고 좋은 풀이 있으면 언제나 내게 양보해 주시지. 염소 엄마에게는 다른 아이들이 있는데 언제나 우리를 똑같이 아껴주셔. 지난 번 내가 사냥개에게 쫓길 때는 나를 구하시려다가 다치기까지 하셨어. 나는 염소 엄마를 정말 사랑한단다."

늑대는 웃으면서 말하는 어린 양을 보았다. 갑자기 눈시울이 붉어지고, 집에 있을 어린 늑대들이 생각났다. 자신에게 어린 늑대들이 소중한 만큼 염소 엄마에게도 어린 양이 소중할 것이라는 생각이 들었다.

"나는 지금까지 나와 내 아이들만 소중하게 생각했어. 한 번도 내 가족이 아닌 사람을 사랑해 본 적이 없었단다. 그런데 너의 염소 엄마는 피도 섞이지 않은 너를 사랑으로 키워주셨구나. 너의 염소 엄마께 좋은 깨달음을 주셔서 감사하다고 전해 주렴."

늑대는 숲으로 돌아갔다. 그리고 숲 속에 엄마 잃은 동물들이 올 때마다 그들을 돌봐주었다. 겨울에 식량이 부족할 때에는 자신이 굶어 가면서 숲 속의 어린 동물들을 챙겨주었다. 숲 속 마을에 버려진 어린 동물들은 모두 늑대 엄마의 따뜻한 보살핌을 받을 수 있게 되었다.

바꾼 우화 간략 해설	기독교 윤리의 관점
	기독교 윤리에서는 성서로부터 근본 원리를 가져와 그 기독교적 관점을 전제하여 구체적인 윤리 문제를 다룬다. 신약성서의 "하느님을 사랑하고 네 이웃을 네 몸과 같이 사랑하라."는 기독교 윤리의 가장 중요한 계명 가운데 하나다. 절대자에 대한 절대적 믿음과 사랑뿐만 아니라 현실의 인간관계 속에서도 사랑이 실천되어야 한다는 의미를 포함하고 있다. 위의 우화에서는 늑대와 어린 양 그리고 염소는 원래 가족이나 친밀한 관계가 아닌 타인의 관계에 있었다. 그런데 염소는 어린 양의 양어머니가 되어 자신과 전혀 상관없는 어린 양에게 사랑을 베푼다. 그리고 이런 사랑이 늑대를 감동시키고, 늑대는 엄마를 잃은 다른 동물들에게 사랑을 전파하게 된다. 이들은 이웃을 자신의 몸과 같이 사랑하라는 기독교의 계명을 실천한 것이다.

참고문헌

[이솝 우화]

『*Fables of Aesop*』, Aesop and Samuel Croxall, London.

『*Fabeln der Antike*』, Erich Keller, Darmstadt, 1985.

『*Aesop's Fables:a new translation*』, Laura Gibbs, Oxford, 2002.

『*Aesop Fabeln*』, Rainer Nickel, Patmos Verlag, 2005.

[이솝 우화 관련]

〈거꾸로 보는 이솝 우화〉, 우리누리, 중앙 M&B, 1996.

〈다시 읽는 이솝 우화(이솝 우화의 함정 찾기)〉, 공분근, 내일을 여는 책, 2007.

〈이솝을 위한 이솝 우화 (1)〉, 권미선, 자작나무, 1999.

〈이솝 우화, 기독교 세계관으로 읽기〉, 문용식, 그리심, 2004.

〈이솝 우화로 배우는 경제〉, 서명수, 인북스, 2005.

[독서, 논술, 비판적 사고 관련]

구인환 외 10명, 『문학독서교육, 어떻게 할 것인가』, 푸른사상, 2005.

김광수, 『논리와 비판적 사고』, 철학과 현실사, 2002.

김영정, 김기현, 「비판적 사고의 역사적 고찰과 국내외 현황」, 『철학사상. 비판적 사고의 이론적 토대와 그 활용에 관한 철학적 연구』, 철학사상 별책 제4권, 서울대학교 철학사상연구소 2004, 1-32.

김영정, 서원주, 「비판적 사고, 논리적 사고, 창의적 사고」, 『철학사상. 비판적 사고의 이론적 토대와 그 활용에 관한 철학적 연구』, 철학사상 별책 제4권, 서울대학교 철학사상연구소, 2004, 33-76.

김영정 외 15명 공동 집필, 『사고와 논술』, 1~8권, 한국교육방송공사, 2006.

독서지도연구모임, 『창의적인 독서지도 77가지』(교육활동 지도서), 해오름, 2006.

박수자, 『읽기 지도의 이해』, 서울대학교 출판부, 2001.

오연희 역, 『논리적 독서법』(모티어 J. 애들러, 찰스 반 도렌 공저), 예림기획, 1997.
정대현 외, 『논리교실 필로지아』(3판), 오란디프, 2005.
정은해, 『소리나리의 철학 산책-청소년을 위한 철학동화』, 철학과 현실사, 2005.
정은해, 『글쓰기의 창-비판적 사고의 글쓰기 프로그램』, 비사원, 2006.
조관성 역주, 『칸트의 교육학 강의』, 철학과 현실사, 2006.
조관성, 정은해 공저, 동화를 통한 어린이 철학교육. 교육과학사, 2008.
천경록, 이경화 공역, 『독서지도론』(J. W. Irwin 저), 박이정, 2003.
천경록, 이재승, 『읽기 교육의 이해』, 우리교육, 2003.

Eliade Mircea, *Das Handbuch der Religionen* (Duesseldorf: Albatros, 2004)
Etzel T., *Fabeln und Parabeln der Weltliteratur* (Koeln: Komet, 2007)
Facione P., ed., *Report on Critical Thinking,* American Philosophical Association Subcommittee on Pre-College Philosophy (Newark: University of Delaware, 1989)
Gadamer, H. G., *Wahrheit und Methode,* Grundzüge einer philosophischen Hermeneutik (Tübingen: Mohr, 1975)
Grondin, Jean, *The Philosophy of Gadamer* (1999), tr. by Kathryn Plant (Montreal & Kingston: McGill-Qeen's University Press, 2003)
Iser W., *Der Akt des Lesens.* Theorie ästhetischer Wirkung (Muechen: UTB, 1984)
Jauss H. R., *Aesthetiche Erfahrung und literarische Hermeneutik* (Frankfurt a. M.: Suhrkamp, 1982)
Paul, R. W., "*Critical Thinking*: Fundamental to Education for a Free Society", Educational Readership, 42(1)(1984)
Paul, R., Fisher, A. and Nosich, G., *Workshop on Critical Thinking* Strategies (Foundation for Critical Thinking) (CA: Sonoma State University, 1993)
Weinsheimer J., *Hermeneutics and Literary Theory* (New Haven: Yale Univ., 1991)

찾아보기

| 저자 소개 |

■ 조관성

독일 프라이부르크 대학교 철학 및 교육학전공(철학박사)
현 경인교육대학교 윤리교육과 교수

〈주요 저서 및 역서〉
자아 현상과 자아 개념(독일 Peter Lang Verlag, 1990)
현상학과 윤리학(교육과학사, 2003)
칸트의 교육학 강의(증보판, 역주, 철학과 현실사, 2007)
동화를 통한 어린이 철학교육(공저, 교육과학사, 2008)

■ 정은해

독일 프라이부르크 대학교 철학 및 교육학전공(철학박사)
현 서울대학교 철학과 강사

〈주요 저서〉
인간의 역사성과 존재의 역사(독일, 1998)
동화를 통한 어린이 철학교육(공저, 교육과학사, 2008)

경인교육대학교 특성화사업단
C-멘토링 총서 3

우화를 통한 도덕적 사고 연습

2009년 2월 20일 1판 1쇄 인쇄
2009년 2월 25일 1판 1쇄 발행

지은이 • 조관성 · 정은해
펴낸이 • 김진환
펴낸곳 • (주) 학지사
121-837 서울특별시 마포구 서교동 352-29 마인드월드빌딩 5층
대표전화 • 02)330-5114 팩스 • 02)324-2345
등록번호 • 제313-2006-000265호

홈페이지 • http://www.hakjisa.co.kr
커뮤니티 • http://cafe.naver.com/hakjisa

ISBN 978-89-6330-103-7 94370
978-89-6330-100-6 (set)

정가 14,000원